普通高等院校心理健康系列教材

大学生心理健康教育实用教程

主　编　马　福　吴　越　刘娟娟
副主编　王　辉　孟雅莉　刘芳丽
苏　一　端木振华

科学出版社
北　京

内 容 简 介

本书是一本顺应时代要求、合乎大学生心理健康发展需要的大学生心理健康教材，立足于分析大学生心理健康的表现及其发展规律，培养并完善大学生的心理素质，既有心理学理论知识的阐释，又有生动、真实的大学生心理个案分析。本书共八个模块，主要包括：大学生心理健康新观念、大学生的自我意识与培养、大学生的人格发展、大学生的情绪管理、大学生的挫折与压力应对、大学生的学习心理、大学生的人际交往心理、大学生的健康爱情观。每个模块主要围绕三个方面组织内容，即概述、表现及规律、培养与完善。同时，每个模块还有相应的心理测验、课堂训练、案例分析、美文赏析、知识窗、阅读推荐等内容，以增加生动性及互动性。

本书既可作为高校大学生心理健康课程教材使用，也可作为教育工作者以及广大青年学生学习心理健康知识的参考书。

图书在版编目（CIP）数据

大学生心理健康教育实用教程 / 马福，吴越，刘娟娟主编. —北京：科学出版社，2018.11

普通高等院校心理健康系列教材

ISBN 978-7-03-057546-3

Ⅰ. ①大… Ⅱ. ①马… ②吴… ③刘… Ⅲ. ①大学生-心理健康-健康教育-高等学校-教材 Ⅳ. ①G444

中国版本图书馆 CIP 数据核字（2018）第 110020 号

责任编辑：任俊红 南一荻 / 责任校对：王 瑞

责任印制：霍 兵 / 封面设计：华路天然工作室

科学出版社 出版

北京东黄城根北街 16 号

邮政编码：100717

http://www.sciencep.com

石家庄继文印刷有限公司印刷

科学出版社发行 各地新华书店经销

*

2018 年 11 月第 一 版 开本：787 × 1092 1/16

2024 年 6 月第七次印刷 印张：14

字数：330 000

定价：39.00 元

（如有印装质量问题，我社负责调换）

前　言

大学生心理健康教育一直受到党和国家的高度重视。2017 年 12 月，教育部发布了《高校思想政治工作质量提升工程实施纲要》，该纲要提出了构建高校“十育人”的工作体系，将心理育人作为高校育人的主要工作之一，再次强调了把心理健康教育课程纳入学校整体教学计划。党的二十大报告指出：“推进健康中国建设。人民健康是民族昌盛和国家强盛的重要标志。把保障人民健康放在优先发展的战略位置，完善人民健康促进政策。”其中，专门提到“重视心理健康和精神卫生”，所以，高校有责任将大学生的心理健康教育作为一项重要工作。

2011 年，教育部提出《普通高等学校学生心理健康教育工作基本建设标准》(教思政厅[2011]1 号）和《普通高等学校学生心理健康教育课程教学基本要求》（教思政厅[2011]5 号）后，涌现了种类繁多的心理健康教育教材，这些教材各具特点，各有特色。本书是由编者基于多年从事心理健康教育课程教学和心理健康教育工作的经验而编写的，是一本注重大学生成长实际、注重大学生心理发展的教材，其目的在于更好地帮助大学生了解自己和他人，帮助他们成长为健康、快乐、自信的社会人，最终成为中国特色社会主义的接班人。

本书的编写者都是在高校心理健康教育方面有丰富经验的一线教师，各章节的编写分工如下：吴越（第一章）、刘娟娟（第二章）、马福（第三章）、孟雅莉（第四章）、苏一（第五章）、刘芳丽（第六章）、王辉（第七章）、端木振华（第八章），统稿工作由马福、吴越、刘娟娟完成。

在本书的编写过程中，我们阅读和参考了大量的文献资料，借鉴了很多优秀的研究成果，在此向各位原著者表示衷心的感谢！由于编者水平和能力有限，本书难免存在一些缺点和不足，恳请广大读者批评指正，以便今后修订和完善。

最后，衷心感谢科学出版社对本书的大力支持!

编　者

2018 年 6 月于西安

2023 年7月修改

目　录

第一章 大学生心理健康新观念

2017 年 4 月 7 日，某大学举行了知行榜样——“2016 年优秀学生表彰大会暨颁奖典礼”。对分别来自 12 个学院，在团结奋进、刻苦学习、勇于创新、勤勉励志、服务社会等方面表现先进的优秀学生进行了视频展播与表彰。这其中有失去双亲仍努力拼搏、被美国名校录取的励志楷模，也有以自己的学习经历和成绩告诉大家“持之以恒方能达到成功的彼岸”的学习榜样，还有通过数学建模竞赛的经历与大家分享“只有曾经努力拼搏，人生才更美丽”的先进分子。典礼上，各位获奖学生以自己的经历与大家分享了成功的喜悦，向大家诠释了取得成功的真谛——努力、珍惜、坚持。

在一次清华大学特等奖学金答辩中，一位答辩人引起了人们的关注，她正是精密仪器系学生马冬晗。在短短6分钟的演讲中，她展示了自己3年学分成绩位列专业第一名、多门学科成绩超过95分的优异成绩，以及详细到小时的作息时间安排。随后，网络上又爆出其双胞胎妹妹马冬昕在清华大学化学系就读，并且也是特等奖学金获得者。该奖项清华大学每年只选评5名，是清华大学授予学生的最高荣誉。这对姐妹在清华大学早已是知名人物。不过，和人们眼中只会读书的“学霸”不同，令清华大学学子赞叹的是姐妹俩的广泛兴趣和丰富经历。担任学生会主席、下乡支教、出国交流、参加马拉松比赛……清华大学校园中留下了姐妹俩青春洋溢的身影。

大学生涯对每一位大学生来说，也许都是一段无法割舍的人生体验。此时，不管他们愿意与否，都要开始独立地面对真实的生活。但是，当他们以极大的热情去直面生活、准备实现自己的理想时，并不是每一个人都能像上述案例中的主人公一样，获得一段美好的、值得肯定的人生经历。很多人会发现生活是那么复杂，有时甚至是难以驾驭。在经过痛苦的反思之后，有的人开始调整目标、重塑生活，以积极的心态去迎接新的生活；也有的人选择逃避与自暴自弃，以消极的行为去对抗生活。上述案例中主人公们的经验说明积极、接纳与奋进才是美好人生的起点，而消极的对抗则有可能一事无成。因此，树立良好的心理健康观念是每一位学子成长与新生活建立的首要内容。

第一节　大学生与心理健康

一、大学是什么

（一）大学的定义

大学是什么？相信这是每一个身处大学校园的人都思考过的问题。大学，按照一般的理解，无外乎是一个学习的地方，它可以从字面上追根溯源。

在我国古代，虽出现过“大学”一词，但那时的“大学”同我们今天所说的“大学”在概念上是有重要区别的。古代的大学，实为太学，是指贵族子弟学习的地方，故有“大学者，大人之学也”的说法。古代中国设有学宫、书院，如岳麓书院，它们类似于今天的研究院，同大学相近，但并非现代意义上的大学。“大学”一词，出自西方。在西方，大学更多地与另外一个词根 universe 相对应，universe 是宇宙、天地万物、永恒的意思，大学就是探索宇宙永恒奥秘的地方。英国纽曼在他的演讲集《大学的理念》（2006 年）中认为大学（university）的词义更倾向于各国各地的学子在一起共同学习，这是现代大学的基本意义。《简明不列颠百科全书》（1985 年）给大学的定义为：“高等学府，通常包括一所文理学院、一所研究生院和一所专业学院，并有权授予各个学科领域的学位。”我国具有现代意义的大学，是在科举制废除以后，仿效西方办学模式而出现的。现代意义的大学是与小学、中学相对应的，如果说小学是初等教育机构，中学是中等教育机构，大学就属于高等教育机构。正如蔡元培先生 1917 年在北京大学就职演说中提到的“大学者，研究高深学问者也；大学者，‘囊括大典，网罗众家’之学府也”。

大学是一个提供高等教育的地方，它曾经也被称为“象牙塔”，是指远离尘世喧嚣的一方净土。大学不仅承担着培养人才、发展科学文化和促进社会主义建设的任务，还是一个承载理想的地方，它承载着莘莘学子的理想和抱负，寄托着一代又一代教育工作者的崇高理想，更是人类社会共同理想的承载者、人类社会共同的精神家园。在人们的心目中，大学始终是人类文明和社会进步的标志。

因此，上大学不仅仅是一个单纯接受高等教育的过程，也是一个体会大学文化、精神的过程；适应大学生活不仅仅是一个适应大学校园环境的过程，也是领会和把握大学灵魂和精髓的过程。这正如芝加哥大学教授艾伦·布卢姆所说：“在短短的四年中，他必须了解，在以往他所知晓的小小世界之外还存在着更为广阔的天地，亲自领略它的乐趣，充分汲取知识的营养，以支撑自己去征服那片注定要穿越的知识荒漠。”

（艾伦·布卢姆，2007）

由此可见，现代意义的大学给大学生提供的教育是多层次和多方面的，其不仅有大学（门类齐全、覆盖面广、结构合理的大学学科）、大师（德高望重、造诣精深、诲人不倦的大学教授）、大业（校舍充足、设施先进、资料丰富的大学物业）、大度（囊括大典、网罗众家、学术自由的大学涵养）、大雅（崇德求真、和谐文明、美化人生的大学氛围）、大学生（风华正茂、与时俱进、祖国栋梁的大学生）等，而且大学本身就是一个富有精神文化气息，给人启示、催人奋进的地方。学者、学科、学术、学风和学生五位一体，为身处其中的每一个人提供给养、力量和希望。

（二）大学与大学生

现代大学校园里，涌动着一批批年轻的追梦人，也流动着一个个追求自我发展与自我完善的大学生。他们是大学的重要组成部分，他们让大学成为一片蕴藏无限潜力与无穷魅力的海洋。但遗憾的是，并不是所有的大学生都能在这样的海洋中感受到大学的魅力。他们眼中的大学各不相同，这其中也不乏失望与迷茫。

这是网络流传的一些学子对大学的评价：

> 越来越满足于实用主义、个人主义的竞争，进校是优等毛坯，出校是合格配件。
>
> ——清华大学学子自评
>
> 现在的校园不比从前，放眼一望，学子们个个山清水秀，走在一起分不出赵钱孙李，很像是批量生产出来的，花色品种变也变不到哪里去……
>
> ——北京大学学子自嘲
>
> 大学是冰火两重天，要么爆发，要么灭亡。大学对于善于自主学习的人来说是天堂，对自我控制能力差的人来说是地狱。
>
> ——已毕业的学子
>
> 大学就是一边是风景，一边是靠近悬崖的山路。
>
> ——大学教师
>
> 大学是个舞台，只要你愿意努力，你一定能在这里上演一出让所有人（包括你自己）感动的精彩节目。但大学也是现实的，如果你不肯付出，你将一事无成！
>
> ——大学教师
>
> 它是人生最好的时期，也是最坏的时期；它是智慧的时期，也是愚蠢的时期；它是信仰的时期，也是怀疑的时期；它是光明的时期，也是黑暗的时期；它是充满希望的春天，也是令人失望的冬天；我们前途有着一切，我们前途什么也没有；我们正在直升天堂，我们也正在直堕地狱。
>
> ——大学生

大学，为什么在不同人的眼中会有所不同？

在大学生活的入口处，其实学生之间在能力方面的差距并不是十分明显，每一位学生都非常希望自己的大学生活丰富多彩且能在大学学有专长，能在大学四年为自己今后走向社会打下良好的知识基础。可是，在四五年后，即将大学毕业之时，大家又会发现，彼此在学习、交往、生活、社会活动等方面的差距，已不是几步之遥。难道是我们经历了不同的大学？或者一定是谁比谁聪明？这其实是和每个人大学生活状态息息相关的。

人生的路有许多，但关键时候只有几步。大学时期是人生非常重要的时期，是奠定人生发展基础的时期。进入青年中期的大学生，身心都处于剧烈变化的时期，身心发展还不够成熟；而且大学生由于经历相对简单，生活阅历较少，基本上仅有从校门到校门的生存背景，有人称之为“门内人”。另外，当代大学生面临着考学压力、生存压力、经济压力、就业压力与社会竞争的冲突，他们的成长与发展、身心健康受外界环境的影响越来越大。近朱者赤，近墨者黑，如果自我控制不当则易引发问题行为，产生行为偏差，如自伤、自杀甚至违法犯罪行为。因此，积极、科学地进行心理保健和自我调适就成为每一位学生大学阶段甚至一生要完成的生命课题。在这个意义上说，大学生活的开始，也是新阶段自身心理探索的开始。

二、校园中的心理健康

在我国，媒体对大学生这一群体的心理健康状况的关注大概是从 2002 年的“泼熊事件”和 2004 年的“马加爵事件”开始的，此后还有虐猫事件、药家鑫案件等。从各种报道来看，似乎验证了那句“大学就是一边是风景，一边是靠近悬崖的山路”。当人们越来越多地面对大学生因心理问题休学、退学，以及不时见诸报端的自杀、凶杀等一些反常或恶性事件时，也逐渐开始关注这些现象与事件背后，心理因素在整个过程中所起的重要作用，人们不禁要问——现在的大学生怎么了？

（一）我国大学生的心理健康状况

现代社会变化急剧，人们压力大，稍有不慎，就有可能迷失自我。身处大学校园中的大学生虽然被人们普遍认为是最富有理想、生机，文化层次较高的青年群体，但也不可避免地受到外在环境的影响。他们看似轻松，却受到学业、生活、情感、就业等多方面的压力。黑龙江大学负责心理健康教育的崔建华教授说，目前的中国大学生看起来有喜有忧。喜的是，他们已有了很强的独立性和自我经营、学习、发展的能力。忧的是，他们的心理状况与整个社会大背景下国人的心理健康状况密切相关，社会上各种各样的风气不断影响着原本清纯的大学校园，校园已不是一片净土，大学生的心理问题已经十分集中和突出。某理工大学从 2000 年始，对入学新生进行 UPI（University Personality Inventory）专业测试，近些年的数据表明，有心理问题的大学新生呈现波浪式上升的趋势（表 1-1）。就 2007～2016 年的数据平均值来看，可能有严重心理问题的学生人数平均百分比在 13.23%。另外，就该理工大学心理咨询室的个体心理咨询情况来看，从 2012 年开始，前来咨询的学生人数和有严重心理障碍的学生人数有明显的提升。

表 1-1 某理工大学新生心理普查 UPI 量表 2007～2016 年结果

年份	有效人数/人	Ⅰ类人数/人	Ⅰ类人数比例/%	Ⅱ类人数/人	Ⅱ类人数比例/%	Ⅲ类人数/人	Ⅲ类人数比例/%
2007	3 525	247	7.01	1 238	35.12	2 040	57.87
2008	3 664	364	9.93	837	22.84	2 463	67.22
2009	3 870	402	10.39	739	19.10	2 729	70.52
2010	3 657	493	13.48	932	25.49	2 232	61.03
2011	4 125	504	12.22	1 103	26.74	2 518	61.04
2012	4 072	643	15.79	781	19.18	2 648	65.03
2013	4 283	613	14.31	926	21.62	2 744	64.07
2014	4 325	813	18.80	874	20.21	2 638	60.99
2015	4 125	525	12.73	915	22.18	2 685	65.09
2016	4 445	699	15.73	1 273	28.64	2 473	55.64
总计	40 091	5 303	13.23	9 618	23.99	25 170	62.78

注：根据 UPI 量表指标，Ⅰ类人员：可能存在严重心理问题人员；Ⅱ类人员：可能有某种心理问题，但不甚严重，应引起一般关注者；Ⅲ类：不属于Ⅰ类和Ⅱ类的学生。

目前来看，我国大学生总体的心理健康状况有如下特征。

1）大学生心理健康水平符合正态分布的规律，多数人是健康的。大学生的心理健康状况确实应该受到社会的关注，有严重心理问题倾向的学生比例升高，不容忽视，但就总体状况来看，大多数大学生的心理健康状况良好。据湖北大学等校以心理健康的六个特征（生活态度、学习动机、自我观念、情绪状态、自控能力和人际关系等）作为尺度编制问卷所进行的测试，发现接受测查的14个系672名大学生的心理健康水平是按“中间大，两头小”的正态分布规律排列的，即大多数学生的心理状况是健康的，心理不健康（包括有心理问题和轻度神经症者）的学生只是少数。这也是符合人类心理健康状况的普遍规律的。上述调查还发现，大学生心理健康水平随年级上升而提高，特别是生活态度与学习动机两项，年级越高，得分越多。只有人际关系一项在各个年级之间波动较大。这说明我国大多数学生心理的发展状况是健康的。

2）大学生心理健康的主要问题是成长和发展中的心理矛盾。大学时期是个人成长过程中又一次面临新的心理矛盾发生、转化而趋向成熟的时期。这个时期会产生各种心理矛盾，这些问题是每一届大学生都会面临的，是每一个大学生在成长与发展过程中都会或多或少遇到的，这就是所谓的成长和发展性心理问题。哈尔滨工业大学心理咨询中心裴秋宇老师分析，大学生心理问题综合起来大体可以分成两大类:一类是一般性的成长与发展性心理问题，有心理障碍倾向但并不严重；另一类是心理障碍的问题。而第一类的成长与发展性心理问题占到大学生心理问题的绝大多数。她认为，大学生的这些成长与发展性心理健康问题的存在有着诸多原因，其中人际交往排在首位，但是性与恋爱所造成的危害却最严重。首先在人际交往上，现在的大学生多数是独生子女，生活上的娇生惯养和学习上的一帆风顺，使他们很少经受挫折，独立生活能力较差，大学生活与梦想之间的落差，以及同学之间生活上的差异，很容易造成心理上的不稳定。其次在性与恋爱上，开放的校园使性与恋爱成为大学生活的重要话题，一些学生难以把控住自己，一旦出现问题就可能走向极端。再次在学习上，从紧张的高考中脱颖而出，许多大学生到了大学就想放松一下，而昔日的高才生走到一起，一些学生没有了往昔的优势，学习压力增大。据调查，理科生的学习压力与文科学生相比较为突出。十分严峻的就业形势也给在校大学生带来新的压力。

3）大学生是心理障碍的高发群体。心理障碍是所有心理与行为异常的总称。心理障碍可分为心身疾病、神经症和变态人格等几种类型，这几种类型又可以细分为各种不同的心理疾病。近几年来，国内许多大学多项测查结果和实践都表明，存在心理障碍的大学生人数逐年增加。大学生已成为我国心理障碍的高发群体。近几年来，国内许多大学应用“症状自评量表”（SCL-90）对大学生的心理障碍进行测查，发现该量表所测的10项因子中，除躯体化一项外，其他各项因子皆显著高于国内成年人的常模。这些测查结果都表明，大学生是心理障碍的高发群体。所以，尽管大多数大学生心理健康状况良好，但是心理障碍的高发性也是大学生心理健康状况的一个特点。

（二）积极心理学视角下的校园心理健康

1998 年，时任美国心理学会主席的塞利格曼在美国心理学会年度大会上提出了 21 世纪心理学发展的一个重点，即建立并推动积极心理学运动，这是心理学史上第一次在正式场合使用“积极心理学”一词。积极心理学是一门关于如何获得幸福的科学，是相对于传统心理学而出现的一种心理学思潮。它的出现是对传统心理学的一种修正。积极心理学的研究目的在于发掘使个人以及社会进步的积极因素。积极心理学的研究对象是平均水平的普通人，它要求心理学家用一种更加开放的、欣赏性的眼光去看待人类的潜能、动机和能力等。它主张人类用一种积极的心态来对人的许多心理现象和心理问题做出新的解读，并以此来激发每个人自身所固有的某些实际的或潜在的积极品质和积极力量，从而使每个人都能顺利地走向属于自己的幸福彼岸。

在传统心理学中，人们往往关注有少数心理疾病的人群，关注人类精神中残缺或不完美的部分，而积极心理学则以大多数常态的群体为关注对象，探讨的是现在和未来。不仅如此，积极心理学比传统心理学更重视对心理疾患的预防，并认为它们在预防工作中所取得的巨大进步，主要来自个体内部系统的塑造能力，而不是修正其缺陷。积极心理学认为，通过挖掘困境中的个体的自身力量，就可以做到有效地预防。若仅关注个体身上的缺点或弱点，其实并不能达到有效地预防效果。而这正是现代大学生心理健康教育所需要的。

大学生作为一个特殊的社会群体，肩负着国家和民族发展的历史使命，大学生的心理健康状况无论从国家角度，还是从个体发展角度来讲都是至关重要的。在人们关注大学生心理健康状况的早期，是以改善大学生的心理问题以及心理疾病为关注点的，其关键词是“问题”，意思是主要解决大学生在现实生活中存在的心理问题。这对引起大学生重视自身问题和促进大学生心理健康教育的发展起到了一定的积极作用。但是，人们也逐渐发现这种关注对心理问题不明显的其他大学生而言，并没有起到很大的作用，毕竟大多数学生的心理是基本健康的,而且很多成长与发展性问题即使没有得到及时关注，随着经验的累积也能得以解决。这也就是说，传统的校园心理健康教育似乎忽视了普通大学生在心理发展与成长方面的需求。现在，越来越多的大学生更愿意着眼当下与未来，不断挖掘自身潜能，积极发展自己，让生活变得更幸福，而这恰恰也是积极心理学所倡导的。

积极心理学视野下的校园心理健康，不仅关注少数有严重心理问题的学生，还关注校园中每一个人的心理发展。积极心理学视野下的校园心理健康不仅强调应解决大学生自身存在的心理疾病以及心理问题，而且强调要从积极方面去考虑生活中的事物，从各个层面来培养大学生乐观、自信的美好心理状态。事实证明，健康是人生快乐幸福成功的基础和前提，而心理健康是健康的重要组成部分。对于现代社会的人来说，心理健康的意义远远超过身体健康。健康的人格、积极乐观的情绪、可挖掘的潜能，以及大学生整体心理健康水平的提高是大学生度过美好大学生活的基本条件，更是未来人生发展的关键。因此，培养大学生积极的心理品质，对于大学生个体发展和民族整体心理健康水平的发展都至关重要。

第二节　大学生心理健康的标准

一、科学的健康观

健康是人快乐、幸福和成功的前提和基础，这是人人皆知的道理。有句谚语说：有了健康就有了希望，有了希望就有了一切。还有人说：“健康是金子。”亦有人说：“健康是第一财富。”世界卫生组织（WHO）前总干事马勒博士曾指出：必须让每个人认识到，健康并不代表一切，但失去了健康，便失去了一切。对于大学生来说，健康是积极奋斗、实现理想、成就未来、生活幸福的保障。所以，每一位大学生都应该关注自身健康。

然而，人们对健康的理解并不相同。有人说，没有疾病，没有衰弱现象就是健康；有人说，吃好睡好就是健康；有人说，精力充沛就是健康……那到底怎样才算是健康呢？理论研究与实践都证明，人不仅是一个生物体，而且是有着复杂的心理活动、生活在一定的社会环境中的完整的人，是生理、心理和社会层面的统一体。那种认为“只要身体没有疾病、生理机能正常就是健康”的观念已被一种“立体健康观”（F. D. Wolinsdy,《健康社会学》，1988 年）所替代，即健康应从心理尺度、医学尺度和社会尺度三个方面来评价。

从表 1-2 可以看出，健康的目标是追求一种更积极的状况、更高层次的适应和发展，是一种身心健康、社会幸福的完好状态。

表 1-2　健康模型中的 8 种健康状态构成

健康状态	类别	心理尺度	医学尺度	社会尺度
1	正常健康	健康	健康	健康
2	悲观者	患病	健康	健康
3	社会疾病	健康	健康	患病
4	抑郁症患者	患病	健康	健康
5	身体疾病	健康	患病	健康
6	自我牺牲者	患病	患病	健康
7	自乐者	健康	健康	患病
8	严重疾病	患病	患病	患病

1948 年，世界卫生组织成立时，在其宪章中就开宗明义地指出：健康不仅为疾病或羸弱之消除，而系体格、精神与社会之完全健康状态。同时提出了健康的十条标准：①精力充沛，能从容不迫地应对日常生活和工作的压力而不感到过分紧张；②处事乐观，态度积极，乐于承担责任，事无巨细不挑剔；③善于休息，睡眠良好；④应变能力强，能适应环境的各种变化；⑤能够抵抗一般性感冒和传染病；⑥体重得当，身材均匀，站立时头、肩、臀位置协调；⑦眼睛明亮，反应敏锐，眼睑不发炎；⑧牙齿清洁，无空洞，无痛感，牙龈颜色正常，不出血；⑨头发有光泽、无头屑；⑩肌肉、皮肤富有弹性，走路轻松有力。

由上述对健康的界定可以看出，健康包括身体、心理和社会适应三个方面，且三者相互影响、相辅相成，缺一不可。现代医学也认为，在许多疾病的发生、发展和演变过程中，心理因素都扮演了重要的角色。现在有一类疾病统称为心身疾病，就是指那些主要或完全是由心理因素引起、与情绪有关而呈现为身心症状的身体疾病，如心脑血管疾病、糖尿病、支气管哮喘、消化性溃疡、神经性厌食、斑秃等。所以，人要健康长寿，不仅仅要有良好的物质生活条件和医疗条件，还要有许多重要的因素，其中最重要又最容易被人忽视的就是心理因素和科学文明的生活方式。

对于正在成长发展中的大学生而言，身体健康固然重要，但心理健康有着更突出的地位。现在，“心理健康是健康的一半”的理念正在被越来越多的人所接受。因此，准确地认识心理健康的内涵和标准，有意识地规划、调整自己的心理发展，主动改善自身心理健康状态，就成了当代大学生学习与发展的首要任务。

二、心理健康的内涵

人类对心理健康概念的认识是随着社会的发展以及人类自身认识的不断深化而不断丰富的。重视心理健康已成为当今世界的大趋势。那什么是心理健康呢？不同学者从不同的角度进行了论述。

1946 年第三届国际心理卫生大会指出：“心理健康是指在身体、智能以及情感上与他人心理健康不相矛盾的范围内，将个人心境发展到最佳状态。”（樊富珉，费俊峰，2013）

精神医学者孟尼格尔（K. Menninger）认为：“心理健康是指人们对于环境及相互间具有高效率及快乐的适应情况。不只是要有效率，也不只是要能有满足感，或是能愉快地接受生活的规范，而是需要三者俱备。心理健康的人应能保持平静的情绪、敏锐的智能、适于社会环境的行为和愉快的气质。”（王淑兰，2008）

心理学家英格里斯（H. B. English）给心理健康的定义是：“心理健康是指一种持续的心理情况，当事者在那种情况下能进行良好的适应，具有生命力，并能充分发展其身心的潜能。”（王淑兰，2008）

心理卫生学者阿可夫（A. Arkoff）认为心理健康的人是“有价值心质”的人：①有幸福感；②和谐；③有自尊感；④个人成长；⑤个人成熟；⑥个人统整性；⑦保持与环境的良好接触；⑧从环境中保持自我独立；⑨有效适应环境。

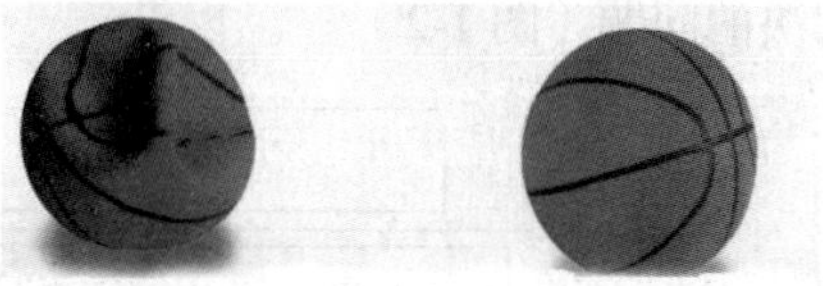

心理不健康者的工作状态　　心理健康者的工作状态

综合各家研究，我们可以对心理健康做这样的描述：所谓心理健康，是指个体在各种环境中能保持一种良好的心理效能状态，并能随环境条件的变化而不断调整自己的内部心理结构以达到与外界的平衡。

心理健康与身体健康是健康概念不可分割的部分，但是心理健康不像身体健康那样界定得具体、精确、绝对。因为心理健康是主观精神现象，它的度量很难有一个固定而清晰的界限。一般认为，心理健康是指一种持续的心理状态，在判断一个人的心理健康状况时必须考虑年龄、性别、社会身份、情境等各种因素。比如，一个人在玩扑克游戏正玩得开心，同伴走过来拿走了他的扑克牌，他立刻大哭大叫。你认为他正常吗？也许你会认为他不正常。但是，如果他是一个四五岁的孩子，你还这样认为吗？再比如，有一位学生，精力旺盛，易于与别人相处，整天无忧无虑。可是近两周来，他变得较为抑郁，不能集中精力学习，晚上失眠，还时常发出阵阵失去控制的哭喊。他是心理不正常了吗？或许你是这样认为的。但是，假如你知道，他两个星期前接到家里的电话，得知自己心爱的弟弟得了白血病，你还会这样认为吗？

张小乔、岳晓东等学者曾提出心理健康“灰色区”观点（图1-1），也许可以帮助我们更好地理解心理健康，了解在不同的健康水平上为我们服务的人员。

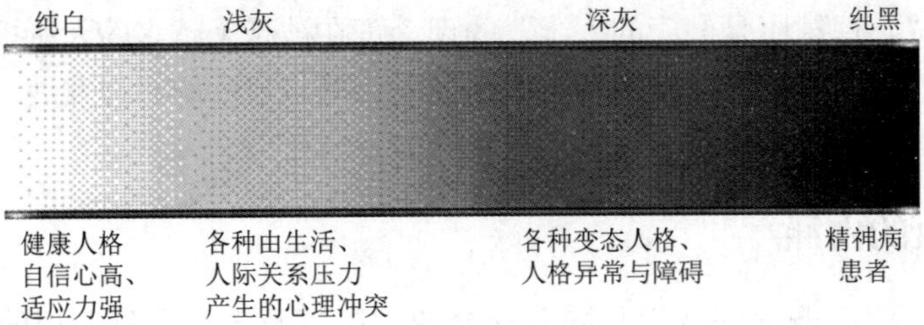

图 1-1　心理健康灰色区示意图

也有专家把人的心理健康水平大致分为三个等级。

一般常态心理者：表现为心情经常愉快，适应能力强，善于与别人相处，能较好地完成符合同龄人发展水平的活动，具有调节情绪的能力。

轻度失调者：表现出不具有同龄人所应有的愉快，和他人相处略感困难，生活自理有些吃力，若主动调节或通过专业人员帮助，可恢复常态。

严重失调者：表现为严重地适应失调，不能维持正常的生活、工作，如不治疗可能恶化。

现代心理咨询学认为，心理健康与心理不健康都属于心理正常的范畴，而变态人格、确诊的神经症以及各类精神障碍属于心理不正常的范畴。对于心理正常状态下的心理不健康问题多为心理咨询师可以面对的问题，而心理不正常的各种障碍多是神经科医生要解决的问题（图 1-2）。

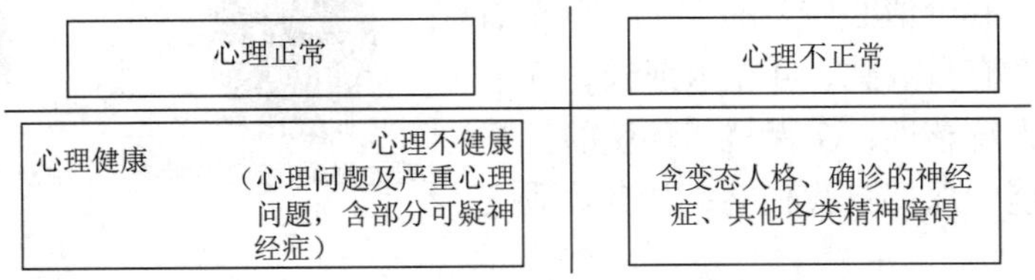

图 1-2　心理正常、心理不正常问题的图示

三、大学生心理健康标准

（一）心理健康的一般标准

同心理健康的内涵一样，对于心理健康标准的看法，各家研究角度虽有所不同，但基本理念是一致的。以下介绍一些常见的心理健康标准。

1946 年第三届国际心理卫生大会提出的心理健康标准是：①身体、智力以及情感十分调和；②适应环境；③有幸福感；④在工作中能发挥自己的能力，过着有效率的生活。

人本主义心理学家马斯洛（A. H. Maslow）提出了心理健康的十条标准：①有充分的自我安全感；②能充分了解自己，并能恰当地评价自己的能力；③能与周围环境保持良好的接触；④生活的理想切合实际；⑤能保持自身人格的完整与和谐；⑥善于从经验中学习；⑦能保持适当和良好的人际关系；⑧能适度地表达和控制自己的情绪；⑨能在不违背团体要求的前提下，有限度地发挥个性；⑩能在不违背社会规范的前提下，适度满足个人的基本需求。

美国学者坎布斯认为，一个心理健康、人格健全的人应有四种特质：①积极的自我观；②恰当地认同他人；③面对和接受现实；④主观经验丰富，可供取用。

我国著名学者王极盛等认为，人的心理健康标准应包括五个方面：①智力正常；②情绪健康，情绪稳定与心情愉快是情绪健康的重要标志；③意志健康，行动的自觉性和果断性是意志健康的重要标志；④行为统一协调，一个心理健康的人，他的行为是一致的、统一的，思想与行动是统一的、协调的，他的行为有条不紊，做起事来按部就班；⑤人际关系适应。

我国另一位知名心理学家郭念锋先生通过综合考察，提出了周期节律性、意识水平、暗示性、心理活动强度、心理活动耐受力、心理康复能力、心理自控力、自信心、社会交往、环境适应能力等十个方面的心理健康标准。

据此可以看出，国内外学者一般都会认同心理健康标准的复杂性，对一个人心理健康水平的判断既要考虑文化差异也要考量个体特点等多方面因素。

一般而言，在生活中判断一个人心理健康与否，主要源于四个方面。

1）经验标准。即当事人按照自己的主观感受来判断自己的健康水平，判断者凭借自己的经验对当事人的心理健康水平进行判定。这一标准重在关注当事人的主观心理感受，由于个体先天的遗传及后天环境的不同，经验标准更强调其个别差异。同样的生活事件，当事双方由于自我认知不同、自我体验不同，自我评价也不尽相同。

2）社会适应标准。以社会中大多数人的常态为参照标准，观察当事人是否适应常态而进行其心理是否健康的判断。例如，从大学生生理、心理与社会发展的关系来看，一般大学生都应当具有独立生活与处理生活中面临的事务的能力，如果有的大学生生活能力低下不能打理自己的日常生活，这便需要引起重视。

3）统计学标准。依据对大量正常心理特征的测量取得一个常模，把当事人的心理与常模进行比较。这个标准更多地应用于心理学研究之中，一般而言，我们都要将个体的心理测验结果与常模对照，来判断其心理健康状况。

4）自身行为标准。每个人将在以往生活中形成的稳定的行为模式作为心理正常与否的判断标准。

（二）我国大学生心理健康的标准

我国大学生的普遍年龄在 18～23 岁，从心理学的观点来看，大学生正处于青年中期。大学生的心理具有青年中期的许多特点，但作为一个特殊群体，大学生又不能完全等同于社会上的青年。根据我国大学生的实际情况，评判大学生的心理健康水平应从以下几个方面着重考虑。

一是智力正常。智力是人的观察力、注意力、记忆力、想象力、思维力，甚至创造力及实践活动能力等方面的综合，包括在经验中学习或理解的能力、获得和保持知识的能力，迅速而成功地对新情境做出反应的能力、运用推理有效地解决问题的能力等。这是大学生学习、生活与工作的基本心理条件，也是适应周围环境变化所必需的心理保证。因此，衡量大学生的智力是否正常，关键在于其是否正常地、充分地发挥了自我效能，即是否有强烈的求知欲，是否乐于学习，能否积极参与学习活动。

二是情绪健康。其标志是情绪稳定和心情愉快，包括的内容有：愉快情绪多于负性情绪、乐观开朗、富有朝气、对生活充满希望；情绪较稳定，善于控制与调节自己的情绪，既能克制又能合理宣泄自己的情绪；情绪的表达既符合社会的要求又符合自身的需要，在不同的时间和场合有恰如其分的情绪表达；情绪反应与情境相适应，反应的强度与引起这种反应的情境相符合。

三是意志健全。意志是人在完成一种有目的的活动时，进行选择、决定与执行的心理过程。意志健全者在行动的自觉性、果断性、顽强性和自制力等方面都表现出较高的水平。意志健全的大学生在各种活动中都有自觉的目的性，能适时地做出决定并运用切实有准备的方式解决所遇到的问题，在困难和挫折面前，能采取合理的反应方式，能在行动中控制情绪和言而有信，而不是盲目行动、畏惧困难、顽固执拗。

四是人格完整。人格是个体比较稳定的心理特征的总和。人格完整就是指有健全统一的人格，个人的所想、所说、所做都是协调一致的。人格完整包括人格结构的各要素完整统一，具有正确的自我意识，以积极进取的人生观作为人格的核心，并以此为中心把自己的需要、目标和行动统一起来。

五是自我评价正确。正确的自我评价是大学生心理健康的重要条件，大学生在进行自我观察、自我认识、自我判断和自我评价时，能做到自知，恰如其分地认识自己，摆正自己的位置，既不以自己在某些方面高于别人而自傲，也不以自己在某些方面低于别人而自卑，面对挫折与困境，能够自我悦纳，喜欢自己，接受自己，自尊、自强、自制、自爱适度，正视现实，积极进取。

六是人际关系和谐。良好而深厚的人际关系，是事业成功与生活幸福的前提。其表现为：乐于与人交往，既有广泛而深厚的人际关系，又有知心朋友；在交往中保持独立且完整的人格，有自知之明，不卑不亢；能客观评价别人和自己，善取人之长补己之短，宽以待人，乐于助人，积极的交往态度多于消极的交往态度，交往动机端正。

七是社会适应正常。个体应与客观现实环境保持良好平衡，既要进行客观观察以取得对现实环境的正确认识，以有效的办法应对环境中的各种困难，不退缩，又要根据环境的特点和自我意识的情况努力进行协调，或改变环境适应个体需要，或改造自我适应环境。

八是心理行为符合大学生的年龄特征。大学生是处于特定年龄阶段的群体，应具有与年龄和角色相适应的心理行为特征。

（三）正确理解心理健康的标准

正确理解和运用大学生心理健康的标准应特别注意以下几个问题。

第一，心理不健康与心理健康的区分是以持续存在的不良状态为依据的。不能把大学生在日常生活中因某种原因出现的暂时的不良情绪或行为，如恐惧、孤独、多疑、焦虑、人际关系一时处理不好等，都视为心理不健康。

第二，心理健康不是一种固定的状态，而是一个不断发展的过程。随着人的成长、知识经验的积累、职业的变动、环境的改变，心理健康状况也会有所改变。心理健康的人，在致变因素下，也可能出现心理障碍，而心理失调者，如主动调节也可以恢复正常。

第三，在实际生活中，心理健康与不健康的区别是相对的，很难确定一个严格的界限。那些基本不影响心理活动的轻微的症状，不能作为判断心理健康与否的标准。

第四，心理健康是与社会文化环境紧密相连的。心理健康的标准是随着社会文化的变化而变化的，不同的文化背景有不同的标准。

第五，心理健康的标准是一种理想尺度。它不仅为人们提供了衡量个体是否健康的标准，而且为人们指明了提高心理健康水平的方向。每一个人在自己现有的基础上作不同程度的努力，都可以不断发挥自身的潜能，追求心理发展的更高层次。

第六，大学生心理健康的基本标准是能够有效地进行工作、学习和生活。如果正常的工作、学习、生活难以维持，则可视为不健康，应该及时调整。

第三节　大学生心理健康的维护

一、大学生心理发展的特点

大学生的心理发展是发生在心理的各个方面的，主要特点有如下几个方面。

（一）大学生心理发展具有阶段性

大学生在校期间的学习、生活，可以分为入学适应、稳定发展和就业准备三个阶段，不同阶段的心理状况有所不同。

入学适应是迈进大学校门的新生都要经历的第一难关，时间长短因人而异，一般为一个学期左右。处在这一阶段的大学生，面临着从中学生活到大学生活的急剧变化，如环境、角色、人际关系、生活方式和学习方法等变化。这些变化使大学生原有的心理平衡被打破，内心交织着自信与自卑、轻松与压力。初入大学校门的大学生，只有积极适应，才能顺利度过这一阶段；否则，就会影响到整个大学时期的学习与生活。如果大学生经过一个学年还不能适应大学生活，则说明心理适应能力方面可能有了问题。

稳定发展阶段是大学生活最主要、最长久的时期，主要从大学生活适应后一直持续到大学毕业前夕。这一时期大学生心理发展的特点是专业学习兴趣浓厚，求知欲强烈，兴趣广泛，思维活跃，对自我认识进一步深入，人际交往增多，一些大学生可能还建立了较稳定的恋爱关系。在这一阶段中，大学生也会遇到许多困难和问题，可能出现某种程度的心理问题或心理障碍，并在面对、解决这些问题或障碍的过程中不断发展和完善自我。

就业准备阶段一般是在大四时期，是大学生从学生生活向职业生活过渡的时期。毕业在即的大学生大多面临着毕业设计、论文答辩、求职择业、恋人去向等诸多抉择和思考，因此心理压力和冲突就会不断出现。其中绝大多数学生经过几年的专业学习和心理发展，已具备较为稳定的人生观、丰富的知识、良好的自我心理调控能力，但也有少数学生因在学业或求职中遇到挫折，而产生种种心理问题（悲观失望、无所适从等）。

（二）需要复杂，情感丰富而不稳定

需要是情绪与情感产生的基础。大学生的心理需要复杂多样，既有衣食住行等基本生活的需要，又有迫切的交往需要和成就需要，还有自我实现和追求真善美的高层次需要。复杂、强烈的需要导致大学生的情绪与情感体验丰富且深刻，使得他们无论在日常生活、学习，还是交往中，都带有浓厚的感情色彩。但是，由于大学生在生理、心理和社会性上发展的不平衡，情绪和情感具有不稳定的因素，突出表现为情绪与情感的波动性特点，即情绪和情感常在两极之间动荡、起伏：时而平静、时而活跃，时而积极、时而消极，时而肯定、时而否定，时而内隐、时而外显。此外，大学生精力充沛、血气方刚，具有勇往直前的气魄，但也有盲目蛮干倾向，尤其是在感受到挑衅和敌意时，容易情绪失控，呈现出冲动性特点。

（三）智力发展存有内在矛盾

智力是多种基本能力的综合。人的智力水平从出生后开始迅速发展，20～35 岁时达到顶峰水平。大学生经过十几年的学习训练，到大学阶段各项智力因素均达到相当水平。此时的学生记忆力强、观察敏锐、思维活跃、反应敏捷，表现出强烈的求知探索、开拓创新的倾向。尤为可贵的是，随着知识的拓展、经验的积累和思维能力的提高，大学生不再满足于停留在事物的表层或定论上，但由于知识、经验的局限和认识方式的不足，在分析问题时又往往容易钻牛角尖，过于主观片面，得出与事实相去甚远的结论。

（四）自我意识趋于成熟与完善

自我意识是人对自身及自身与周围世界关系的认识。人的自我意识从儿童期开始发展，到青年期逐步走向成熟。大学生由于生活环境的变化，脱离了父母的呵护，开始了独立生活，因而成人感、独立感自然增强，自我意识得到进一步发展，开始更多地把目光从外部世界转向自己的内心世界，致力于自我认识、自我体验、自我评价、自我监督和自我约束。此时的他们十分注重塑造自身形象，并设计出理想中的自我模式，现实自我与理想自我产生了较大区别。但由于大学生自我意识的发展还没有达到完善与统一，时常不能正确认识自己，也往往容易过高估计自己，所以一旦遭遇挫折，又容易产生自卑感。

（五）爱情需要与性意识进一步发展

随着大学生性生理、性心理的发展，爱情的需要与性意识也快速发展起来。大学生对异性充满好奇，关注异性，渴望纯洁美好的爱情，加上大学环境较为宽松，一些学生已开始考虑恋爱问题，并试图建立相对稳定的恋爱关系。不少大学生都能合理选择恋爱

时机，处理好学业与爱情的关系，并采取文明健康的恋爱方式。但也有部分大学生在尚不了解爱情真谛时就匆忙涉足爱河，陷入感情旋涡，影响学业，或者不能慎重处理两性关系，酿成悔恨的苦酒。

二、大学生心理健康的影响因素

影响大学生心理健康的因素有很多，既有遗传、生理和成长等个体内在的因素，又有家庭、学校、社会和生活事件等外在的因素。

（一）个体内在因素

首先，个体的内在遗传因素是影响心理健康的重要因素。精神疾病的发病原因具有血缘关系从远到近而患病率从低到高的趋向。一个人的智力、气质、神经结构的活动特点等都明显受到遗传因素的影响。其次，从人的发展阶段来看，大学生处于青年期。青年期是由儿童向成人的过渡期，或者说是由儿童向成人的转变期。青年期是脱离儿童期的稳定世界以后，进入成人期固定的心理结构之前的不稳定时期。因此，心理学家将青年期称为人生发展过程中的“狂风骤雨期”，也称为人生的“第二次断乳期”。在心理发展历程中，大学生在大学期间面临着艰巨的心理发展课题，涉及自我接纳、社会适应、人际关系、异性交往、社会责任等许多方面。而刚进入大学校门的莘莘学子，由于心理发展不成熟、情绪不稳定，心理冲突时有发生，很容易产生适应不良，从而出现各种心理问题。

（二）家庭影响因素

一个人一出生，首先受到家庭的影响。家庭是塑造个体情感、性格、意志，形成健康心理的重要场所，是人格制造的工厂。大学生心理健康状态与父母的心理素质、教育方式、家庭氛围、家庭结构都有密不可分的联系。父母的教养态度和教育方法直接影响孩子的行为和心理。民主、平等而非命令式的、居高临下的，开明而非专制的，潜移默化而非一味娇宠的教养态度与教育方法有利于学生心理的健康发展。心理学家曾对神经症患者的父母教养方式进行调查，发现其教养方式可分为三种主要的类型，即冷漠型、严厉型以及过分保护型。在这样的教养方式下成长起来的孩子，其人格特征和人际关系方面都存在较多的问题。家庭的良好情绪氛围也是健康心理素质形成的前提，家庭成员间的语言及人际氛围，直接影响着家庭中每个成员的心理，对个性逐渐成熟的大学生更具有特别的意义。比如，当面对复杂的社会环境时，大学生容易出现各种各样的适应障碍甚至神经症反应。而在民主、尊重、团结、温馨的家庭中长大的孩子，更容易形成良好的性格，拥有健康的心态。另外，家庭结构的变化如单亲家庭、重新组合家庭等因素也必然会对正在读书的大学生心理有一定影响；家庭经济状况困难甚至贫困家庭的学生更易产生心理不适感等。总之，家庭环境带来的学生心理问题，其影响是深远而长久的。在大学生各种典型心理问题和心理疾病中常常可以看到家庭影响的痕迹。

（三）学校教育因素

我国大学大都实行的是住校制度，学校便成为大学生从事学习活动的主要场所，所以，学校教育对大学生的心理健康具有重要的影响。首先是学校环境对大学生的心理健康具有重要的影响。学校环境可以分为物质环境和心理环境两大类，这两种环境对学生的心理发展都起着熏陶作用。从物质环境来说，校园的一草一木、每一个角落都应给人以美的感受，使学生从中得到教育和心灵的净化。学校心理环境包括良好的校风、班风以及校园文化建设。首先，良好的校风和班风催人积极上进，使人际关系和谐，能使学生的心理健康状况得到改善和提高。其次，长期以来，中学的应试教育方式使不少大学生在身心发展诸多方面应受到的教育和培养均被严重制约，致使他们的许多发展课题延缓，心理素质不能达到应有的水平，无形中增加了他们的成长负担。这主要体现为部分大学生自我管理能力差，人际沟通能力差，过于单纯和幼稚，情绪不稳定，性格懦弱，意志比较薄弱，挫折承受力低，等等。最后，学校对大学生心理发展另一个非常重要的影响因素是教师的素质，因为教师不仅是学习活动的发动者、组织者，同时也是学生的心理保健教师。教师队伍的素质，如教师的职业道德、责任感、情绪情感、个性和意志品质等，都对学生起着感染作用。

（四）社会影响因素

社会影响是指一定的社会文化背景、文化、社会意识形态和社会风气等对存在于其中的个体的影响。一定的社会文化背景，如风俗习惯、道德观念等，从每一位大学生出生之日起就以一种无形的力量施加着影响，使他们逐渐形成理想、信念、世界观、需要、动机、兴趣和态度等心理品质。不同的文化对大学生的心理健康有不同的影响，其中有些是健康的，有些则是不健康的。社会意识形态对人心理健康的影响，是通过社会信息作为媒介的。健康的社会信息有助于大学生的心理健康发展，不健康的社会信息则会造成种种危害。社会风气与大学生的关系就像自然气候与植物的关系一样，社会风气可以通过家庭、同伴、传媒等途径影响其心理健康。不良风气会使一些大学生的心理受到扭曲，难以形成正确的人生观、世界观。大学生虽身处较为单纯的校园，但毕竟生活在复杂的社会中，社会上的难点、热点、疑点问题都会受到大学生的关注，引发其思考。大学生的思想观念和价值目标常受到社会正在流行的、大众传媒当前推崇的事物以及新兴的网络文化的影响，其内心常处于冲突彷徨之中。

（五）生活事件的影响

生活事件上指人们在日常生活中遇到的各种各样的社会生活的变动。生活事件不仅是测量应激的一种方法，也是一项预测身体和心理健康的重要指标。所以，它也是影响人们心理健康的重要因素。大量的研究表明，即使是中等水平的应激事件，如果连续发生，对个体抵抗力的影响是可以累加的，因而也会非常严重。如大学生经历人际关系的疏离、评优失败及失恋，会出现明显的心理不适。在生活事件中，重要丧失对大学生心理健康影响重大，如重要人际关系的丧失、荣誉的丧失等。重要的人际关系主要是指与家人、朋友，特别是异性（恋人）的关系。这种关系一旦丧失或出现问题，不仅仅会影响到大学生的情绪以及学习和生活，更重要的是，它们可能会极大地影响到大学生对自身及今后人生的看法。荣誉的丧失，一般表现为：很多认为可以获奖学金或评优、入党却没有实现的情况，或者如考试作弊、违纪受处分等。当然，生活事件也有好的一面，生活事件的发生可以增强个体对环境的适应能力。个体每经历一次生活事件，必须付出精力去调整这一事件的发生带来的生活变化，这也增强了个体抗挫折能力。

三、大学生常见的心理问题

大学生虽然是心理障碍的高发人群，但有心理障碍或精神疾病的学生的绝对人数并不多，多数大学生遇到的都是一般性心理困扰，即成长性、发展性心理问题。但是，即使是一般性心理困扰也会在很大程度上影响大学生的发展。调查结果表明，大学生活适应问题、学习心理问题、情绪管理问题、人际心理问题、恋爱与性心理问题、求职择业心理问题和与自我有关的心理问题是目前大学生中普遍存在的心理健康问题。

（一）大学生活适应问题

大学生活适应问题在刚入大学的新生中较为常见。新生来到大学后，在自我认知、同学交往、自然环境等方面都面临着全面的调整适应，此阶段是大学生活适应问题的高发阶段。尽管现在的大学校园都在倡导大学生的“自我教育、自我管理、自我服务”，但作为处于发展阶段的青年，很多大学生仍不能很好地处理自己的事务。比如，有的学生连简单的劳动都不愿从事，衣服找人洗、被子请人洗，有的学生宿舍集体请钟点工，帮助收拾内务、清洗衣物。可以说，大学校园中生活能力依旧很弱的大学生处处可见。

（二）学习心理问题

学生的主要任务是学习，学习上的困难与挫折对学生的成长影响也是最为显著的。进入大学后，学习状态较高中时期发生了不小的变化，致使大学生在学习中会出现一些心理问题。学习压力大、学习动力不足、注意力不集中、学习和考试焦虑、学习疲劳等学业问题是困扰大学生的主要学习心理问题。不仅如此，由于学习方面出现问题，还会连带产生自我意识、情绪乃至人格方面问题。有调查表明，大学生专业学习和竞争压力越来越大，由此所引发的心理障碍也越来越多。

（三）情绪管理问题

稳定的情绪、积极良好的情绪反应，是大学生成才很重要的因素，也是大学生心理健康中值得重视的问题。大学生的情绪问题有很多，如焦虑、抑郁、恐惧、嫉妒、冷漠、易失衡、易波动等。其中以情绪低落和易失衡最为明显。大学生心中持久的情绪低落，表现为心情压抑、沮丧、无精打采、什么活动都懒于参加、什么事也提不起精神、逃避活动等，还常伴有身体不适、睡眠不足。情绪易失衡主要表现为情绪波动大，高低不定，喜怒无常，会因一点小小的胜利而沾沾自喜，也易为一次考试失败、情感受挫而一蹶不振，尤其表现为对负面情绪的控制力相对较弱。

（四）人际心理问题

我国著名心理学家丁瓒先生曾指出：人类的心理适应，最主要的就是对于人际关系的适应，所以人类的心理问题主要是由人际关系的失调而造成的。进入大学后，由于每一位大学生在待人接物、个性特征等方面都有不同，再加上青春期心理固有的闭锁、羞怯、敏感和冲动，因此他们在人际交往过程中不可避免地遇到各种各样的困难，从而产生困惑、焦虑等心理问题，这些问题有时严重影响了他们的健康成长。大学生人际交往的心理问题主要表现为交往沟通不畅、交往恐惧、人际关系失调、人际冲突、孤独无援、缺乏社交基本交往态度及技能等方面。特别是，一些大学生还容易出现自身强烈的交际愿望和对他人情感不信任的矛盾，从而引起心理失调。

（五）恋爱与性心理问题

恋爱问题是当代大学生常见的心理问题。由于大学生性生理成熟和大学生活中异性交往机会增多，他们渴望交友，向往爱情，常常会进行恋爱的实践。大学生往往生活经验不足、情绪不稳定、恋爱观不正确，致使因单相思、失恋、与恋人发生矛盾、陷入多角恋爱不能自拔等问题而苦闷、烦恼。大学生性心理问题还因他们性机能的成熟、性意识的觉醒、性心理的发展与性知识教育的滞后之间的矛盾而引发。

三成大学生感到“郁闷”，毕业生成为“高压人群”

（六）求职择业心理问题

如何选择既能充分发挥自身潜能，又适合自身发展的职业，对当代大学生来说并非易事。现如今的大学生不仅要从实现个人理想、成就一番事业的角度出发去考虑自己的职业，而且还把收入多少、社会声望高低、工作条件优劣及工作是否稳定等因素作为选择职业的参考。由于社会不可能充分满足每个大学生职业理想的追求，而某个职业往往只能满足大学生某一方面的要求，所以职业选择的心理冲突总是存在的。当代大学生比以往任何时代的大学生都面临更强烈的职业选择冲突，有的为情况复杂、无从选择而困惑烦恼；有的为利弊相当、举棋不定而焦虑不已；有的为失去某些选择机会而追悔莫及；有的为找不到合适的职业岗位而惶恐不安。

（七）与自我有关的心理问题

与自我有关的心理问题是大学生心理健康问题的核心。几乎所有心理学家都认为，确定和形成自我统一性是青年期的重要课题之一。这一过程是一项复杂而艰巨的系统工程。在这个过程中，大学生需要完成对某种社会职业的选择，形成个人终身目标，最终确立人生观、价值观等多个任务，在自我的确立与评价方面易出现问题就不足为奇了。其中，自我成长与现实的矛盾在大学生身上往往比较突出。大学生作为同龄人中的佼佼者，容易把未来设计得过于完美，目标过于理想化，然而现实社会中的种种客观障碍会阻碍"理想自我"的实现。如果对这一事实准备不足，就会引起认知上的矛盾，从而严重影响大学生的心理状态。在现实面前，有些大学生能调整对自身的认识，重新树立起自己的人生目标，使之符合客观现实的要求；而有些大学生则企图逃避与现实的矛盾冲突，出现消沉、颓废、苦闷、抑郁等心态，或沉迷于玩乐、放纵，以此来麻痹自己的心灵，甚至出现自杀企图。还有些大学生在面临当今社会多样化的价值体系时根本难以找到自己的人生目标，失去了自我，失去了生命的存在感，结果使自己陷于苦闷绝望的境地。

另外，大学生在家庭关系、经济问题、政治问题、出国留学、业余生活等方面也会出现一些心理困惑或苦恼。由此可见，大学生常见的心理问题几乎涉及大学生活的方方面面。

四、积极维护大学生的心理健康

（一）关注自身心理健康

在我国，大学生对健康的认识存在着不同程度的偏差。这些偏差主要表现为：一是对健康含义的片面理解。一部分学生并没有认识到心理健康是评价健康与否的重要组成部分，他们只注重身体健康而忽略心理健康。二是对心理健康含义的片面理解。他们往往认为只要没有心理疾病就是健康，而忽略大学生应具有的持续的、积极的心理状态，忽略自身潜能的发挥。为此，大学生应掌握一定的心理健康知识，可以参加相关学习课程，听取相关的讲座，也可以自修，阅读相关的心理学书籍，从理论上提高自己。掌握了一定的心理健康知识，就等于把握了心理健康的钥匙，掌握了心理健康的主动权，就有了自救能力，也就能防微杜渐，防患于未然，从而顺利地度过大学生活，感受大学的魅力。

(二)养成健康的生活方式

生活方式对心理健康的影响已经被越来越多的人所关注，生活没有规律、随心所欲、懒散放荡与过度学习等都是不健康的生活方式。为完成繁重的学习任务，提高身体素质，大学生要养成健康的生活方式，使自己身体强健、精力充沛、朝气蓬勃。这要求大学生从以下几个方面着手调整。

1. 生活规律，合理安排时间

人们的日常生活、学习和工作都是通过一定的安排而有秩序地进行的。有规律的生活和科学的作息安排是使人精力充沛、身心健康，提高活动效率的保证。调查发现，约有60%的大学生生活缺乏规律，他们不按时起床、睡觉、用餐，不能妥善安排好学习、作息、娱乐时间，生活无计划，生活没有规律，经常破坏生物节律，导致身体机能减退，负面情绪增加，神经功能紊乱，学习效率降低，长此以往，不仅影响学习，而且容易使身心受到损害。大学生应学做生活的主人，安排好自己的生活与学习。首先要合理安排时间，既不能过分地荒废时间，也不能为了学习，给自己施加不必要的压力，在学习上搞疲劳战术，应注意劳逸结合。

2. 培养兴趣，适度进行体育锻炼

学校校园的生活是丰富多彩的，大学生在校学习期间应培养自己积极的兴趣爱好，参加各种社团活动，增加生活情趣，调剂单调的学习生活。这样不仅能增加自己的知识与能力，还能广交朋友，满足社交要求。学习之余多参加娱乐休闲活动，可以消除疲劳，松弛紧张情绪，增加生活乐趣，使自己的生活有节奏感，劳逸结合，提高学习效率。另外，生命在于运动。体育运动也是大学生课余不可或缺的活动，体育锻炼不仅对生理健康有重要作用，而且影响人的心理健康。运动可以提高中枢神经系统的反应能力，加速人体生长发育。运动还能使人感知敏锐，观察力增强，促进注意力和记忆力的发展，提高思维的敏捷性和灵活性，提高人的活动能力，培养乐观开朗的情绪，增强自信心，培养灵活、果断、勇敢、顽强的意志。专家认为，运动可减少敌视及妒忌心理，减轻精神压力，能振奋精神，同时，运动也可增加社交机会，可缓解人的孤独和郁闷心情。

3. 合理饮食，健康生活

饮食习惯是生活方式的重要组成部分。合理的饮食包括三餐定时定量，不暴饮暴食或偏食，注意营养调剂。不少大学生忽视早餐甚至不吃早餐，这是一种不良习惯。对于大学生来讲，早餐是非常重要的，因为上午的学习负担繁重，身体最需要营养。有些大学生还养成了吸烟酗酒的不良习惯，这是有害身体健康的。医学证明，烟草中多含尼古丁，对人体尤其是对呼吸系统危害很大，长期吸烟往往会导致慢性支气管炎、肺炎、冠心病等疾病的发生，既影响自己也危害他人，同时还会污染周围环境。长期吸烟的人还会影响智力水平，使人注意力分散，记忆力减退，思维不灵活，反应迟钝，学习和工作效率下降，并影响人的个性品质。饮酒过量不仅容易导致酒精中毒、消化系统疾病，还会引发意识模糊、记忆力下降、情绪不稳定等心理现象；而酒后失控，有时还会造成人际关系的紧张与冲突。为了自己与他人的身心健康着想，应该做到不吸烟，少喝酒，倡导文明的生活方式。

（三）提高心理健康调节水平

大学生要提高心理健康水平，提高心理健康调节水平是必需的。第一，应学会调整认知结构，形成科学思维方式。大学生应学会客观、全面、理性地看待问题，摒弃主观绝对化的唯心主义认知，并形成科学思维方式。如在与人交往时应认识到“金无足赤，人无完人”，世界上没有一个人是完美无缺的。这样才能摆脱不良情绪，提高心理健康水平。第二，学会管理情绪，培养乐观精神。稳定而乐观向上的情绪，会使人心情开朗、精力充沛，对生活充满兴趣与信心。大学生要善于调节和控制自己的情绪，既不要无限地压抑自己，也不能无克制地发作、放纵自己，要学会积极有效地管理情绪的方法，并多参加有益的娱乐活动，培养乐观精神面对生活。第三，克服自我认知偏差，拓展自我完善途径。大学生是时代精英、天之骄子，最渴望了解自己，把握自己，也往往容易在自我意识方面出现偏差。大学生应多了解自己与社会现实，在实践中确立合理全面的自我评价体系，同时，保持自己的独立性，做到自信而不自负，谦虚而不自卑，乐观而不盲目，克己而不过分。第四，锻炼意志品质，树立远大的理想。爱因斯坦曾说过：完美的性格和钢铁般的意志比智慧和博学更重要。一个人如果没有顽强的意志，做什么也不会成功。要培养良好的意志品质，树立远大理想，即要明确目标指向，从小事做起，在实践中不断磨炼坚强的意志。第五，塑造健康人格，促进个性完善。人格的培养是一个社会化的过程，学习活动可以培养人格，但不是唯一的途径，大学生积极参与人际交往、社会实践活动，对培养其独立性、创造性和自信、宽容、热情、开朗、果断、民主等人格品质有积极作用。另外，发挥主观能动性，扬长避短，也是人格品质优化的重要方面。第六，学会人际交往，克服社交障碍。学会共处是每个人毕生的学习课题，它对于心理健康来说是必不可少的。培养人际交往能力最重要的是要学会真诚地赞赏对方，学会倾听，学会主动交往，学会表达自己的感情。

（四）学会寻求有效的社会支持

社会支持是以个体为核心，个体与他人或社会通过支持性行为所构成的人际交往系统。西方学者对社会支持与健康的研究已有 40 多年的历程，有研究表明，良好的社会支持可以帮助个体实现心理健康。当代大学生在学习、生活中会遇到各种各样的压力和挫折。寻求有效的社会支持是大学生必备的素质之一。但各种调查研究表明，大学生还没有形成利用社会支持的习惯和意识，缺乏利用社会支持的能力。因此，当代大学生要善于利用有效的社会支持来应对这些压力和挫折，积极主动地参加各类社会实践活动，并在活动中全面提高自身素质，通过群体交往活动，理解人与人之间的关系，体验友谊与沟通的快乐，开阔视野，并寻找广泛的社会支持。当面临挫折与压力时，广泛宽厚的社会支持会帮助大学生走出沼泽地，走向开满鲜花的境地。

（五）树立心理咨询意识

心理咨询是咨询者运用心理学的知识、理论和技术，通过与来访者的交谈、商讨、分析、指导，帮助来访者达到自助的目的。心理咨询提供了一种与日常生活中其他关系不同的特殊关系。在这种关系中，咨询师的技巧及其所创造的气氛可使来访者逐步学会以更加积极的方法对待自己和他人。正因为心理咨询是一项专业性的工作，咨询过程中有很多方法和技术性问题，这就使得心理咨询与一般的开导、劝慰、帮助有明显的区别。心理咨询是保持和维护心理健康良好方法，对大学生维护心理健康有很大作用。心理咨询，可以激励大学生强化自己解决心理问题的信念，不再对心理问题感到神秘与束手无策；可以使大学生纠正对心理状态与社会环境之间的关系所持的不恰当观念，改变不合理的信念，及时调整自身的行为；可以为大学生实现更高的人生目标提供最佳的行为策略，引导他们进一步自强自立；可以开发大学生的潜能，强化个人活动的效绩，提高应变能力，提高学习、工作和生活质量；可以对大学生进行心理健康教育，预防潜在的心理问题，促使他们更为健康地成长。因此，在维护和促进心理健康中，大学生除了应该重视自我的调节，重视朋友的帮助、家长的支持、教师的指导外，还应该有寻求专业机构帮助的意识。特别是当心理压力较大、内心冲突激烈、自我调节难以奏效时，更应主动及时寻求专业的支持和指导。

课堂训练

症状自评量表

症状自评量表（the self-report symptom inventory，symptom checklist，90，简称 SCL-90），由上海铁道医学院（今同济大学医学院）吴文源氏引进修订。临床应用证明，该量表的评估结果有比较高的真实性，而且具有内容广、反映症状丰富、能准确反映患者的病情及其严重程度的特点，是目前心理咨询门诊应用最多的一种自评量表，适用于一般来询者，也适用于神经症患者。

问卷包含 90 个项目，每一个项目均采取 5 级评分制：①无——自觉并无该项症状问题；②轻度——自觉有该项症状问题，但发生得并不频繁、不严重；③中度——自觉有该项症状，其严重程度为轻到中度；④相当重——自觉有该项症状，其程度为中度到严重；⑤严重——自觉常有该项症状，频度和程度都十分严重。

90 个项目中包括 10 个因子：①躯体化；②强迫症状；③人际关系敏感；④忧郁；⑤焦虑；⑥敌对；⑦恐惧；⑧偏执；⑨精神病性；⑩睡眠及饮食状况。

通过对总分和各因子分的分析，可以判断被测者症状分布特点及自感不适的程度，为咨询和治疗提供参考。

问卷部分

注意：以下表格中列出了有些人可能会有的问题，请仔细地阅读每一条，然后根据最近一星期以内下述情况影响您的实际感觉，在 5 个方格中选择一格并画一个钩“√”。

	没有	很轻	中等	偏重	严重
	1	2	3	4	5
1. 头痛	□	□	□	□	□
2. 神经过敏，心中不踏实	□	□	□	□	□
3. 头脑中有不必要的想法或字句盘旋	□	□	□	□	□
4. 头晕或晕倒	□	□	□	□	□
5. 对异性的兴趣减退	□	□	□	□	□
6. 对旁人求全责备	□	□	□	□	□
7. 感到别人能控制您的思想	□	□	□	□	□
8. 责怪别人制造麻烦	□	□	□	□	□
9. 忘性大	□	□	□	□	□
10. 担心自己的衣饰整齐和仪态的端正	□	□	□	□	□
11. 容易烦恼和激动	□	□	□	□	□
12. 胸痛	□	□	□	□	□
13. 害怕空旷的场所或街道	□	□	□	□	□
14. 感到自己的精力下降，活动减慢	□	□	□	□	□
15. 想结束自己的生命	□	□	□	□	□
16. 听到旁人听不到的声音	□	□	□	□	□
17. 发抖	□	□	□	□	□
18. 感到大多数人都不可信任	□	□	□	□	□
19. 胃口不好	□	□	□	□	□

20. 容易哭泣	□	□	□	□	□
21. 同异性相处时感到害羞不自在	□	□	□	□	□
22. 感到受骗、中了圈套或有人想抓住您	□	□	□	□	□
23. 无缘无故地突然感到害怕	□	□	□	□	□
24. 自己不能控制地大发脾气	□	□	□	□	□
25. 怕单独出门	□	□	□	□	□
26. 经常责怪自己	□	□	□	□	□
27. 腰痛	□	□	□	□	□
28. 感到难以完成任务	□	□	□	□	□
29. 感到孤独	□	□	□	□	□
30. 感到苦闷	□	□	□	□	□
31. 过分担忧	□	□	□	□	□
32. 对事物不感兴趣	□	□	□	□	□
33. 感到害怕	□	□	□	□	□
34. 您的感情容易受到伤害	□	□	□	□	□
35. 旁人能知道您的私下想法	□	□	□	□	□
36. 感到别人不理解您、不同情您	□	□	□	□	□
37. 感到人们对您不友好、不喜欢您	□	□	□	□	□
38. 做事必须做得很慢以保证做得正确	□	□	□	□	□
39. 心跳得很厉害	□	□	□	□	□
40. 恶心或胃部不舒服	□	□	□	□	□
41. 感到比不上他人	□	□	□	□	□
42. 肌肉酸痛	□	□	□	□	□
43. 感到有人在监视您、谈论您	□	□	□	□	□
44. 难以入睡	□	□	□	□	□
45. 做事必须反复检查	□	□	□	□	□
46. 难以作出决定	□	□	□	□	□
47. 怕乘电车、公共汽车、地铁或火车	□	□	□	□	□
48. 呼吸有困难	□	□	□	□	□
49. 一阵阵发冷或发热	□	□	□	□	□
50. 因害怕而避开某些东西、场合或活动	□	□	□	□	□
51. 脑子变空了	□	□	□	□	□

52. 身体发麻或刺痛	☐	☐	☐	☐	☐
53. 喉咙有梗塞感	☐	☐	☐	☐	☐
54. 感到前途没有希望	☐	☐	☐	☐	☐
55. 不能集中注意力	☐	☐	☐	☐	☐
56. 感到身体的某一部分软弱无力	☐	☐	☐	☐	☐
57. 感到紧张或容易紧张	☐	☐	☐	☐	☐
58. 感到手或脚发重	☐	☐	☐	☐	☐
59. 想到死亡的事	☐	☐	☐	☐	☐
60. 吃得太多	☐	☐	☐	☐	☐
61. 当别人看着您或谈论您时感到不自在	☐	☐	☐	☐	☐
62. 有一些不属于您自己的想法	☐	☐	☐	☐	☐
63. 有想打人或伤害他人的冲动	☐	☐	☐	☐	☐
64. 醒得太早	☐	☐	☐	☐	☐
65. 必须反复洗手、清点数目或触摸某些东西	☐	☐	☐	☐	☐
66. 睡得不稳不深	☐	☐	☐	☐	☐
67. 有想摔坏或破坏东西的想法	☐	☐	☐	☐	☐
68. 有一些别人没有的想法	☐	☐	☐	☐	☐
69. 感到对别人神经过敏	☐	☐	☐	☐	☐
70. 在商店、影院等人多的地方感到不自在	☐	☐	☐	☐	☐
71. 感到任何事情都很困难	☐	☐	☐	☐	☐
72. 一阵阵恐惧或惊恐	☐	☐	☐	☐	☐
73. 感到在公共场合吃东西很不舒服	☐	☐	☐	☐	☐
74. 经常与人争论	☐	☐	☐	☐	☐
75. 单独一人时神经很紧张	☐	☐	☐	☐	☐
76. 别人对您的成绩没有作出恰当评价	☐	☐	☐	☐	☐
77. 即使和别人在一起也感到孤单	☐	☐	☐	☐	☐
78. 感到坐立不安、心神不定	☐	☐	☐	☐	☐
79. 感到自己没有什么价值	☐	☐	☐	☐	☐
80. 对熟悉的东西感到陌生或不像是真的	☐	☐	☐	☐	☐
81. 大叫或摔东西	☐	☐	☐	☐	☐
82. 害怕会在公共场合晕倒	☐	☐	☐	☐	☐
83. 感到别人想占您的便宜	☐	☐	☐	☐	☐

84. 为一些有关性的想法而很苦恼	□	□	□	□	□
85. 您认为应该因为自己的过错而受到惩罚	□	□	□	□	□
86. 感到要很快把事情做完	□	□	□	□	□
87. 感到自己的身体有严重问题	□	□	□	□	□
88. 从未感到和其他人很亲近	□	□	□	□	□
89. 感到自己有罪	□	□	□	□	□
90. 感到自己的脑子有毛病	□	□	□	□	□

评 定 标 准

本量表的统计指标主要为两项，即总分和因子分。

总分：将90个项目的各单项得分相加得总分。若90个项目中主观感觉均无任何不适，则实际总分为所得总分减去90。

总均分=总分／90，表示被测者自我感觉介于1～5的哪个范围内。

阳性症状均分=（总分–阴性项目数）／阳性项目数，表示“有症状”项目的平均得分。由此可判断被测者自我感觉不佳的项目的程度究竟在哪个范围。式中，阴性项目数表示“无症状”项目数；阳性项目数表示“有症状”项目数。

因子分：因子分=组成某一项因子的各项目总分／组成某一因子的项目数

“症状自评量表”的90个项目可以分为10类，即10个因子。每个因子反映一类症状。通过因子分可以了解被测者症状分布特点及严重程度，从而有针对性地选择治疗方法。

当各因子的T分≥3时，便认为被测者的该因子症状已达中等以上严重程度。

10个因子的定义及其包含的项目如下。

1）躯体化（somatization）：包括1、4、12、27、40、42、48、49、52、53、56、58，共12项。该因子主要反映主观的身体不适感，包括心血管、肠胃道、呼吸道系统主诉不适和头痛、脊痛、肌肉酸痛以及焦虑的其他躯体表现。

2）强迫症状（obsessive-compulsive）：包括3、9、10、28、38、45、46、51、55、65，共10项。它与临床上强迫症状的定义基本相同。强迫症状主要是指那种明知没有必要但又无法摆脱的无意义的思想、冲动、行为等表现，还有一些比较一般的感知障碍（如脑子变空了、记忆力下降等），也反映在这一因子中。

3）人际关系敏感（interpersonal sensitivity）：包括6、21、34、36、37、41、61、69、73，共9项。它主要指的是某些个人的不自在感和自卑感，尤其是在与其他人相比较时表现更突出。自卑感、懊丧以及人事关系明显相处不好，这一因子往往有高分现象。

4）抑郁（depression）：包括5、14、15、20、22、26、29、30、31、32、54、71、79，共13项。它反映的是与临床上抑郁症状群相联系的广泛的概念。抑郁苦闷的感情和心境是代表性症状，它还以对生活的兴趣减退、缺乏活动愿望、丧失活动力等为特征，并包括失望、悲叹、与抑郁相联系的其他感知和躯体方面的问题。该因子中有几个项目包括死亡、自杀等概念。

5）焦虑（anxiety）：包括 2、17、23、33、39、57、72、78、80、86，共 10 项。它包括一些通常在临床上明显与焦虑症状相联系的症状和体验。焦虑一般是指那些无法镇静、神经过敏、紧张以及由此产生的躯体征象（如震颤）。那种游离不定的焦虑及惊恐发作是本因子的主要内容。它还包括一个反映“解体”的项目。

6）敌对（hostility）：包括 11、24、63、67、74、81，共 6 项。这里主要是从三方面来反映患者的敌对表现、思想、感情及行为，其项目中包括从厌烦、争论、摔物直至争斗和不可抑制的冲动爆发等各个方面。

7）恐惧（phobic anxiety）：包括 13、25、47、50、70、75、82，共 7 项。它与传统的恐惧状态或广场恐惧症所反映的内容基本一致，恐惧的对象包括出门旅行、空旷场地、人群或公共场合以及交通工具等。此外，还包括反映社交恐惧的项目。

8）偏执（paranoid ideation）：包括 8、18、43、68、76、83，共 6 项。偏执是一个十分复杂的概念，本因子只是包括它的一些基本内容，主要指的是思维方面，如投射性思维、敌对、猜疑、关系妄想、妄想、被动检验和夸大等。

9）神精病性（psychotism）：包括 7、16、35、62、77、84、85、87、88、90，共 10 项。其中包括有幻想、思维播散、被控制感、思维被插入等反映精神分裂症状的项目。

10）其他：包括 19、44、59、60、64、66、89，共 7 项。这些项目未能归入上述因子，它们主要反映睡眠及饮食情况，属于附加题目，列为因子主要方便计算。

SCL-90 国内正常成人的测验常模如表 1-3 所示。

表 1-3　正常成人 SCL-90 的因子分布

项目	*X*+SD	项目	*X*+SD
躯体化	1.37+0.48	敌对	1.46+0.55
强迫症状	1.62+0.58	恐惧	1.23+0.41
人际关系敏感	1.65+0.51	偏执	1.43+0.57
抑郁	1.50+0.59	神经病性	1.29+0.42
焦虑	1.39+0.43	其他	24.92+18.41

阅读与思考

心理卫生运动的兴起

比奈尔（P. Pinel），法国精神科医生。法国大革命（1789 年）以后，他对全人类的“自由与和平”充满希望。在他工作过的两所医院里，他以大无畏的勇气和改革的气魄，毅然给住院精神病患者解除了束缚他们躯体的锁链，并且努力为他们提供清洁的房间、良好的食物和仁慈的护理。这一创举引起了社会上的巨大反响，因为在此之前，精神病患者一直遭受锁链的折磨和非人的对待。法国政府对比奈尔的改革十分重视，并予以支持，遂使一些精神病院的治疗环境逐步得到改善。比奈尔的名声也因此而传遍欧洲，他被公认为是心理卫生的倡导者。

当代心理卫生运动是从如何正确认识精神病和给精神病患者以人道的待遇开始的。1792 年，比奈尔首先提出废除对精神病患者的约束。

19 世纪以前，精神病患者被认为是魔鬼附体，而受到监禁和虐待，处境凄惨。一般认为，这是心理卫生运动历史的起点。美国的比尔斯（C. W. Beers），1876 年出生于康涅狄格州，18 岁就读于耶鲁大学商科。其兄患癫痫，他听说此病有遗传性，怕自己也得这种病而终日处于恐惧、焦虑中，故精神失常而住进精神病院。亲身经受当时精神病院的种种粗暴残酷的待遇，目击病友们过着非人的生活，不胜悲愤。三年后，他病愈出院，立志把自己的余生献给精神病患者。他向各个有关方面呼吁，要求改善精神病患者的待遇，并从事预防精神病的活动，但响应者甚少。于是，他根据自己亲身的感受和体会用生动的文笔写成《自觉之心》一书并于 1880 年 3 月出版。书中再现了他住院三年间的悲惨经历，讲述了精神病院的设备简陋，以及肮脏、寒冷，医生的冷酷无情，护士的粗暴、虐待和侮辱等非人的对待。

当时美国著名心理学教授威廉·詹姆斯给此书以高度评价并为之作序。英国杰出的精神病学家阿道夫·迈耶（精神生物学创始人）读此书后，认为该书所述就是“心理卫生”。

《自觉之心》问世后，比尔斯得到各方面的赞助和鼓励，于 1908 年 5 月成立了“康涅狄格州心理卫生协会”，从此诞生了世界上第一个心理卫生组织。发起者除比尔斯本人外，还有许多大学教授、医生、精神病学家、教会牧师、审判官、律师、社会工作者以及康复的精神病患者及其家属。协会工作的目标有五项：①保持心理健康；②防治心理疾病；③提高精神病患者的待遇；④普及关于心理疾病的正确知识；⑤与心理卫生有关的机构合作。把活动对象扩展到整个社会，从而奠定了心理卫生运动的坚实基础。

1909 年 3 月在比尔斯等积极努力下，“美国全国心理卫生委员会”在纽约成立，比尔斯任顾问。之后，心理卫生运动以该委员会为核心，在美国许多州纷纷成立了心理卫生协会。在美国 29 个州相继建立了 65 个心理卫生协会，独立而又协调地开展心理卫生活动。1917 年美国全国总会出版了《心理卫生》季刊，作为科普读物，宣传心理卫生常识，流传很广，影响很大。同时，协会还不定期地编印各种刊物和小册子，免费供群众阅览。

在 20 世纪 30 年代，我国许多有识之士在国际心理卫生运动日趋发展的影响之下，日益认识到这一运动的意义及重要性，于是经教育家、心理学家、医生、社会学家以及其他社会知名人士共 228 人的酝酿和发起，并得到 145 位知名人士的赞助，“中国心理卫生协会”于 1936 年 4 月在南京正式成立了，并紧接着致力于准备开展工作。翌年，因抗日战争全面爆发，全国处于非常状态之中，致使心理卫生协会的工作被迫停顿。抗日战争胜利后，于 1948 年曾在南京开过一次局部的心理卫生代表会议。其后，由于种种原因，直至 1979 年冬在天津召开的中国心理学会第三届代表大会上，许多与会者提出重建“中国心理卫生协会”的倡议，成立由陈学诗、宋维真、王效道三人组成的联络组并开展工作，得到许多关心此项活动的各有关方面著名人士的赞助。经过各有关方面的积极活动，中国心理卫生协会于 1985 年 3 月经国家科学技术委员会和国务院体制改革办公室批准正式成立。同年 9 月 27 日在山东泰安举行成立大会。李先念同志为大会题词：“社会各界都应当关心人民群众的心身健康，为心理卫生事业做出应有的贡献！”邓颖超同志题词：“发展我国心理卫生事业，提高人民身心健康水平！”王震、陆定一、周培源、费孝通、茅以升、朱光潜、潘菽、吴阶平、钱信忠、高觉敷、林传鼎等国家领导人和著名学者分别题词或致贺词。大会选举产生了理事和常务理事；讨论通过了协会章程；初步确定了几个工作委员会的工作计划。随后成立了儿童心理卫生、青少年心理卫生、老年心理卫生、心身医学和特殊职业群体心理卫生等专业委员会并开展学术活动。各省市地方和专业系统也纷纷组建心理卫生协会，并开展活动。从此，心理卫生运动在我国如火如荼地开展起来。

思考题

1. 大学生心理健康的标准是什么？怎样正确理解和运用心理健康标准？

2. 如何增进大学生自身的心理健康？

3. 案例分析：一位本科生毕业时到一家中外合资企业应聘高级职员，应聘后自我感觉良好，对朋友们夸口说：“我若考不上那就没有人能考得上了。”等到揭榜，他却意外地名落孙山，因此而感到无脸见人，不久便传来他自杀的消息。后来，公司发现是工作人员抄漏了，其实他考了第一名。这时有人问资方经理是否感到遗憾。资方经理说：“我确实为这位先生感到遗憾，但同时也为本公司感到庆幸。”问者不解其意。他解释道：“如果我的员工不出差错，我将会录取一个经不起任何打击的废物，那才是本公司的不幸。”请问这个故事对你有何启发？

推荐阅读

安德鲁·杜布林，2007. 心理学与工作[M]. 王佳艺译. 北京：中国人民大学出版社.

理查德·格里格，菲利普·津巴多，2003. 心理学与生活[M]. 王垒，等译. 北京：人民邮电出版社.

文柯，2009. 心理学改变生活[M]. 北京：新世界出版社.

参考文献

艾伦·布卢姆，2007. 美国精神的封闭[M]. 战旭英译. 南京：译林出版社.

段鑫星，赵玲，2008. 大学生心理健康[M]. 北京：科学出版社.
耿俊生，张存库，2001. 大学生心理健康[M]. 西安：陕西人民出版社.
樊富珉，2007. 大学生心理健康与发展[M]. 北京：清华大学出版社.
樊富珉，费俊峰，2013. 大学生心理健康十六讲[M]. 北京：高等教育出版社.
王淑兰，2008. 大学生心理健康教育教程[M]. 西安：世界图书出版公司.
王淑兰，2014. 大学生心理健康教程[M]. 西安：陕西人民教育出版社.

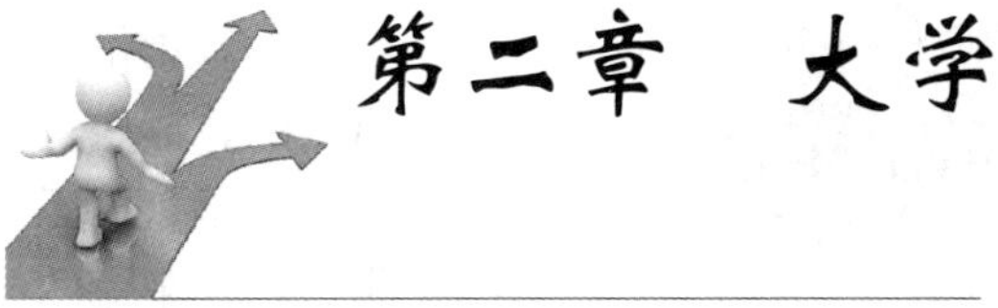

第二章　大学生的自我意识与培养

小李是一名即将升入二年级的大学生。他的父母都是农民，而且母亲身体虚弱，经常小病不断，家里条件十分艰苦。为了赚取生活费，小李要同时做几份兼职，但由于大城市生活水平高，他的生活还是过得紧巴巴的。他回到宿舍听着舍友们谈论着自己从来没有听说过的名牌，吃着自己从来没舍得买过的零食，他感到万分自卑。尤其是同学们谈论的一些话题他闻所未闻，根本插不上话。从此，小李就变得非常沉默，总是独来独往。这种状况不仅影响了他跟同学的关系，而且现在他也无法再像以前那样全身心地投入学习。他非常迷茫，不知道这样下去将来会怎样，更觉得自己愧对父母，急切希望自己的问题能得到解决。

小李因为自己的生活状况差而担心被同学瞧不起，从而对同学采取回避的态度，这进一步影响到自己的学习状态，追根究底是他内心深处的自卑情结在作祟。但小李并没有找到自己的症结所在，他应该树立正确的自我意识，即接纳自己，帮助自己建立积极自信的心理。

在现实生活中，像小李这样的人绝非少数，他们会因为自己的境遇不理想而变得自卑，因自卑而将自己孤立起来。当然，也有些人会因为只看到自己的优点而盲目自大，不可一世，以自我为中心，因此被他人孤立起来。这些问题都是自我意识不健全的结果，最终影响到自身正常的学习、工作与生活，甚至出现严重的心理问题。发展中的大学生，自我意识正处在发展与成熟的关键时期，其自我意识的形成受到自身和社会的影响，其心理也常常因为自我意识状态的变化而发生不同程度的变化，因此，帮助大学生形成正确的自我意识，对其心理健康的发展有着尤为重要的意义。

第一节　自我意识概述

“人是什么？”这是一个古老而又永恒的命题，也是每一个人毕生都在探讨和不断获得不同答案的问题。

在古希腊的德尔菲神庙上雕刻着这样一句箴言——“人啊，认识你自己。”

斯芬克斯最为得意的一个谜语是："在早晨用四只脚走路，中午用两只脚走路，晚间用三只脚走路，在一切生物中这是唯一的用不同数目的脚走路的生物。脚最多的时候，正是速度和力量最小的时候。"俄狄浦斯一语中的，谜底是"人"，因为在生命的早晨，人是软弱无助的孩子，他用两脚两手爬行；在生命的中午，他成为壮年，用两脚走路；但到了老年，临到生命的迟暮，他需要扶持，因此拄着拐杖，拐杖成为第三只脚。

斯芬克斯之谜、雕刻在德尔菲神庙上的箴言和中国人熟知的那句"人贵有自知之明"，都表明人类在认识自然的同时，也提出了认识人类自身的要求。从某种意义上讲，人认为自己是怎样一个人，比他真正是怎样一个人更重要，因为每个人都是按照他自己认为的那样而行动的。而一个人只有对自己各方面都有比较明确的了解，才能在环境适应及个体发展上获得较满意的结果。所以，形成正确的自我意识是人保持心理健康的首要条件。

一、自我意识的内涵

一个人生活在世界上，总要同周围的各种事物发生这样或那样的联系。为了使个人与周围世界保持平衡，使周围世界服务于个人生存与发展的需要，人类必须对周围世界进行探究和发现，这就形成了对外部世界的一些看法。同时，为了使自己能适应社会发展的要求，能在社会发展中更好地发挥作用，每个人又不得不对自身进行反思，以了解自己是一个什么样的人，有什么样的特点和能力，能在社会发展中发挥怎样的作用，这样就形成了人类对自身的意识，即自我意识。自我意识是人认识世界的出发点，也是个人成长与发展的基础。

（一）自我意识的含义

早在古希腊时期，哲人苏格拉底就提出了"认识你自己"的口号，这标志着人类自我意识的觉醒，人类开始关注现实人生，开始将目光从神投到人类自身。人类对自我意识的真正研究始于文艺复兴运动，人文主义者针对中世纪神学对人性的扼杀、对自我个性的否定进行了尖锐的批判，并发出了"我是凡人，我有凡人的要求"的人性解放之声。此后，法国哲学家笛卡儿最先使用了"自我意识"这一概念，提出了"用心灵的眼睛去注意自身"的精辟论断，揭示了发现自我意识的途径。笛卡儿之后，有关自我意识的研究开始得到空前的发展。

自我意识，简单地讲就是自己对自己的意识。也就是说，人类本身是一个客体存在，包括自己的生理状况（如身高、体重、形态等）、心理特征（如兴趣、爱好、能力、性格、气质等）及自己与他人的关系（如与周围人们相处的关系、自己在集体中的位置与作用等）等内在活动。同时，人也是一个主体存在，能够对作为客体的自己的内心活动进行觉察。

因此，自我意识就是指人对自己的生理状况、心理特征以及自己与他人的关系的认识、体验和愿望。自我意识是意识的高级阶段，是社会意识的组成部分，是人对自己，对自己与他人的关系的社会认知系统，是一种多角度、多层次的心理现象。

（二）自我意识的形式

1. 从自我意识的结构来看

自我意识表现为自我认识、自我体验和自我控制三种形式。

（1）自我认识

自我认识的内容涵盖了对有关“自我”的一切属性的认识，包括三个方面的内容。

第一，对物质自我的认知。从生物学意义上看，人是一个动物实体（有复杂的解剖结构和生理功能的动物）。对物质自我的认识则是对人的物质属性的认识，主要体现在三个方面：对自己外部特征的认知，如身体的高矮、体态的胖瘦、相貌的美丑；对自己解剖结构的认知，如各器官组织正常与异常；对自己生理功能的认知，如各系统功能健全与疾患等。

第二，对社会自我的认知。对社会自我的认知是指对自己在人际关系和社会群体中的地位和作用的认知，包括对自己所扮演的角色的名声、人缘、权利、义务等的认知。其中社会角色的自我知觉影响和决定着人们做出与个体的社会角色相适应的角色行为，而对自己的人际关系和社会群体中的地位与作用的看法极大地影响着人们的自我体验。特别是具有外部价值取向的人，往往把取得人际关系和社会群体中的地位和作用，作为自己人生的唯一目标。

第三，对精神自我的认知。自我意识的主体把认知的对象指向自我的精神世界，它包括对意识层的智力水平、气质类型、性格特征等的认知，也包括对潜意识层的认知。

自我认识是自我意识中的认知成分，包括自我感觉、自我观察、自我观念、自我分析和自我评价。

（2）自我体验

自我体验是个体通过认识和评价自身而表现出来的情绪上的感受，而这种感受主要取决于作为“客体我”（Me）是否能满足作为“主体我”（I）的需要。当客体我满足了主体我的需要时，就会产生积极肯定的自我体验，即自我满足感；反之，客体我如果没有满足主体我的需要，则会产生消极否定的自我体验，即自我责备等。

自我体验是自我意识的情感成分，包括自尊、自信、自卑、自我效能感等。

（3）自我控制

自我控制是个体对自身的心理与行为的主动的掌握。自我控制体现了一个人的能动性，是个体通过对自己的行为与活动的控制和调节，从而了解自己在达到目的的过程中，如何克服外部障碍与内部困难，以及自己应该采取什么方法来实现自己的决定。

一个具有坚强意志的人，在自我控制方面就会表现出自立、自主、自制、自强、自信、自律，发挥独立性、坚定性，增强责任感；遇到挫折时，沉着冷静；做事果断而有韧性，执行计划时，决不半途而废；不说空话，不炫耀自己，不哗众取宠。而一个意志薄弱的人则缺乏主见，容易受暗示，随波逐流，不能自制，情绪不稳定，不努力思考；面对困难畏缩不前，缺乏竞争意识；有的人怯懦，有的人爱冲动，轻易地或随便地违背自己应遵守的原则，不负责任，不尽义务；有的人在人际关系中有更多的防卫心理，嫉妒或提防他人，或者因害怕与他人发生冲突而忍让退缩。

自我控制是自我意识的意志成分，包括自我监督、自我控制、自我完善等。

2. 从自我意识的内容来看

自我意识表现为生理自我、社会自我和心理自我三种形式。

（1）生理自我

生理自我是指个体对自己的身体、生理状态的认识、体验和愿望。如对自己的身高、体重、容貌以及温饱感、舒适感、病痛感等的认识和体验，并相应地产生愉快、苦恼、自怜或自爱的情感，伴随产生追求仪表美和提高自己身体健康水平的愿望，这是自我意识的最初形态。

（2）社会自我

社会自我是指个体对自身与外界客观事物、与他人的关系的认识、体验和愿望。如对自己与周围人相处的关系以及自己在社会中的位置、责任和作用等的认识和体验，相应地产生自卑、不满或羞耻的情感，并伴随产生去追求名誉、地位、良好人际关系的愿望。

（3）心理自我

心理自我是指个体对自己在心理活动中的个性心理的认识、体验和愿望。如对自己的性格、气质、兴趣、爱好、理想、信念、能力等的认识和体验，相应地产生自信或自卑的情感，并伴随产生培养兴趣爱好、确立理想信念和完善气质性格及提高能力的愿望。社会自我和心理自我是自我意识的高级形态。

3. 从自我意识的观念形态来看

自我意识表现为现实自我、投射自我和理想自我三种形式。

（1）现实自我

现实自我是指个体从自己的立场出发，对自己目前的实际状况的评价和看法，如“我就是什么样的人”。

（2）投射自我

投射自我是指个体想象中的他人对自己的评价和看法，如“我觉得他认为我是什么样的人”。

（3）理想自我

理想自我是指个体想要达到的较完善的自我境界或形象，是追求和奋斗的目标，如“我应该成为什么样的人”。

如本章开头案例中的小李，他把自己与舍友进行对比，认为自己不如别人，从而万分自卑，非常沉默，常独来独往，这是他的现实自我；他会认为舍友都瞧不起他，认为他没见过世面，这是他的投射自我；当然，小李也非常希望自己能跟同学们一样可以不为生计而辛苦奔波，也希望自己能见多识广、交流自如，这是他的理想自我。

对大多数人而言，现实自我、投射自我和理想自我是一致的，但三者也有不一致或三者差距过大的时候，在这种情况下，我们往往容易出现自我意识的矛盾，甚至会导致严重的心理问题。

4. 从自我意识的作用来看

自我意识表现为积极自我和消极自我两种形式。

（1）积极自我

积极自我是指自己对自己的认识较客观，有积极的自我体验，能进行有效的自我控制，实现自身与环境的统一。如表现出独立的自信心、适度的自尊心、一定的责任感和义务感等。

（2）消极自我

消极自我是指自己对自己的认识有失客观，有消极的自我体验，不能进行有效的自我控制，难以实现自身与环境的统一。如表现出自卑、自我否定、缺乏自制力等。

二、自我意识的产生与发展

自我意识不是与生俱来的，是随着年龄的增长在社会化的过程中逐步形成的。自我意识的发展经历了萌芽、发生和发展三个过程。

（一）生理自我意识阶段（0～3 岁）

这一时期儿童行为的突出特点是以自我为中心，即以自己的想法解释外部世界，并把自己的想法和情感世界投射到外界事物上去。这一时期也被称为生理自我时期或自我中心期，是自我意识的萌芽阶段。这一阶段又可分为三个时期。

1. 自我感觉期

刚出生的新生儿并没有意识，也没有自我意识，只有一些简单、片断的感觉、动作和本能的反射，因而和一般的小动物没有多大区别。他们认识不到自己的存在，分不清自己的身体与外界有什么区别，吮吸自己的指头和吮吸母亲的乳头一样。婴儿在以后的生活中，由于不断地与外界事物接触，身体器官、神经系统也随之不断发展、完善，一般在 8 个月时了解到自己的存在，听到自己的名字会有反应，也逐渐了解了自己和外在世界是分开的、自己与他人是不同的，但这时仍然人我不分、物我不分。1 岁左右，产生了自我感觉，这是自我意识最原始、最初级的形态。这时，儿童逐渐能将自己和自己的动作区别开来，将自己的动作和动作对象区别开来。例如，儿童发现咬自己的手和脚，与咬别的东西（玩具、饼干等）感觉不一样；自己推皮球，皮球就滚动了，等等。这就使儿童认识到自身是一个独立实体，是动作的主体，体验到了自我的存在和力量，产生了最初的自豪感和自信心，从而形成自我感觉。

2. 人称代词“我”的出现期

2 岁以后，儿童学会使用人称代词“我”来表示自己，使用别的词表示事物时，说明他开始意识到自己心理活动的过程和内容，开始从把自己当作客体转化为把自己当作主体的人来认识。这是自我意识发展中的一次质变和飞跃，人的自我意识从此萌生。儿童掌握人称代词比掌握名词困难得多，代词具有很强的概括性，“我”一字可与每一个人相联系，运用时必须要有一个内部转换过程。例如，母亲问孩子：“谁给你的糖？”孩子应该回答“阿姨给我的糖”，而不能说成“阿姨给你的糖”。儿童要能完成人称代词运用中的这一内部转换，没有对自我与他人、自我与他物的一定的区别和把握，是不可能的。当然，这时的儿童还没有关于自己内心的意识，像成人一样地沉思内省还是不可能的。

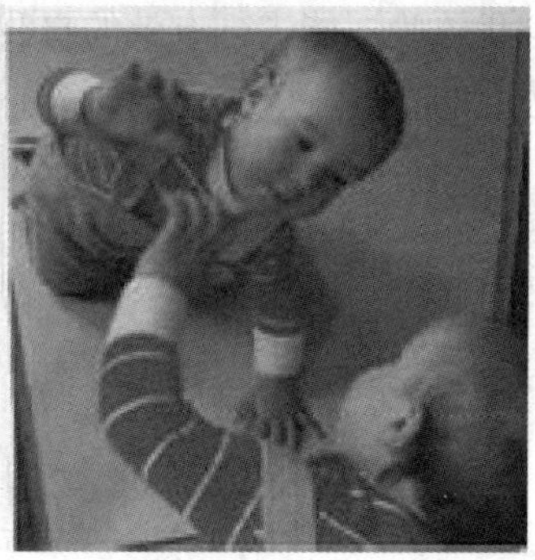

3. 自我意识萌芽期

3 岁左右的儿童，“我”的使用频率增加，产生了一些较为极端的自我独立要求，在成人的眼中，这时的孩子常常与父母闹别扭，原来顺从而又可爱的孩子，变得很有主见，总想按照自己的方式去处理问题，达到自己的目的，事实上，他们根本做不到，此间开始出现羞耻感、自主性和占有欲。

（二）社会自我意识阶段（3 岁到青年初期）

这一时期是个体接受社会化影响最深刻的时期，经历了从幼儿园、小学、初中到高中人生成长中非常重要的时期，个体在游戏、学习、劳动、生活中，通过模仿、认同、练习等方式，逐步形成各种角色观念，建立角色意识。个体开始意识到自己在人际关系、社会关系中的地位和作用，意识到自己所承担的社会责任与享有的社会权利。此阶段自我意识的显著特征是从以自我为中心转换为以社会要求、他人要求为标准。这一阶段也可分为三个时期。

1. 小学时期（童年期）

小学时期儿童自我意识的特点是模糊、不自觉、被动的，心理活动主要指向外部世界，对自己的内心世界没有多少认识，如果问“你是一个什么样的人？”许多小学生会回答不上来，说没有想过。即使回答，也往往是对自己一些外部特点的描述，如我是一个爱画画的人、守纪律的人、喜欢猫的人等，或者是转达教师、家长或其他成人对他的评价。他们也意识不到自己所面临的各种矛盾，因而内心世界很平静，没有忧愁，没有烦恼，这一时期是一个从快乐到快乐的时期。

2. 初中时期（少年期）

初中时期人们的自我意识逐渐清晰、自觉了，开始意识到自己与他人、与集体的关系，意识到自己的内心活动，开始想到自己，开始“发现”自己，比如，这时他们会发现自己能想出某个主意，而别人想不出，从而感到自豪、得意；他们开始关心自己的发展，出现理想或幻想，还有了许多内心的小秘密；他们开始对周围人的精神世界、个性品质等感兴趣，欣赏文艺作品时，开始关注人物的内心体验、动机、想法、个性特点等，而不是像小学生那样，只注意作品的情节和人物的外部动作。但这时他们自我意识的水平还不是很高，对自己的内心世界了解得也不是很深。

3. 高中时期（青年初期）

人的自我意识的全新发展和最后成熟，是从青年初期（高中阶段）开始的，并在青年期内基本完成。其显著特征是把原来主要朝向外部的认识活动，转向自己的内心世界，探索自己的内心活动。比如，这时青年会提出一系列的问题要自己回答：我是一个什么样的人？我要成为一个什么样的人？我的长相如何？我的脾气、性格怎样？我有什么样的特长和才能？我能成就什么样的事业？我在别人心目中的形象如何？我怎样走人生之路？等等。这是个体在智力成熟、生理成熟、社会地位和社会化迅速发展的基础上达到的。

（三）心理自我意识阶段（青年中期到生命结束）

如果说前一个阶段是自我意识迅速发展并趋向成熟的阶段，那么从青年中期开始，个体的自我意识便开始进入完善与提高的阶段，这一阶段一直持续到人生的终结。也就是说自我意识的完善与提高是个体毕生的任务。

大学生处于青年中期，是自我意识完善的关键时期。他们的自我意识发展正经历着一个特别明显的分化—冲突—统一的过程。这时，原本“笼统的我”被打破了，出现了两个“我”，一个是处于观察地位的我，即“主体我”，另一个是处于被观察地位的“我”，即“客体我”。出现了“主观我”与“客观我”、“理想我”与“现实我”、“感性我”与“理性我”的分化。

这种分化标志着大学生的自我意识开始走向成熟，也是他们自我意识发展的最重要的过程。正是这种分化过程促进了大学生思维和行为主体性的形成，从而为客观地评价自己或他人、合理地调节自己的言行奠定了基础。

三、自我意识的特征与作用

（一）自我意识的主要特征

1. 自我意识的社会性

马克思指出，人的本质是一切社会关系的总和。人的成长离不开社会环境，否则，即使在生理上发育得像人的模样，却不具有人的意识。首先，从个体发展来看，个体参与社会生活，逐渐产生对周围世界的认识，与此同时，也产生了对自己的认识，形成了人所特有的自我意识。其次，从种系发展来看，自我意识是随着人类的劳动和语言的产生和发展而发展的，是在人类的实践活动的基础上形成的。因此，自我意识的社会性就是指，自我意识的形成和发展是社会环境的产物。

2. 自我意识的能动性

马克思指出，意识对物质的反映不是被动的，而是能动的。自我意识作为意识发展的高级阶段，其能动性主要是指人能自觉地、主动地认识和调控自己。

3. 自我意识的客观性

自我意识的形成和发展既非与生俱来，也非封闭环境的产物，而是接触和反映周围客观现实的结果。一方面，自我意识中的任何心理成分都可以从客观现实中找到来源；另一方面，自我意识的评价是有其客观标准的，自我意识是社会评价、社会价值观的反映。

4. 自我意识的形象性

自我意识的形象性主要指个体对自己的意识总是与一定的具体形象联系在一起的。心理学家柯里认为，自我意识的形象包括三个因素：首先是关于被他人看到的姿态的自我觉察；其次是关于他人对自己所作的评价与判断的自我想象；最后是关于自己对自己怀有的某种情感——自尊或自卑。柯里还指出，其中第二个因素在实践中是有重要意义的，且第三个因素由第二个因素决定。

（二）自我意识的突出作用

自我意识对一个人来说具有十分重要的作用。离开了自我意识，我们无从感知自己的身心存在和需要，分不清自己和周围世界的关系，头脑一片混沌，一切活动将无法进行。当一个人自我意识不正常，不知自己是谁时，便迷失了自我。因此，自我意识是人须臾不可缺少的，它是随时都发挥作用的人类意识最本质的体现。它能使人反省自身，有明确的自我存在感及丰富的心理内容，它为“我是谁”“我从哪里来”“我要到哪里去”这些问题带来答案，使人过出自己独特的人生。概言之，个体的自我意识以其固有的特质，调控着人的心理和行为，决定着一个人心理健康的水平，关系着一个人学业和事业的成功。人的自我意识具体有以下四个方面的突出作用。

1. 目标导向作用

目标是个体发展的导航机制，一个人要想成就一番事业，就必须从自身的实际出发，制定明确的目标，只有如此才能调动自身的潜能，激发强大的动力。人通过正确地自我认识，确立较为合理的理想自我的内容，能为个人将来的发展确定目标，对个人的认知、情感、意志、行动会产生很大的影响，是个体活动的动力。自我意识健全的个体，在从事一项活动之前，就已把活动的目的和结果以观念的形式存在于头脑之中了，并依此做出计划，指导自己的活动，从而达到预期的目标。

2. 自我控制作用

一个人要获得发展，取得成就，光有目标是不行的，还必须具备自我控制的意识，对自己的情感、行动加以调节和控制。自我意识健全的个体，在对自我做出正确认识、合理规划的基础上，能够对自己的注意力、情感、行为等加以控制，以实现自己的目标。在通往成功的路上，很多人并不缺乏机会和才华，而是缺乏自控的意识和能力，故而与成功失之交臂。自我控制是自我意识发挥能动作用的一个重要方面，它是目标的守护神，是成功的卫士。缺乏自我控制意识的人，将是一个情绪化的人、缺乏毅力的人，终将一事无成。自我意识的控制作用主要体现在自我是个体活动的觉察者、调节者和发动者三个角色方面。自我作为个体活动的觉察者，能使个体知道自己在干什么、干得如何，并随时修正。而某一活动干得是否恰当，自我会对其做出评价，提供反馈信息，从而保持或改变活动的内容、方向和强度，这是自我作为调节者的功能，这种调节有时是有意识的，有时也是无意识的。自我作为个体活动的发动者是指个体能决定自己的活动，当个体总感到自己不能决定自己的活动时，他就处于一种危险的境地。临床发现，如果个体长期处于被强迫的活动状态之中，就会产生心理上的烦恼，丧失自信，产生生理或心理疾病。

3. 内省作用

自我意识健全的个体，不仅能够确立理想自我的内容，为自己将来的发展做出规划，而且能够通过自我控制来实现预期目标。此外，由于主客观条件的制约，理想自我的实现常常会遇到各种障碍，致使个体产生不同程度的挫折感。当现实的自我和理想的自我不能统一，或在理想的自我实现过程中受到挫折时，有健全自我意识的人能够自省、自觉地寻找失败的原因。一方面通过自我调节、控制，纠正心理偏差，努力缩小理想自我与现实自我的差距；另一方面重新调整认识，形成新的理想自我的内容，使自己的心理行为个体化与社会化协调、平衡、完善、发展。内省可谓是个体成长中所进行的自我监督和自我教育，每个人要想使自己的天赋和才能得到充分的开发和利用而成为自我实现的人，就需要有积极的自我意识，随时对自我的认识、情感、意志和行为加以反省和审察。

4. 激励作用

正确的自我意识可以帮助个体形成准确的自我认知与评价，并在此基础上建立自立、自主、自信的良好心理品质，激励个体去大胆尝试、积极进取，最大限度地调动个体的潜能，激发个体思维活动的功能，取得成就。在这一过程中，个体应不断克服负面的自我意识，强化正面的自我意识，形成个体自我意识的良性循环。因此，往往自我意识越健康、越积极的人，就越能取得成就，一个人不断取得新的成就时，又会进一步促使健康自我意识的形成。

第二节　大学生自我意识的发展

自我意识在现实生活中更多地体现为一个人的人生价值观问题，而一个人的人生价值观又会受到他所处的社会历史阶段主流思想的影响，因此人们的自我意识也就具有了时代特征。同时，不同的社会形态也相应地塑造着人类不同的社会性格：传统的、自我的、他人的，其实质就是三种不同的价值取向。当代中国大学生人生价值观的演变就经历了从传统(这里的传统不仅是指农业社会给我们所留下的某些封建传统，还包括受"左"的思想影响而形成的意识形态传统)的、没有选择余地的单一价值观向自我的、多元化的价值观转变，并且正在呈现出为适应社会发展而选择的环境、时尚决定自己行为的他人导向的价值观。可以说，当代中国大学生人生价值观演变与世界范围内的人生价值观演变在方向上是吻合的，在进程上则表现出浓缩性的特征。

一、大学生自我意识的形成过程

进入青春期后，大学生的自我意识会出现一个分化—冲突—统一的过程。这个过程是大学生自我意识不断发展、趋于成熟的过程。

(一) 自我意识的分化

儿童的自我意识是一个尚未分化的整体，其意识内容主要停留在对自己外部行为和自己与周围关系的外部特征的认识上。进入青年期，原来在儿童、少年时期统一不可分割的自我意识一分为二：一是理想自我，它是根据主观的自我和对社会现实的主观感受所形成的希望自己未来成为什么样的人而达成的自我状态。理想自我处于观察者的地位，也就是"主体我"。二是现实自我，它是指当前实际所达到的自我状态，即我现在是什么样的人。现实自我处于被观察者的地位，是理想自我所要观察的对象，也就是"客体我"。

自我意识的明显分化使大学生主动、迅速地对自己的内心世界和行为产生新的意识，他们开始意识到自己那些从来没有被注意到的"我"的许多方面和细节。在这一时期，大学生自我沉思、自我分析、自我反省的时间明显增多；由对自我新的认识、体验和控制而带来的种种激动、焦虑、喜悦和不安也显著增加；为自己应该怎样做、能怎样做、不应该怎样做等开始认真地动脑筋，不像中学生那样随心所欲。

此时如果个体的理想自我(主体我)和现实自我(客体我)能保持大致地平衡，也就是说，个体的能力、性格、欲望能如实地表现出来，个体便能以自己的本来面目出现在别人面前，既不用掩饰自己的努力，也不怕暴露自己的缺点，从而有利于发挥自己的实际能力，促进个体健康发展，但也常常会出现理想自我和现实自我的失衡。

现实自我占优势的个体，往往表现出较强的虚荣心和自我陶醉感，特别在乎他人对自己的评价，期望事事处处得到他人的赞赏。他们担心暴露自己的缺点，常常炫耀自己的知识，追新猎奇，哗众取宠，以换取他人的赞赏。

理想自我占优势的大学生，往往将“客体我”萎缩到实际能力之下，总认为自己事事处处不如人。他们往往自卑感较强，因为自己某方面的欠缺，如口才不好、身材不高、相貌一般、家境贫寒、能力不强而苦恼，甚至放弃应有的努力，表现出自我怜悯或伤感的心理状态。

总之，自我意识的分化促进了大学生的思维和行为主体性的形成，从而为客观地评价自己和他人、合理地调节自身的言行奠定了基础，这是自我意识开始走向成熟的标志。

（二）自我意识的冲突

自我意识的分化，一方面使大学生开始意识到理想我与现实我的差距；另一方面，由于处于发展阶段，自我形象不能很快确立，自我概念不能明确形成，因而自我冲突加剧，表现为内心冲突，甚至有很大的内心痛苦和强烈的不安感。归纳起来，当代大学生自我意识的矛盾冲突主要表现在以下几个方面。

一是理想我与现实我的冲突。这可以说是大学生自我意识矛盾最突出、最集中的表现。大学生对未来充满信心，抱负心较强，取得成就的欲望较强，但由于他们生活范围相对狭窄，社会交往比较简单，社会阅历相对缺乏，对自我认识的参照点较少，因此不能很好地将理想与现实结合起来，从而使理想我与现实我之间产生较大差距。这种差距给大学生带来苦恼和不满的同时，也会激发大学生奋发进取的积极性，但如果这种矛盾与冲突过于强烈，不能及时加以调适，则会导致大学生自我意识的分裂，从而带来一系列心理问题。

二是独立意识与依附心理的冲突。进入大学后，大学生的独立意识迅速发展，他们希望能在经济、生活、学习、思想等方面独立，希望摆脱成人的管束，从而自主地处理所遇到的一些问题，但他们在心理上又依赖成人，无法真正做到人格上的独立，这种独立意识与依附心理的矛盾也一直困扰着他们。

三是交往需要与自我闭锁的冲突。大学生迫切需要友谊，渴望理解，寻求归属和爱。他们有强烈的交往需要，希望能向知心朋友倾吐自己对人生和生活的看法，盼望能有人分担痛苦、分享欢乐。但同时他们又存在着自我闭锁的倾向，许多人往往不愿主动敞开自己的心扉，而把自己的心灵深藏起来，在公共场合很少发表个人的真实意见。他们在与他人交往时存有较强的戒备心理，总是有意无意地保持一定距离，正是这种交往需要与自我闭锁的矛盾冲突，使得不少大学生饱受孤独的煎熬。

四是自信心与自卑感的冲突。大学生刚刚考上大学时，受到教师、家长、亲朋好友的赞赏及同辈人的羡慕，故而优越感和自尊心都很强，对自己的能力、才华和未来都充满了自信。然而进入大学后，群英荟萃，许多大学生发现“山外有山”，尤其是当学习、文体、社交等方面显露出某些不足时，有些大学生就会陷入怀疑自己、否定自己的不良情绪中，于是产生自卑心理。在这些大学生的内心深处，自信心和自卑感常常处于冲突状态。

五是追求上进与自我消沉的冲突。许多大学生都有较强的上进心，他们希望通过努力来实现自身的价值。但在追求上进时，困难、挫折在所难免，不少大学生常常出现情绪波动。在困难面前望而生畏，消极退缩，虽然退缩但又不甘放弃，心中依然想追求、想奋进，内心极为矛盾，困惑、烦躁、不安、焦虑也由此而生。

（三）自我意识的统一

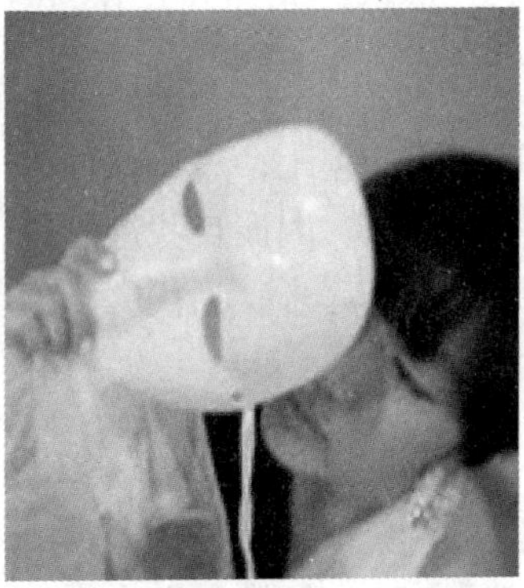

由自我意识的分化带来的种种矛盾、冲突是大学生自我意识发展中的正常现象，也是大学生迅速走向成熟的集中表现。自我意识矛盾、冲突一方面会使大学生感到焦虑苦恼、痛苦不安，可能影响到他们的心理发展和心理健康，但另一方面也会促使他们设法解决矛盾，来实现理想自我与现实自我的统一。但是由于个人的社会背景、生活经验、智力水平、追求目标等方面的差异，他们自我意识的统一途径也有所不同，但总的来说，其统一途径有三个方面：一是努力改善现实自我，使之逐渐接近理想自我；二是修正理想自我中某些不切实际的过高标准，并改善现实自我，使两者互相趋近；三是放弃理想自我而迁就现实自我。按照心理学健康标准，无论哪种途径达到自我意识的统一，只要统一后的自我意识是完整的、协调的、充实的、有力的，就是积极和健康的统一，这种统一有利于个体的心理健康和发展，有利于社会的文明与进步。

总之，大学期间是理想自我与现实自我矛盾突出的时期，也是使其趋向统一和转化的关键时期。过了大学阶段，自我意识就逐渐趋于稳定，再变化发展也没有原来那样急剧了。一般来说，一年级大学生具有一定的依赖性和盲目性，二年级大学生理想成分较多，容易想入非非，三年级以后就显得沉着稳定了。这表明大学生的自我意识正处在矛盾、统一、转化并日趋稳定的阶段。教师应把握大学生自我意识发展的各个重要环节，认识大学生自我意识发展的规律性，促使大学生的自我意识沿着正确健康的方向发展。

二、大学生自我意识的发展特点

大学生自我意识的发展特点主要体现在自我认识、自我体验、自我控制三个方面。

（一）自我认识的内容更加深刻和丰富

大学时期是自我意识发展的新阶段，在自我认识的广度和深度上有明显提高。

从广度上看，大学生入校后，新的环境、新的知识、新的目标激发他们对自我本身以及自身与现实社会的关系进行探究和思考，并表现出浓厚的兴趣和紧迫感，这就促使他们开阔视野，扩大信息量，加速自己的成熟。他们对自我的认识不仅涉及生理、心理等一般问题，而且涉及自我在社会中处于什么地位、自身价值的特殊性、将来在社会中能起什么作用等一系列问题。如围绕着校内外的社交活动而产生的对自己外貌、仪表、气质、性格以及社会地位、社会威信的认识，围绕着个人未来的前途与发展而产生的社会角色、社会归属、社会义务、生活价值方面的自我认识，等等。尤其在目前的社会深化改革时期，人才的竞争更为激烈，大学生对自我的认识和要求比以往更广、更高。

从深度上看，大学生的自我意识和其他青年相比，更具有理性特点；与以往在校大学生相比，更具全面性和深刻性。大学里系统的科学文化知识的学习使他们的抽象思维能力大大增强。校内外社交活动范围的扩大使他们对现实社会的认识越来越深入。对马克思列宁主义理论（尤其是辩证法）的学习使他们对问题的认识更趋于客观、正确。生产实习和社会实践的参与使他们的自我认识更加现实和丰富。

（二）自我体验丰富复杂

大学阶段是一生中最善感的年龄阶段，大多数大学生喜欢自己，满意自己，独立、自信、好胜，表现在以下几个方面。

1. 敏感性

大学生对外部世界和自己内心世界的许多方面都比较敏感，尤其是跟他们相关的事物，很容易迅速引起情绪情感上的反应，对凡是涉及“我”及与“我”相关的事物或事情都很敏感。学生开始重视自己在集体中的地位和威信，对他人的言行和态度十分敏感，涉及自己的名誉、地位、前途、理想及异性交往等方面的问题，更易引起强烈的自我情绪体验。

2. 丰富性

大学生的自我体验既丰富又复杂，大学多彩的学习生活为他们发展自我体验的丰富性提供了有利条件。随着自我认识的发展，大学生意识到自身的成长而产生成人感；意识到自己是一名当代的大学生而产生义务感及爱国主义和集体主义的体验；意识到自己的能力和品德状况，而产生自豪或自卑等体验。

3. 波动性

大学生的情绪具有波动性，可能因一时的成功而产生积极的、愉快的情感体验，甚至骄傲自满、忘乎所以，对自我的肯定多些，充满自信；也可能因一时的挫折而低估自我，从而丧失自信心，垂头丧气甚至悲观失望，对自我的否定就多些，产生自卑、内疚等情绪。受到教师或领导的表扬，就觉得自己满是优点；若受到教师或领导的批评，就觉得自己处处不行。并且，在波动性方面还存在一定的性别差异，男生自我体验的基调倾向于热情、憧憬、自信、紧张、急躁；女生则倾向于热情、舒畅、憧憬、愁闷、急躁。

4. 内隐性

内隐性是指人们的心理活动具有某种含蓄、内隐的特点，心理活动开始指向自己的内部世界，逐渐失去了儿童期的外露、直爽、天真、单纯。大学阶段，大学生有了自己的秘密，希望有属于自己的小房间，在无人的时候将自己的内心世界写入日记，不愿把自己的内心世界轻易向人敞开，十分注重自己的面子，会有意无意地掩盖自己的缺点和短处。内隐心理在当代大学生中具有一定的普遍性，妨碍了同学之间新的友谊关系的建立，这样大学生就会产生一种莫名的孤独感。但此时的大学生，内心却强烈地想与人交往，不但想交往得多，也想交往得深，希望能向自己的朋友敞开心扉地进行交流。

5. 不稳定性

大学生特别是大学一年级的学生，常常感到无法对自己进行确认，弄不清自己究竟是一个什么样的人。有的学生说："我相信自己最了解自己，但实际上我并不真正了解自己。我有时觉得自己是这样的，有时又觉得自己并非这样，常常自己推翻给自己下的结论。"这说明大学生自我体验并未趋于成熟，一般到了三四年级，才形成比较稳定的自我体验。

（三）自我控制的自觉性和独立性显著增强

大学生的自我控制水平明显提高，有强烈的自我设计和自我规划的愿望，大部分学生都奋发向上、力争成才，并且根据自我设计目标自觉调节行为。他们力图摆脱社会传统的束缚，按照自己的意愿行事；他们也能够自觉地根据社会的要求来调节自己不合实际的目标和动机。但大学生自我控制的水平还不够，有时自己想做什么就做什么，不顾环境的要求，随意性大。常常是刚捶胸顿足地下了决心，转身就忘得一干二净。有一部分学生每天要下同样的决心，同样每天都可以找到原谅自己没做到的理由。大学生打架斗殴、沉迷网络、违反校规校纪等现象就是不善于自我控制的结果。

三、大学生的自我同一性

（一）自我同一性的含义及意义

"自我同一性"本意是证明身份，指个体尝试着把与自己有关的各方面结合起来，形成一个自己决定、协调一致、不同于他人的、独具"统一风格"的自我。简单理解就是把自我的各个方面统一起来，形成一个比较稳定的自我概念，即个体在寻求自我的发展中，对自我的确认和对有关自我发展的一些重大问题，诸如理想、职业、价值观、人生观等的思考和选择。这一过程必然要涉及个体的过去、现在和将来这一发展的时间维度。而自我同一性的确立就意味着个体对自身有充分的了解，能够将自我的过去、现在和将来组合成一个有机的整体，确立自己的理想与价值观念，并对自我未来的发展作出自己的思考。

心理学家埃里克森曾提出人的自我意识的发展经历了八个阶段，并且每个阶段都有需要解决的任务，假如此阶段的任务不能得到解决，将会影响人一生的发展。根据他的八阶段理论，大学时期的一个核心问题是自我同一性的发展，它将为顺利进入下一时期奠定坚实的基础。

（二）大学生自我同一性的类型

1. 积极型

具有积极型自我同一性的大学生会不断完善现实自我，使之与符合社会发展要求的理想自我达到统一。这是有抱负、有志气的大学生所采取的一种类型，它最典型地反映了大学生积极向上、努力进取的精神，是值得鼓励和提倡的。

2. 现实型

具有现实型自我同一性的大学生一方面会不断完善现实自我，另一方面又根据现实自我的实际状况，修正理想自我，达到两者统一。在这里虽然理想自我也有朝着现实自我“靠拢”的修正，但出于较现实的考虑，仍不失为一种积极的统一。

3. 庸碌型

具有庸碌型自我同一性的大学生会放弃理想自我，以迁就现实自我，达到统一。这是不思进取、安于现状、庸庸碌碌、得过且过的一种统一。例如，有的人原来有良好的理想自我，但在改善现实自我的过程中遇到挫折，便消极处世、作茧自缚，放弃理想自我，任凭自然发展。这是需要教育者促其前进的一类。

4. 虚假型

具有虚假型自我同一性的大学生会通过对现实自我的过高评价或虚妄的判断，获得与理想自我的统一。这类人往往狂妄自大、自命不凡，以主观臆想代替客观现实，沉浸于自我陶醉之中。这是需要教育者击其猛醒的一类。

5. 消极型

这类大学生会使理想自我和现实自我在不符合社会发展要求的方向上得到统一。这多为自甘堕落、执迷不悟的人所采取的一种类型。例如，有的人形成了与社会进步相悖的理想自我，只是由于种种主客观条件的束缚（如主观上的自尊心、客观上的道德舆论），现实自我才滞后于理想自我，一旦束缚被挣脱（如自尊心已挫伤、已无视道德舆论），便破罐破摔，使现实自我滑向消极的理想自我，获得统一。这是有极大危害性的统一，应引起教育者高度警惕。

虚假型和消极型的学生实际上都有不同程度的心理障碍，属于自我意识的变异状态。这类学生人数极少，但表现出来的心理与行为问题波及面较大，是大学生思想政治教育和心理咨询引导的重点对象之一。

第三节　大学生自我意识的完善

一、健全自我意识的标准

1）自知之明：自我意识健全的人，应该是一个有自知之明的人，既知道自己的优势，也知道自己的劣势，能正确评价自我和自我发展。

2）整合的自我意识：自我意识健全的人，应是自我认识、自我体验和自我控制协调一致的人。

3）自我肯定：自我意识健全的人，应该是积极的、自我肯定的、独立的，并与外界保持一致的人。

4）理想自我与现实自我统一：自我意识健全的人，应该是理想自我与现实自我统一的人，有积极的目标意识和内省意识，积极进取、永无止境。

二、大学生自我意识的问题与调适

从大学生自我意识发展的特点和规律来看，虽然总的来说大学生自我意识随着年龄的增长而不断发展，且大部分大学生在经历自我意识分化带来的矛盾冲突洗礼后，能实现自我意识在新质上的较好统一。但同时我们也应该看到，大学生自我意识的发展阶段及其诸因素的发展存在不平衡现象，大学生在自我意识发展中存在突出的矛盾冲突且其转化困难，大学生自我意识在内容、观念形态及结构的发展上存在不协调、不一致的一面，在作用发展上存在消极方面。而这些既是大学生自我意识发展过程中不可避免的正常现象，又可能成为大学生自我意识发展的缺陷，或者说是大学生在自我意识发展过程中应引起重视并加以调适的重大问题。大学生常见的自我意识偏差表现在以下几个方面。

（一）自我中心与调适

大学时期是个体进行自我探索最集中的时期，在自我分化的基础上，我们总会体验到各种各样的成长烦恼，我们不断地探索、认识着自我，不断地寻求自己独特的处事风格，不断地进行自我设计，“我”在这个过程中，就不知不觉地成为考虑问题的出发点，我们或多或少地都会有一点自我中心主义。如有时我们可能会不顾一切地极力反对别人说：“不，我很乐于帮助其他同学，我很替他人着想呢！”

自我中心观是在个体与他人或社会的关系上只从自我的立场出发，而不能从他人或社会的立场去思考问题或处理问题的认知方式。人类在婴幼儿时期，由于认知发展不全面，会具有以自我为中心来观察周围事物和处理相关事情的特点，这是在正常范畴

以内的。但对于大学生来说，认知发展已较为全面，再以自我为中心就属于自我意识的缺陷。这类学生过度关注自己的感受，只会从自我的角度进行思考，只注意自己的心理需要，往往不能设身处地为他人着想，爱把自己的意志强加于别人，追名逐利，且自我感觉良好。因此自我中心者不易赢得他人的好感和信任，容易造成人际关系的不和谐。在独生子女时代，这种心理倾向日益增多，应该引起我们的特别注意。

造成大学生自我中心的原因主要有三个：一是缺乏参照系。大多数学生在进入大学之前的十几年中都过着紧张而单一的学习生活，上课、各种各样的辅导班以及无穷无尽的习题就是他们生活的全部，他们所有的目标就是考一所重点初中、高中，然后上一所名牌大学。以往简单的学习生活就使他们在面对大学相对复杂而独立的学习生活时束手无策，仍然以原先我行我素的方式行事。二是过强甚至有点脆弱的自尊心。当他们惊喜于自我进步时，很希望和其他人一起分享成果，但有时不顾及其他人是否喜欢，也不考虑用什么方式分享最好。三是对“追求自我”的误解。例如，一个大二的女生来咨询，她的问题是想知道用什么方法来帮助她的室友。她们六个人住一间寝室，有一个室友总是很情绪化，高兴的时候就和大家很亲，很合得来，心情不好的时候，就摔门砸窗，对谁都没好脸色，大家都不知道她将会什么时候爆发，结果其余五人总是提心吊胆，很不自在。她们曾对她提出抗议，没想到这女孩却说：“你们管得着吗？高兴不高兴是我自己的事。”其实这位学生的“活得自我”已经超出了正常的限度，影响了其他人的生活。

那么如何克服过度的自我中心呢？第一，我们要学会站在他人的角度思考问题，做到换位思考，如要理解其他人为什么要这样做，以及如果自己这样做他人会有什么样的感受。第二，在自我探索的过程中，我们应少一点焦虑，不要担心被反驳和批判，实事求是、恰如其分地评价自己，既不要自吹自擂，也不要妄自菲薄。第三，我们要走出自己的小圈子，多参加社会活动，多接触不同的人，了解不同人的需要和生活。还有一点大家需要注意的是，不要将自我中心等同于自私，自私是人将自己的利益置于最高处，并有意识地不顾一切地去捍卫它，而自我中心的举动往往是在我们没有意识的情况下发生的。

（二）过分追求完美与调适

“我是一个完美主义者。”很多学生都这样评价自己。对自己严格要求固然是好事，因为崇高的理想以及在生活细微处对自己精益求精的要求能激励我们不断地努力，不断地超越自我。我们在追求完美时，实际上是在享受一种成就感和优越感，因为这样的话，我们就与众不同，优于其他人了。然而有的学生会发现他们在追求完美时，体验到的不是优越感，而是无限的挫折感，他们越努力，却发现离目标越远了。他们对自己在意的东西都有无限的期望和要求，看重学习的人就会觉得第二名是可耻的失败，追星族就会收集他喜欢的明星的所有海报、歌碟和影碟等，这个明星的一点点过失都会让他无法忍受。

什么原因会使我们过分地追求完美呢？这主要有两方面的原因：一是很多学生生活在他人的期望之中，多年的习惯已经把这些期望误以为是自己的需要了。有些家长总是要求自己的孩子从小到大都做第一，这些家长为了孩子的发展，往往做出很大的牺牲，那么这些孩子进了大学后，就会背负很重的思想负担，自己不好好学，怎么能对得起自己的父母呢？并且，这些学生衡量自己的标准也随着自己的不断进步而步步升高。二是有些学生不能及时地调整参照系。在县城里做状元，是因为与他竞争的对手实力相对有限，而他却习惯了自己光芒压四方的感觉，进了顶尖名牌大学还要次次做第一，其难度当然大，因为此时的竞争对手是无数个状元。

人无完人，处事苛责往往是既难为自己又伤害别人

那么，我们如何克服完美主义呢？有的学生很无奈，“唉，我也知道自己太过分追求完美了，但我不知道怎么改变，感觉身不由己地进入了这个无底的漩涡”。我们可以从以下三个方面来进行自我调适。第一，我们在追求远大理想时，对细节不要过分在意，而且要允许自己偶尔地犯错误。其实犯错误本身并不可怕，关键是要看我们如何对待失败。第二，我们要学会在成功与失败中学习，学会总结，为什么成功，又为什么会失败，同样的错误不犯第二次，而且要学会享受过程的快乐，心理学家罗杰斯的一个重要观点是“人生就在于过程”。一个人全身心投入地去实现自己的目标，体会这个过程带给自己的喜怒哀乐，真实地体验自己的生活，那是件很开心的事。同时要学会在失败时不过分自责，除了个人努力，决定成功的还有很多外部我们无法控制的因素，毕竟我们通过这次努力知道了用这种方式无法成功，这也是很大的收获。第三，要学会灵活地调整参照系，仔细分析参照对象的背景及其他条件，而且要学会与自己的条件进行比较，大千世界衡量成功的标准太多了，我们不可能面面俱到，只有确定我们想要的，做到今天比昨天好，一步一个脚印，我们才能不断地进步，不然很容易迷失在多重的标准中。

（三）过分自卑与调适

心理学家阿德勒的《超越自卑》一书曾论述了这样一个观点：追求优越和超越自卑是人发展的最根本的动力。那是因为他所说的自卑给予人强大的推动力，推动人超越自己。然而在现实生活中，我们见到的自卑更多的是消极且具有破坏性的。在这种消极的自卑作用下，人们总是对自己持有否定的观点。即使和其他人差不多，他们也总能找到自己很多不如他人的地方，即使别人说：“你也具有某某优点啊！”他们还是会有充足的理由来证明自己不如别人。他们觉得自己是上帝的弃儿，自己理所应当比别人差。

事实上，过分的自卑往往和过强的自尊心联系在一起。他们只有通过相应强度、相反方向的自尊才能抵消过分自卑给自己内心带来的痛苦和折磨。例如，一个女孩指责一个同学总不认同自己的观点，但又非常不服气，每每两人有分歧时，她就使出浑身解数来维护自己的观点，捍卫自己的正确性。然而在这过强、脆弱的自尊心背后，隐藏的是她消极的自卑：她来自家境贫寒的农村，自小就通过优异的成绩来弥补经济带来的窘迫感，然而进入大学后，成绩不再优异，而那位同学却是家境优越，本身也有让其他人服气的资本。所以两人一说话就起争执，也是很自然的事。

当我们体验到这种消极自卑时，也不要担心，多给自己一些时间，鼓足勇气，我们会体验到超越自卑的喜悦，可以通过以下几方面来调适自卑。第一，勇敢地面对使自己感到自卑的对象，明确究竟哪些具体方面使自己感到无能为力和退缩，客观地分析哪些是自己通过努力可以达到的，哪些是自己永远都不能改变的。第二，根据分析，合理地调整自己的期望，确立更加合理的目标。第三，坦然地面对自己，无条件地接纳自己，多看到使自己感到自卑的缺陷的积极方面，比如家境困难的学生相对更独立一些，自我依靠的意识更强一些。第四，要输得起，以开放的心态面对失败，不要将一切失败的原因都归于自身固有的特点，任何时候都不要放弃希望。第五，学会积极暗示，经常在脑海中呈现“理想我”的状态，将成功的景象视觉化，并多回味成功的经历，将这种成功的体验泛化到其他方面。

（四）消极从众与调适

“从众”指个人受到外界人群行为的影响，在自己的知觉、判断、认识上表现出符合公众舆论或多数人的行为方式。缺乏分析，不作独立思考地一概服从多数，随大流走，是消极的盲目从众。部分大学生自我意识比较薄弱，缺乏独立完整的世界观、人生观、价值观，导致他们在很多方面盲目从众：学习从众，看到周围很多学生考会计证、口译证、心理咨询师证，于是不考虑自己的特长和未来发展方向，自己也报考相关证书培训班；消费从众，其他学生买高档化妆品，到咖啡馆喝咖啡，于是不顾家庭经济情况，也开始跟风；恋爱从众，有些学生易被恋爱的气氛感染，在大环境的影响下，把恋爱当成必修课。

盲目从众的行为让那些大学生难以独立地思考、理智地行动，结果他们在喧哗与骚动中麻木自己，更加弱化了自我意识，最终形成恶性循环。

从众心理，从实质上来说，是主体缺乏意识的主观能动性与独立性，对于事物缺乏独立的思维与对比，对于外在事物处于一种排斥与顺从的中间状态。个体要克服从众心理，首先，必须学会倾听自己内心的想法，每个人都是一个独立的个体，都有自己的需要、兴趣等不同于他人的个性心理；其次，个体要养成独立思考的习惯，克服“懒得想”的惰性思维和“有别人呢”的依赖心理；最后，个体本身不要过于在乎别人的评价，活在别人的阴影里，要敢于坚持正确的意见。

三、大学生健康自我意识的培养途径

心理学中有个真理：自我不是被发现的，而是被创造出来的。认识自己并不容易，知人难，知己更难。但每个人又必须正确认识自己，否则，就无法很好地处理自己与他人、自己与现实之间的相互关系，不利于心理健康。自我意识的培养是大学生完善个性、实现自我价值的重要途径。树立正确的自我观主要包括以下几方面。

（一）正确地认识自我

德国著名作家约翰·保罗曾说：“一个人的真正伟大之处，就在于他能够认识到自己的渺小。”如果一个人能对自己有一个全面、正确的认识和评价，就能够扬长避短、取长补短，根据自己的实际情况，选择相应的目标并为之努力奋斗。要做到正确认识自我，有以下几种方法。

1. 建立多元的自我概念

大学生在自我认知与自我评价中易走极端，要么觉得自己一无是处，要么觉得自己一切皆好。于是一旦在某方面稍有成绩，便沾沾自喜，一旦在某方面受挫，又会全盘否定自己的价值。所以，要纠正单一的自我概念，建立多元的自我概念，全面认识自己。此方面失败不一定彼方面失败，某阶段失败并不意味着整个人生失败。

2. 建立合理的比较体系

比较是大学生认识自我、了解自我和发展自我的重要方法。

1）通过与他人进行客观比较来正确认识自己。他人是反映自我的镜子。大学生纠正自我意识偏差的关键是把自己与自己类似的人作客观的比较。大学生每时每刻都处在人际交往中，尤其是与教师、同学、朋友交往甚密，对此大学生要自觉地寻找比较对象，在比较中取长补短，发展自己。

2）通过别人的评价来正确认识自己。有人将对自我的认识比喻为看画，从一定的距离和角度看，齐白石的虾趣图栩栩如生；但是，若过于近距离地去看，又只盯住一处，满眼不过几个墨团，便无甚意趣了。看画如此，看人亦然。大学生自我认识上的偏差，就是因为缺乏距离感，从而造成了“当局者迷”的局面。因此，大学生要注重父母、长辈、教师和同学的评价，不要因为忠言逆耳便充耳不闻、我行我素，要接受别人评价中的合理部分，避免自我评价的偏差。

3）大学生在比较时，要多角度地进行参考，如果总是拿自己的不足和别人的优势相比，那么肯定很难对自己有信心。因此，如果我们想要找到自己的位置，即可进行纵向比较——将现实自我与过去自我、理想自我进行比较；也可进行横向比较——将自己与各种人作比较，既包括比自己优秀的，也包括比自己稍差的。

3. 经常地自我反省

曾子说“吾日三省吾身”，就是一种自我反省活动，没有自我反省，就无从实现自我完善。通过反省、分析自己成功或失败的原因，对自己作一分为二的分析，严于解剖自我，敢于批评自己，以调整自我评价，从而定位自我，提高自我认识，作为自我调控的出发点。

内省调适法是指运用自我观察、自我分析、自我报告的方法进行自我评价的方法，是纠正自我评价偏差的根本。自我观察就是大学生在人际交往和活动中对自己的言行举止等进行耐心地观察。在自我观察中加强自我分析，在合理的自我分析中形成自我报告。所谓自我报告就是活动者向自己报告活动的过程和结果、个人的言论和行为以及表现出来的个性品质。这个报告不但要求报告行动前的内心体验以及过程，而且更重要的是对结果的分析及评价。通过对报告的内省，自我评价变得更加自由和客观，更加稳定，避免自我评价的过低和过高。

4. 在活动中分析认识自我

大学生可以通过参加各种活动时的动机、态度、表现、取得的成果来分析认识自己。活动成果的价值有时直接代表着自身的价值，社会衡量一个人的价值主要是通过活动成果认定的。因此，理想的活动成果、良好的活动效果可以使个体增强进一步认识自我的能力，发现自我的价值，从而激发自信、开发潜能。例如，一个原本有些害羞的大学生在同学的鼓励下参加了一次演讲比赛，并获得了奖励，他在对活动的分析中就会发现自己具有这方面的能力，只要态度积极，努力去做，就可以取得成功，得到别人的肯定，这能对他克服害羞情绪、增强自信、发现自我潜能起到积极的作用。

（二）积极地悦纳自我

自我悦纳是对自己的本来面目持肯定、认可的态度，是自我意识健康发展的关键所在。心理学研究表明，心理健康者更多地表现出对自我的接受和认可，而心理障碍者则明显表现出对自我的不满和排斥。一个人只有欣然地接受自我，才能有信心去面对真实的自我，做到自尊、自爱，珍惜自己的人格和名誉，注重自我修养，使自己心理状态等发展到一个较高境界。有些大学生对自己的容貌、性格、才能、家庭等某一方面或几方面不满，而又无力改变，便产生自我排斥的心理。这是心理幼稚的一种表现。人总要对自己有所肯定又有所否定，并且在自我意识的发展中建立起二者的动态平衡。否则，对自己不满过于强烈，就会加剧心理矛盾，产生持续紧张的心理，这样个体不仅会感到活得很累，还可能引发心理问题，严重的可能出现自杀的悲剧。某校一名中文系男生，学习成绩中上，容貌俊秀，深受父母和姐姐的宠爱，但他总是责怪自己太平庸，厌恶自己，最后跳楼自杀身亡。由此可见，悦纳自我是保持健康的自我意识的关键和核心。

做到自我悦纳，具体而言，在现实生活中我们要做到以下三点。

1. 喜欢自己

悦纳自我首先要接纳自己，喜欢自己，欣赏自己，看到自己身上的闪光点，每个人身上都潜藏着大量待挖掘的能量，具有他存在的价值。天生我材必有用，因而不必苛求自己做个十全十美的人。体会自我的独特性，在此基础上体验价值感、幸福感、愉快感与满足感。

2. 保持乐观、性情开朗

马克思曾经提出：一种美好的心境，比十服良药更能解除生理上的疲劳和痛苦。进入大学，大家经常面临着各种生活、学习压力，经常遇到各种挫折和冲突，有的学生遇到挫折时说："哎呀，这种可笑的事情竟让我碰上了。"像这样以开朗的心情把自己的失败告诉他人的人，一定是一个充满活力的人。人们说："人逢喜事精神爽。""好心情效应" 能使我们做到面对现实，正视现实中的自我。

3. 全面看待自己的优缺点

每个人都既有长处又有弱点，接纳自己的不完美，树立正确的认知观念，任何人都不可能十全十美，每个人都有优缺点。人既不会事事行，也不会事事不行；一事行不能说明事事行，一事不行也不说明事事不行，要善于克服自己的缺点，扬长避短，充分发挥自身潜力。

（三）有效地控制自我

大学生情感丰富，社会磨炼不足，加上人生观和价值观没有完全确立，很容易受到各种社会思潮与其他外部环境的影响，对待问题容易偏激和情绪化，对自己的长处和短处往往估计不足。顺境时，容易自视过高；遇到挫折时，又容易走向另一个极端，自暴自弃。他们有时充满希望，有时又极度烦恼。尤其是毕业生，要做出一生中重大的社会选择：进什么单位？从事什么工作？常面临理想我和现实我、自我肯定与自我否定等矛盾，常常表现出心理的不平衡，情绪体验较强烈，易振奋，也易波动。大学阶段不仅是人才的准备阶段，也是人生的转折时期。这个时期的大学生尤其需要注意自我控制能力的培养，为在日后的社会竞争中取得成功打下良好的基础。

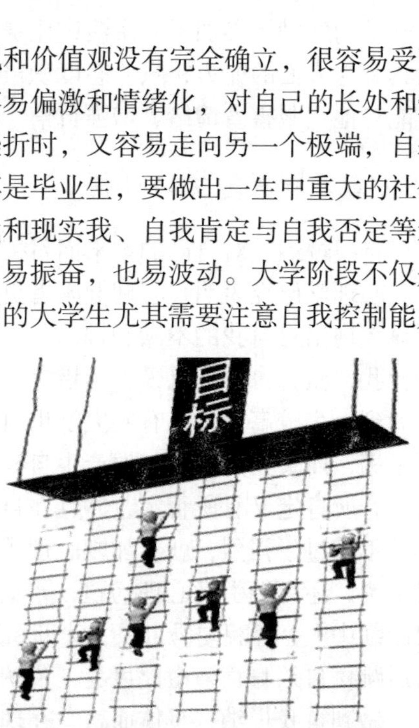

有效地控制自我是完善自我意识的根本途径，大学生要控制自我，应该做到以下几点。

1. 确立明确的行动目标

人的行为特点是有目的性的，个体的行为是否有目的性，结果是不一样的。一般来说，有目标指向的行为较无目标指向的行为成就大得多。因为正确的目标能够激发人的动机，强化人的行为，并促使其指向预定的方向。例如，有的学生能够抵御种种诱惑，刻苦攻读，学业优秀，是因为他把学习成绩与自己未来的发展联系了起来。

确立正确的自我目标，关键是要按照社会的需要和个人的特点来进行设计，做一个“自如的我、独特的我、最好的我、社会欢迎的我”。所谓做一个“自如的我”，是指个体不要给自己提出力所不能及的过高要求，使自己总是陷入自责、自怨、自恨的境地，而是给自己设定一些只要付出相当的努力就能达到的目标，从而能够在坦然面对自己的客观存在的前提下，不忘积极地生活；所谓做一个“独特的我”，是指个体不要一味地追求时尚，在刻意模仿中失去自我，而要在接受自我的过程中，扬长避短，得以自在地生活；所谓做一个“最好的我”，是指个体立足于现实，选择适合自己的人生道路，尽自己最大的努力，达到最佳的水平，充分实现自己的人生价值，能够满意地生活；所谓做一个“社会欢迎的我”，是指个体要有正确的价值取向，把自我实现的蓝图与祖国的富强、人类的文明结合起来，努力为社会做出自己最大的贡献，真正充实地生活。

2. 培养坚强的自控能力

个体在实现人生目标的旅途上，既有各种本能欲望的干扰，又有各种外界诱惑的侵袭。本能的欲望常令人失去理智，如贪图安逸、追求物欲等。名利和物质的诱惑容易使人偏离正确的前进轨道，丧失奋进的斗志，放弃对远大目标的追求，甚至把青年学生引向堕落。一个人要想成就一番事业，就必须能够抵制诱惑，主宰自己的行动，这就需要有较强的自我控制能力，以保证理智地约束自己的情感，把握自己的行为。

如何培养我们的自控能力呢？第一，培养自信心。自信心是一种自我肯定的信念，在自我意识中往往以我行、我能行、我是不错的、我比很多人都强等观念存在与表现，并会有意无意地体现在他的行为之中。所以，有无自信心对个体来说是非常重要的。尤其对于自卑的人，更应当有效地调控自我，时常进行积极地自我暗示，当面临某种事情感到自信心不足时，不妨自己给自己壮胆：“你一定会成功！一定会的！”或者自问：“人人都能干，我为什么不能干？我同样不也是人吗？”第二，培养顽强的意志力。很多大学生为自己树立了远大的目标和理想，但在努力的过程中，没有足够的自制力和意志力，经受不住挫折和打击，无法实现自我理想，如大学生经常说：“我想早起，可就是没有恒心”，“我想学习，可就是学不进去”。培养顽强的意志力，发展韧性和自制力，增强挫折耐受力，使自己能自觉主动地认清目标，为实现目标而努力排除干扰、克服困难。

3. 从根本利益和长远目标看问题

自我控制的动力来源，在于从根本利益和长远利益上去看问题。有些诱惑之所以对个体很有吸引力，就是因为它充分地显示了表面的、暂时的利益。比如，在学习紧张的时候，看一场精彩的球赛可能比枯燥的学习更有吸引力，因为它能使人度过一个更愉快的夜晚。类似的种种诱惑每天都可能存在，如果不能抵御，作为学生最终可能在考场上难以过关，在就业竞争中处于不利地位。如果想到自己的根本利益和长远目标，就会有控制自己的动力，得以抵御表面的、暂时的利益诱惑。

4. 做“应该做”的事情

个体在决定做某一件事的时候，常会产生各种对立动机的内部斗争，主要是高尚的动机（义务感、责任感、道德感等）与低级的动机（满足个人的某种欲望）之间的斗争。从这种斗争的结局可以看出个人自制力的高低。要检验一个人自制力的强弱，可以看他的行为主要是臣服于本能的欲望或偶然的冲动、情感的驱使，选择“我要做”的事情，还是受理智的制约，选择“应该做”的事情。在自我意识未能达到高度统一时，个体觉得“应该做”的事情与感到“我要做”的事情往往是不一致或者是有差别的。如果要有较强的自制力，那么就要注意“应该做”的事情，善于要求自己去做应该做的事情，克服妨碍“应该做”的愿望和动机（如恐惧、懒惰、不良习惯等），从而自主地塑造自己。

（四）努力地完善自我

完善自我的过程是一个塑造自我、超越自我，使自我不断发展的过程。塑造自我、成为自己，是当代大学生的思想行为热点之一，即按照社会的需要和个人的特点来发展自我、实现自我。完善自我是个体在认识自我、认可自我的基础上，自觉规划行为目标，主动调节自身行为，积极改造自己的个性，使个性全面发展，以适应社会要求的过程。

1. 确立正确的理想自我

正确的理想自我是在自我认识、自我认可的基础上，按社会需要和个人的特点来确立自我发展的目标。大学生要积极探索人生、理解人生，树立正确的人生观、价值观和世界观，为理想自我的确立寻找合适的人生坐标，从个人与社会的联系中认识有限人生的价值和意义，并通过实现这一目标而努力地完善自我。

2. 努力提高现实自我

个体应不断战胜旧的自我，重塑新的自我，努力发展自己；既注重自我价值的实现，又不仅仅追求个人价值，在为他人和社会服务、为国家和民族作贡献的过程中实现自我价值。当然，提高现实自我是一个长期的过程，必须坚持不懈、持之以恒，才能使现实自我不断地向理想自我靠拢，并最终实现自己的人生目标，这一过程就是大学生努力完善自我的过程。

3. 认真进行自我探究，逐步获得积极的自我统一

自我统一意味着“主体我”和“客体我”的统一，以及自我认识、自我体验和自我控制的统一。大学生在探索人生的过程中，逐步获得积极的自我统一，实现自身的价值。在实现自我统一的过程中，首先要分析和确认理想自我的正确性和可行性，然后与现实自我相对照，最后有针对性地、有计划地解决二者之间的矛盾，缩小差距，最终获得统一。

4. 塑造健全的人格

人格，也称个性，是一个人在与其所处的环境相互作用过程中所表现出来的独特的思维模式、行为方式和情感反应的特征，它组织着人的经验并形成人的行为和对环境的反应。因而，人格不但是人的心理面貌的集中反映，而且是人心理行为的基础。它在很大程度上决定了人对外界的刺激做出怎样的反应，包括反应的方向、形式和程度等，因而会直接影响人的身心健康、活动效果、潜能开发以及社会适应情况，进而也将影响一个人包括生理、心理和社会文化素质在内的综合素质的发展。医学研究认为，许多心理和生理疾病都有相应的人格特征模式，这种人格特征在疾病的发生、发展中起到生成、促进、催化的作用。健康自我意识的形成，除了要有对自我的正确认知外，还要有健全人格的支持。帮助大学生培养积极、和谐、健全的人格，对健康的自我意识的发展将起到良好的生成和促进作用。

总之，自我意识是人类意识最本质的特征，人正因为有自我意识，才成为一个清醒的个体、一个能动的个体、一个知己知彼的个体，才能意识到自己的能力和资源，并能有效地利用自己的能力和资源。当然，自我意识的发展是一个漫长的过程，大学阶段是自我意识发展和完善的关键阶段，因此，正确认识自我意识发展的特点，对引导大学生正确地认识自我、积极地悦纳自我、有效地控制自我、努力地完善自我具有重要意义。

课堂训练

活动一：20个我是谁

指导语：现在我们来做一个帮助大家了解自己的心理测试。请你尽量写出20个“我是谁”，回答每次提问的时间为20秒，如果写不出来，可以略去，继续往下写。由于这是自我分析材料，不会给别人看，所以想到什么就回答什么，不要有什么顾虑。例如我叫某某，我是一个诚实的人等。

对自己的答案进行分析，内容包括以下几个方面：

1）答案的数量和质量。即一共写出几个答案，答案中哪些方面的内容较多。如果能够写出9～10个答案，则大体上可以认为没有特别的障碍。如果只能写出7个或者更少的答案，则可以认为是过分压抑自己。回答时，会以感到无聊、害羞、时间不够等为借口，不能回答更多的问题。

2）回答内容的表现方式。有三种情况：符合客观情况的，如“我是女儿”“我是大学生”等；主观解释的情况，如“我是老实人”“我是个胆小的人”等；中性的情况，即谁都不能做出判断的情况。如果主观评价和客观评价都有，可以认为取得平衡；如果倾向于主观或客观，则不能取得平衡。在主观评价中，最好是既说到自己好的方面（令自己满意的特征），也说到自己的不足之处（令人不满意的特征）。如果只说到好的会使人觉得自满；只作不好的评价，又令人感到没有信心。

3）回答的内容是否涉及自己的未来。哪怕只有一个答案涉及未来（如“我是未来的工程师”），也说明自己有理想和抱负，在现实生活中充满生机。如果没有一个答案涉及未来，则可能说明自己对未来考虑不多。

活动二：天生我材

完成下面的句子：

1）我最欣赏自己的外表是：

2）我最欣赏自己对朋友的态度是：

3）我最欣赏自己对学习的态度是：

4）我最欣赏自己的一次成功是：

5）我最欣赏自己的性格是：

6）我最欣赏自己对家人的态度是：

7）我最欣赏自己做事的态度是：

写完后与周围的朋友交流，你会发现每一个人都很优秀。

阅读与思考

你很特别

微美克人是一群小木头人。他们都是由木匠伊莱雕刻成的。

伊莱的工作室坐落在一个山丘上，从那儿可以俯瞰整个微美克村。

每一个微美克人都长得不一样。有的鼻子大，有的眼睛大；有的个子高，有的个子矮；有的人戴帽子，有的人穿外套。

但是他们全都是同一个人刻出来的，也都住在同一个村子里。

微美克人整天只做一件事，而且每天都一样：他们互相贴贴纸。每一个微美克人都有一盒金星贴纸和一盒灰点贴纸。他们每天在大街小巷里，给遇到的人贴贴纸。

木质光滑、漆色好的漂亮木头人总是被贴上星星。木质粗糙或油漆脱落的就会被贴灰点点。

有才能的人当然也会被贴星星。例如，有些人可以把大木棍举过头顶，或是可以跳过堆得很高的箱子。另外，有些人学问好，还有些人很会唱歌。大家都会给这些人贴星星纸。

有些微美克人全身都贴满了星星！每得到一个星星，他们就好高兴！他们会想要再做点什么，好再多得一个星星。

然而，那些什么都不会的人，就只有得灰点点的份了。

胖哥就是其中之一。他想要跟别人一样跳很高，却总是摔得四脚朝天。一旦他摔下来，其他人就会围过来，为他贴上灰点点。

有时候，他摔下来时刮伤了他的身体，别人又为他再贴上灰点贴纸。然后，他为了解释他为什么会摔倒，讲了一些可笑的理由，别人又会给他再多贴一些灰点。

不久之后，他因为灰点太多，就不想出门了。他怕又做出什么傻事，像是忘了戴帽子或是踩进水里，那样别人就会再给他一个灰点。其实，有些人只因为看到他身上有很多灰点贴纸，就会跑过来再给他多加一个，根本没有其他理由。

“他本来就该被贴很多灰点点的。”大家都这么说。“因为他不是个好木头人。”

听多了这样的话，胖哥也这么认为了。他会说：“是啊，我不是个好微美克人了。”他很少出门，每次他出去就会去跟有很多灰点点的人在一起，这样他才不会自卑。

有一天，他遇见一个很不一样的微美克人。她的身上既没有灰点点，也没有星星，就只是木头。她的名字叫露西亚。

可不是别人不给她贴贴纸，是因为贴纸根本贴不住。

有些人很钦佩露西亚没有得到任何灰点，所以他们便想为她贴上星星，但是一贴，贴纸就掉下来了。有些人因为露西亚没有星星，所以瞧不起她，他们想给她贴灰点，但是也贴不住。

胖哥心里想：我就是想这样，我不想要任何记号。所以，他问那个身上没有贴纸的微美克人，怎么做可以跟她一样。“很简单啊！”露西亚说。“我每天去找伊莱。”

“伊莱？”“对呀！就是木匠伊莱。我会跟他一起坐在他的工作室里。”

“为什么？”

“你自己去看看不就知道了！去吧！他就在山丘上。”那个没有贴纸的微美克人一说完，就转身踏着轻快的步伐离开了。

“但是，他肯见我吗？”胖哥大喊。不过露西亚没有听到。

所以胖哥还是回家了。他坐在窗边，看着外面的微美克人彼此追逐，争相为别人贴贴纸。

“这是不对的。”他对自己说。他决定去见伊莱。

他走上通往山顶的小路，然后走进那间大大的工作室。这里的东西都好大，让他不禁睁大了自己的木头眼睛，连凳子都跟他一样高，他得踮起脚尖才看得见工作台的台面，而铁锤跟他的手臂一样长。胖哥惊讶地咽了咽口水。

“我不要待在这里。”他转身想走。这时他听到有人叫他。“胖哥？”那个声音低沉又有力。胖哥停下脚步。

“胖哥！真高兴看到你。过来让我瞧瞧。”胖哥慢慢转过身，看着那位高大、满脸胡子的木匠。他问木匠：“你知道我的名字？”

“当然啰。你是我造的啊。”伊莱弯下腰，把胖哥抱到工作台上。

“嗯……”这位创造者看见他身上的灰点，若有所思地说：“看来，别人给了你一些不好的记号。”

“我不是故意的，伊莱。我真的很努力了。”

“喔，孩子，你不用在我面前为自己辩护。我不在乎别的微美克人怎么想。”

“你不在乎？”

“我不在乎，你也不应该在乎，给你星星或点点的是谁。”“他们和你一样，都只是微美克人。他们怎么想并不重要，胖哥。”“重要的是我怎么想。我觉得你很特别。”

胖哥笑了。“我很特别？为什么？我走不快，跳不高。我的漆也开始剥落。你为什么在乎我？”

伊莱看着胖哥，他把手放在胖哥的小木头肩膀上，缓缓地说：“因为你是我造的。所以我在乎你。”

胖哥从来没有被人这样盯着看，更不要说是他的创造者。他不知道该说什么才好。

“我天天都盼着你来。”伊莱说。

“我来是因为我碰到一个没有被贴贴纸的人。”胖哥说。

“我知道。她提起过你。”

“为什么贴纸在她的身上都贴不住呢？”

创造者温柔地说：“因为她决定要把我的想法看得比别人的想法更重要。只有当你让贴纸贴到你身上的时候，贴纸才会贴得住。”

“什么？”

“当你在乎贴纸的时候，贴纸才会贴得住。”“你越相信我的爱，就越不会在乎他们的贴纸了。”

“我不太懂。”

伊莱微笑着说：“你会懂的，不过得花点时间，因为你有很多贴纸。现在开始，你只要每天来见我，让我来提醒你我有多爱你。”

伊莱把胖哥从工作台上举起，放到地上。当胖哥走出门时，伊莱对他说：“记得，你很特别，因为我创造了你。我从不失误的。”

胖哥并没有停下脚步，但他在心里想：我想他说的是真的。就在他这么想的时候，一个灰点掉下来了……

石头的价值

有一个生长在孤儿院中的小男孩，常常悲观地问院长：“像我这样没人要的孩子，活着究竟有什么意思呢？”

院长总笑而不答。

有一天，院长交给男孩一块石头，说：“明天早上，你拿这块石头到市场上去卖，但不是‘真卖’，记住，无论别人出多少钱，绝对不能卖。”

第二天，男孩拿着石头蹲在市场的角落，意外地发现有不少人好奇地对他的石头感兴趣，而且价钱越出越高。回到院内，男孩兴奋地向院长报告，院长笑笑，要他明天拿到黄金市场去卖。在黄金市场上，有人出比昨天高 10 倍的价钱来买这块石头。

最后，院长叫孩子把石头拿到宝石市场上去展示，结果，石头的身价又涨了10倍，更由于男孩怎么都不卖，竟被传扬为“稀世珍宝”。

男孩兴冲冲地捧着石头回到孤儿院，把这一切告诉给院长，并问为什么会这样。

院长没有笑，望着孩子慢慢说道：“生命的价值就像这块石头一样，在不同的环境下就会有不同的意义。一块不起眼的石头，你的珍惜、惜售提升了它的价值，竟被传为稀世珍宝。你不就像这块石头一样？只要自己看重自己，自我珍惜，生命就有意义，有价值。”

如果你自己把自己不当回事，那别人更瞧不起你，生命的价值首先取决于你自己的态度。“每个人应当从小就看重自己，在别人肯定你之前，你得先肯定你自己。”珍惜独一无二的自己，珍惜这短暂的几十年光阴，然后再去不断充实自己，最后世界才会认同你的价值。

思考题

1. 阅读下面的小故事，并谈谈你的感受。

心灵故事：镜子

有一天半夜，我从梦中醒来，迷迷糊糊地出了门。在楼道的拐角，我碰到一个人：阴郁的面孔，蓬乱的长发，带着一丝惊疑不安的神色。于是我站住了。就在这时，那人也停住了脚步。我向左走了一步，想让开那人，没想到那人也向左走去。于是我向右，那人也向右。

我们就这样相互让着，结果谁也没有让开谁——这情景我在行路时常常遇到，但从来没有像今天晚上这样无休无止。我想坐下来，可同时我看到那人也露出了同样的企图。于是，我转身而去……第二天，当我在一片阳光里醒来的时候，我忽然想起了昨夜的事，我跳起来，并且冲向楼道：在楼道的拐角，静静地立着一面镜子。我恍然大悟，原来昨夜拦住我去路的，是我自己。

2. 阅读下面的小故事，并谈谈它对你有什么启发。

心灵故事：神气的发卡

有一个女孩子，相貌平平，个子矮小，总认为自己不讨别人喜欢，因此有一点自卑。一天，她偶尔在商店里看到一支漂亮的发卡，当她戴起它的时候，店里的顾客都说漂亮，于是她非常高兴地买下发卡，并戴着它去学校。接着奇妙的事发生了，许多平日不太跟她打招呼的同学，纷纷来接近她，一些同学还约她一起去玩，原本死板的她，似乎一下子变得开朗、活泼了许多。但放学回家后，她才发现自己头上根本没有带什么神气的发卡，原来她付钱后把发卡落在了商店里。

3. 近年来大学生因沉迷网络而不能完成学业、被勒令退学的比例逐年上升，试分析出现这种现象的原因。

推荐阅读

埃里希·弗洛姆，1988. 寻找自我[M]. 陈学明译. 北京：工人出版社.

毕淑敏，2009. 心灵密码[M]. 合肥：安徽文艺出版社.

黛比·福特，2009. 接纳不完美的自己[M]. 严冬冬译. 长春：吉林文史出版社.

塞利格曼，2010. 认识自己接纳自己[M]. 任俊译. 沈阳：万卷出版公司.

约翰·贝曼，2009. 萨提亚冥想——内在和谐、人际和睦与世界和平[M]. 钟谷兰译. 北京：中国轻工业出版社.

朱建军，2009. 我是谁——意象对话解读自我[M]. 合肥：安徽人民出版社.

参考文献

耿俊生，张存库，2001. 大学生心理健康[M]. 西安：陕西人民出版社.

塞利格曼，2010. 认识自己接纳自己[M]. 任俊译. 沈阳：万卷出版公司.

维之，2009. 人类的自我意识：西方哲学家自我思想解读[M]. 北京：现代出版社.

张日冉，陈丽，2006. 大学生心理健康[M]. 大连：大连理工大学出版社.

赵川林，吴兆方，2010. 大学生心理健康[M]. 北京：经济科学出版社.

第三章　大学生的人格发展

李萌是一名刚上大学一年级的女孩子，在入学之初她不能适应大学生活，在心理咨询室里她向咨询师倾诉：从小到大都是父母陪着我过，一切事情都是父母帮我照料，甚至衣服鞋袜都是妈妈帮我洗。现在进入大学，生活中再也没有父母的帮助，我很多事情都不会办，很多同学都用异样的眼光看我，我心里也很难受。我经常晚上做梦梦到和父母在一起的日子，梦到和同学们一起的快乐生活，醒来后的现实让我黯然流泪，我不知道该怎么办，现在我不能集中精力学习，眼前经常浮现父母的身影及家乡的场景，您能告诉我该怎么办吗?

从李萌的这段描述中，我们可以看出她可能是一位依赖型人格特征的来访者，由于进入大学后失去了对父母的依赖，从而出现害怕孤独、无助感、不能独立完成任务的消极情感，影响对大学生活的适应问题。

人格作为个体最本质、最具概括性的心理现象，它在很大程度上决定了个体的生活方式和认知风格。大学生处于人格发展的再造期，了解人格心理的基本知识，主动接受健全人格的培养教育，对大学生及时预防、矫正不良人格问题有着终生意义。

第一节　人格概述

一、什么是人格

人格（personality）又称个性，源于拉丁语 persona，意思是指古希腊罗马时代的戏剧演员在舞台上戴的假面具，这些假面具代表着戏剧中人物的角色和身份。把面具引申为人格，实际上包含两层意思，一是指个人在生活舞台上表演出的各种行为角色，即表现在外的，给人以印象的特点或公开的自我；二是指个人蕴藏于内，没有表现出来的特点，即被面具遮蔽起来的真实的自我。因此，从这个词的来源意义以及引申意义来看，人格包括内心隐藏的思想、行为方面内容和表现出来的心理、行为方面内容的总和以及其他区别于他人的总体特点。这说明人格既有表现于外、给人以印象的外在特点，又有某些外部并没有显露出来的内隐成分。

（一）人格的特点

1. 人格的独特性

一个人的人格是在遗传、环境、教育等多种因素的交互作用下形成的。不同的遗传、环境、教育因素会形成个体不一样的人格特点，因此人与人之间没有完全一样的人格特点。所谓“人心不同，各有其面”，这就是人格的独特性。然而，人格的独特性并不意味着人与人之间的个性毫无相同之处。在人格形成与发展中，社会因素对其具有重要的制约作用。人格作为个体的整体特质，既包括每个人与其他人不同的心理特点，也包括人与人之间心理、个性上存在的相同的方面，如每个民族、阶级和集团的人都有其共同的心理特点。人格是共同性与差别性的统一，是生物性与社会性的统一。

2. 人格的统合性

人格是由多种成分构成的一个有机整体，具有内在统一的一致性，受自我意识的调控。人格统合性是心理健康的重要指标。当一个人的人格结构在各方面彼此和谐统一时，其人格就是健康的。否则，其可能会出现适应困难，甚至出现人格分裂。

3. 人格的功能性

人格决定一个人的生活方式，甚至决定一个人的命运，因而是人生成败的根源之一。当面对挫折与失败时，坚强者能发奋拼搏，懦弱者会一蹶不振，这就是人格功能性的表现。

4. 人格的稳定性

人格具有稳定性。个体在偶然行为中表现出来的心理倾向和心理特征并不能表征他的人格。俗话说，“江山易改，禀性难移”，这里的“禀性”就是指人格。当然，强调人格的稳定性并不意味着它在人的一生中是一成不变的，随着人生理的成熟和环境的变化，人格也有可能产生或多或少的变化，这是人格可塑性的一面，正因为人格具有可塑性，才能培养和发展人格。人格是稳定性与可塑性的统一。

由此，我们可以在心理学上将人格定义为：个人在适应环境的过程中所表现出来的系统的独特的反应方式，它由个人在其遗传、环境、教育等因素交互作用下形成，并具有很大的稳定性。

（二）人格的结构

我们把人格理解为一个复杂的、开放的系统，它包括心理特征和心理倾向性两个方面的内容。人格心理特征包括能力、气质、性格，这些心理特征相对比较稳定。人格心理倾向性包括需要、动机、兴趣、价值观、理想等，主要在后天社会化过程中形成，集中反映了人格独特的一面。而在人格的形成和发展过程中，气质和性格与我们个体独特的行为模式、思维方式和情绪反应的关系最为密切。了解自己和他人的气质、性格特征，对大学生自身的心理健康、人际交往等都具有重要意义。

1. 气质

（1）气质的类型

气质是个体与生俱有的心理活动的动力特征，是情绪和活动发生的速度、强度、持久性、灵活性和指向性等动力方面特点的综合。在日常生活中我们会看到，有的人活泼好动，反应灵活；有的人安静稳重，反应缓慢；有的总是十分急躁，情绪明显表露于外；有的则总是不动声色，情绪体验细腻深刻。人与人在这些心理特征方面的差异正是个体所具有的气质不同的缘故。

（a）胆汁质

（b）多血质

（c）黏液质

（d）抑郁质

图 3-1　气质的类型

气质类型包括胆汁质、多血质、黏液质和抑郁质四种（图 3-1）。胆汁质的个体思维敏捷，爽直果断，有进取心，不畏困难，但常易急躁，缺乏耐心。多血质的个体灵活、反应迅速，学习兴趣广泛，但是注意力容易分散。黏液质的个体沉着冷静，脚踏实地，但反应较慢，且较固执。抑郁质的个体细心内向，谨慎温和，观察敏捷，但缺乏自信和积极性、活动性不强（表 3-1）。

表 3-1　气质类型及特点

气质类型	特点
胆汁质	直率、热情、精力旺盛、情绪易于冲动、心境变化剧烈，具有外倾性
多血质	活泼、好动、敏感、反应迅速、喜欢与人交往、注意力容易转移、兴趣容易变换，具有外倾性
黏液质	安静、稳重、反应缓慢、沉默寡言、情绪不易外露、注意力稳定难以转移、善于忍耐，具有内倾性
抑郁质	孤僻、行动迟缓、善于观察细小事物、情感发生较慢但持续很久、体验深刻，具有内倾性

一项关于我国大学生气质类型的调查表明，大学生中复合型气质占 65.93%，单一型气质占 34.07%，总的趋势是多血质类型的人数最多，占 56.32%，第二为黏液质类型的占 24.18%，第三为胆汁质类型的占 13.73%，抑郁质类型的最少，占 5.77%。文理科学生比较，理科生中黏液质多，文科生胆汁质、多血质、抑郁质较多。男女生比较，男生中属于胆汁质、多血质类型的多，女生中黏液质类型的多。

（2）正确对待气质

所谓“江山易改，禀性难移”，气质在个体心理中是最稳定、变化最少也最慢的一种心理特征。气质本身无好坏之分，每一种气质都有它积极的一面，也有它消极的一面。

大学生在人际交往中，要注意学会观察、分析周围学生的气质特征，采取合适的交往方法。例如，对胆汁质的大学生，应多给予鼓励，充分发挥其积极性，不要轻易激怒他们，而要锻炼他们的自制力，使他们沉着冷静地对待事物，批评时要严厉一些，有助于他们重视自己的缺点，约束任性行为。对多血质的大学生，要给予他们更多的活动机会和任务，并使他们从中受到更多的教育，养成扎实、专一、坚持到底和克服困难的决心。对黏液质的大学生，则要尊重他们的想法，要给予他们充分的考虑时间。对抑郁质的大学生，要更多地关心体贴他们，尽量不在公开场合下指责他们，要以平等、自然的态度，鼓励他们多参加集体活动，切记不可嘲笑轻视他们的气质弱点，如取绰号、开过分玩笑等。

2. 性格

性格是一个人对现实的态度和习惯化了的行为方式中所表现出来的较稳定的心理特征，是人的个性心理特征的重要方面，人的个性差异首先表现在性格上。一个人能否在人际交往中做到游刃有余、得心应手，与他的性格有很大关系。当代大学生只有全面地了解自己与他人的性格，并在交往实践中不断优化自己的性格，才能更好地处理自己与他人的人际关系。

性格反映了人对现实的态度和习惯了的行为方式。当代的大学生是家庭和学校的宠儿，一些大学生耳边听到的多是赞许的声音，在人生的道路上还没有经历过大的起伏和挫折，因此有些大学生自命清高，遇到困难意志薄弱，容易感情用事，对人和事容易斤斤计较，心胸狭隘。这些不良的性格特征不仅容易造成人际交往的障碍，还会影响到大学生的身心健康。此外，好的性格品质也要把握好度，一旦表现过度或与环境不协调，也容易引起不好的结果。比如，有人过于直率而不顾场合和对方随便说话，就可能伤害到对方，引起对方的反感。

性格是后天形成的，是行为主体与社会环境相互作用的产物。性格的可塑性较大，有好坏善恶之分。因此，大学生应当积极塑造良好性格，以适应社会的需要。当代大学生的性格品质应当是：心胸豁达，宽容待人；温和亲切，谦虚热情；耿直正派，坦荡真诚；委婉含蓄，与人为善，等等。

性格分类很多，可以从不同角度来反映一个人性格的某一侧面，下面介绍几种。

（1）斯普兰格性格类型说

德国心理学家斯普兰格从文化、社会学观点出发，根据社会生活的形式，把性格分为以下六种类型。

经济型的人，一切从经济观点出发，用经济价值、实际效果来衡量事物的利用程度，以追求利润、获取财物为生活目标。实业家大多为此类型。

理论型的人，一切从客观事物的真理出发，以追求客观真理作为生活目标，对实用和功利缺乏兴趣，遇到生活实际问题时缺乏足够的处理能力。理论家和哲学家属于这种类型。

审美型的人，从美的角度来判断事物的利用价值，对实际生活不关心，把实现和获得美作为生活目的。艺术家是这一类型。

宗教型的人，相信宗教，坚信有永恒的生命，以永远对宗教的虔诚为生活目标。宗教家为此类型。

权力型的人，一切从权力出发，相信和迷信权力，具有强烈的支配和命令他人的欲望，以获取更多的权力作为生活目标。领导者、企业管理者可能为此类型。

社会型的人，重视爱，以爱他人为其最高价值，总是努力增进别人和社会的福利，有献身精神。慈善、卫生、教育等工作人员属于这一类型。

（2）卡特尔特性说

美国心理学家卡特尔经过多年的研究，运用因素分析的方法确定了 16 种性格特征。这 16 种特征在每个人身上都存在，只是表现程度不同。得高分的人性格特征和得低分的相反。卡特尔还编制了 16 种性格因素测验（16PF）来测定人的不同性格（表 3-2）。大学生可以利用这种测验了解自己的性格特征。

表 3-2　卡特尔的 16 种人格特征

人格特征	得低分者	得高分者
A：乐群性	自我克制，缄默，孤独	外向，热情，乐群，易相处
B：聪慧性	思维迟钝，学识浅薄	聪明，善于抽象思考，有学识
C：稳定性	情绪激动，易烦恼	情绪稳定，成熟，面对现实
E：恃强性	谦逊，温柔，通融，恭顺	武断，固执，独立，好竞争
F：兴奋性	严肃，审慎，冷静，寡言	轻松快乐，热情，随遇而安
G：有恒性	苟且敷衍，不奉公守法	有恒心，负责，沉着，尽心尽职
H：敢为性	畏怯退缩，缺乏自信	无所顾忌，冒险敢干
I：敏感性	理智，重现实，自食其力	敏感依恋，感情用事
L：怀疑性	忠诚，随和，易相处	多疑，刚愎，固执己见
M：幻想性	现实，因袭传统	幻想，狂放任性，不务实
N：世故性	坦率，天真，朴实	俗气，世故，精明能干
O：忧虑性	自信，沉着，安详	忧虑，抑郁，烦恼自责
Q_1：激进性	保守，尊重传统规范	自由，激进，有实验精神
Q_2：独立性	依赖，从众附和	自立自强，足智多谋，果断
Q_3：自律性	漫不经心，矛盾冲突	拘泥刻板，知己知彼，自律
Q_4：紧张性	松弛平静，闲散自在	紧张困扰，激动挣扎

（3）ABC 型性格

按人的言行和表现性格可分为 A 型性格、B 型性格和 C 型性格。A 型性格具有以下特征：好胜争强；急躁易怒、缺乏耐心；常有时间紧迫感，行动匆忙，总想一心二用或多用；事无巨细，事必躬亲；说话坦率，言辞易得罪人；习惯指手画脚，给人咄咄逼人的感觉。与其相反的称为B型性格，其典型特征为：安于现状，不好与人竞争；主动性、进取心不强；悠闲自在，无时间紧迫感，做事不慌不忙；遇事从容不迫，耐心沉着；喜娱乐而无好胜心；无敌意，不具攻击性，等等。C型性格指那种情绪受压抑的忧郁性格，表现为害怕竞争、逆来顺受、有气往肚子里咽、爱生闷气等。

同气质一样，典型性格类型的人并不多见，多数人处于两极之间，或偏向某一类型。事实上，任何人都有某些好的性格特征，也有某些不好的性格特征，所以每个人都应以积极的态度对待自己的性格，对自己的性格进行优化、改造。

从心理健康的角度看，有些性格特征有助于人的心理发展和身心健康，有些则无助而且有害；即使是好的性格品质也要把握好度，一旦表现过度或与环境不协调，就可能引起心理健康问题。比如，有的人过于直率而不顾场合或对象，就可能伤害对方或引起适应不良。此外，各种性格特征之间的相互协调很重要，当一种好的性格特征与某些不良动机或性格特征结合时，也会表现出相反的价值。

3. 气质与性格的关系

气质与性格同是人格，关系十分密切既有区别又有联系。气质是个人心理活动的动力特征，高级神经活动类型是气质的生理基础。与性格相比，气质受先天因素影响大，变化难且慢；性格主要是在后天因素上形成的，变化容易且快。日常生活中我们常说，“生活的磨炼可以改变一个人”，主要指性格的改变。气质无好坏之分，而对性格始终有好坏的评价。相同气质的人可以形成不同的性格；不同气质的人又可以形成相同的性格。

性格是高级神经活动类型与生活环境影响的“合金”。因此，气质和性格的生理基础有密切的联系。气质决定了性格特征的外部表现，即由于气质类型不同，行为方式的产生和停止有快有慢，有难有易。如多血质和黏液质的人都有交往的动机，但前者主动，而后者往往较少主动；多血质的人很容易和新朋友相识，但也容易疏远旧的朋友，黏液质的人则正好相反。气质的特征可以促进或阻碍性格的发展。比如，一般情况下胆汁质的人比抑郁质的人更容易形成勇敢、大胆的性格而抑郁质的人比胆汁质的人更容易形成谨慎、耐心的特征。性格相同但气质不同的人，外部表现有不同的色彩。例如，同样具有勤劳性格品质，胆汁质者常常情绪饱满，迅速而利落地完成任务；多血质者往往兴高采烈，充满热情；黏液质者能不动声色、从容不迫地工作；而抑郁质的人善于体察事物的细小变化，认真默默地工作。

二、人格形成的影响因素

人格在形成与发展过程中也不是一帆风顺的，它在形成与发展的过程中会受到各种因素的影响。因为人格是遗传因素与环境相互作用的产物，是先天素质与后天环境的“合金”。正如恩格斯在《马克思恩格斯全集》第20卷中所说：“人的人格是先天组织和人在自己的一生中，特别是在发育时期所处环境这两方面的产物。”

（一）遗传的影响

遗传对人格形成的影响首先表现在遗传因素上。个体的形成是父母的遗传信息遗传给子女的结果，父母人格方面的特点也有可能遗传给子女。大量精神病的研究证实了这个看法。双生子女的研究也表明，个人内外向和遗传因素有关。遗传因素尤其在气质发展中扮演着重要角色，如人的情绪性、活动性等方面。再如，美国心理学家谢尔顿将人的体型分三类：一是内胚型，又称肥满型。身体浑圆，肌肉松软。二是中胚型，又称强壮型，肌肉、骨骼均发达。三是外胚型，又称瘦长型。身体结构纤细，给人以线形感觉。结果发现，每种体型都有不同的性格特点，内胚型人愉快乐观，中胚型人精力充沛，攻击性强，外胚型人内向压抑。当然，遗传特征不会一成不变地表现在行为上，只不过是具有遗传潜力。它的重要性因人格特征的不同而有所不同，通常在智力、气质等人格心理特征上较重要；而在价值、思想、信念这类特征上较不重要。

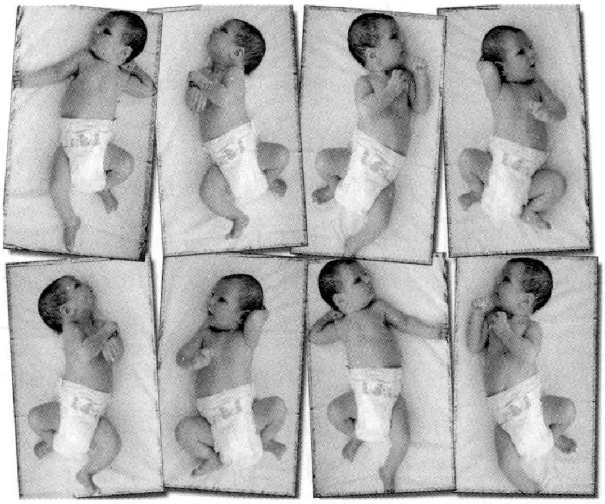

那么，遗传对人格的影响占多大比例呢？英国学者卡特尔经过研究认为，人格的三分之二是由环境决定的，三分之一是由遗传决定的。列宾（Liebin）1992 年研究了遗传对人格有五大因素的作用，发现遗传率约为 40%，即人格上约 40%的个体差异可由遗传加以解释。

（二）家庭环境的影响

在人格发展中，家庭环境起着重要的作用。家庭是最早向儿童传递社会经验的场所，是人格形成的环境成因的核心。

父母是孩子第一任教师。父母的教育态度是影响孩子人格形成的重要因素。不少研究表明，体贴、温暖的家庭环境能促进儿童成熟、独立、友好、自控和自主等特征的发展。家庭气氛近乎无形，却能从各种不同角度向儿童传递信息，对儿童的人格发展起着潜移默化的作用。比如，父母长期的敌对争吵会使子女心理产生严重的焦虑、多疑或形成神经质，甚至引发人格障碍。又如，在孤儿院长大的孩子往往比在正常家庭长大的孩子性格更孤僻，缺乏对社会的信任感，因为这些孩子从小就缺少父母的关爱，与生活在缺乏安全感、信任感和温馨的家庭环境气氛里有关系。俗话说，有其父必有其子。这句话的合理性表现在父母在待人处事、情感交流等方面对子女的人格发展和形成所起的潜移默化的作用。一般情况下，过度焦虑的孩子常有过度保护、对子女反应十分幼稚化的母亲。父母对孩子的交往方式以及教育方式对孩子的人格发展和形成具有非常重要的作用。“只要不惹麻烦，父母便漠不关心”，这样被对待的孩子成就动机和自我价值感都较低。受父母溺爱的孩子，常缺乏爱心、耐性和挫折容忍力。经常受到体罚的孩子，会变得难以管教，会有更多的攻击行为。可见，家庭环境对子女人格的影响主要表现在父母的教育态度、家庭心理气氛、父母的个性和家庭教育方式等方面。

（三）学校教育的影响

首先，学生学习知识、技能的过程是一个主动、紧张而艰辛的智力劳动过程。这个过程可以培养学生的学习耐心及坚毅、独立思考的良好特征，增强学生的自信心。其次，学生在其接受学校教育的过程中，自始至终是生活在多种多样的集体中的，从班集体到少先队，从共青团再到党组织，这些集体组织对人格的形成有特殊的影响。健康而有正确目标的集体能使学生在各种有益的集体活动中受到锻炼，并受到良好风气的潜移默化的影响，从而形成积极主动、认真负责、勤奋好学、乐于助人、坚强自制等良好人格特征。另外，教师作为学生的楷模，他的一举一动往往潜移默化地影响着学生。因此，教师本人的以身作则、为人师表，对学生人格的发展具有重要意义。教师对学生的态度也直接关系到学生人格的形成。研究表明，教师态度专制，学生情绪就易紧张，教师在场时毕恭毕敬，不在场时秩序混乱，不能自制；教师态度民主，学生情绪就稳定、积极，态度友好，有领导能力；教师态度放任，学生则无团体目标、无组织、无纪律，呈放任状态。

此外，学校良好的校风和各类课外、校外活动等也对学生的人格有着不可忽视的影响。

（四）社会风俗、文化的影响

社会的法律规范、文化水平、国民精神面貌、风俗习惯等社会因素，也是影响人格形成的重要因素。例如，生活在崇尚武勇的社会中的人们，往往形成好斗的人格特征。电视、电影、报刊和文艺作品等社会文化信息也是影响人格形成的因素。研究表明，观看有攻击性行为的节目往往使儿童的攻击性行为增多，而那些优秀电视、电影和文艺作品中的英雄榜样，常常能激起学生丰富的感情和想象，引起其模仿的意向。

（五）自我教育的影响

人格是在人与环境相互作用的实践活动中形成和发展的，但任何环境因素都不能直接决定人格，它们必须通过人自身的内化作用才能形成。社会的各种影响首先要为个人接受并理解，才能转化为个体的需要动机，才能推动行动，也就是说，人格的形成需要个体自身的努力。

大学生的人格发展正处于重建期与成熟期之间，而此时他们的自我意识发展迅猛并

趋于完善，而人格的发展则趋于自我塑造，并产生了自我锻炼的独特动机。在这种动机的支配下，青年们会主动地寻找楷模、确定理想，经常自觉地对自己的人格进行自我指示和自我监督，拟定自我教育计划，并注意行为的练习，从而有意识地培养自己的良好个性，改造消极的个性。因此自我反省机制对个性的形成和完善起着巨大的调节作用，一个人只有从意识深层认识到自身人格特点及不足之处，才会努力去调节、改变个性的特征及表现方式以适应各种复杂的环境，这样经过反复实践才会使自身人格趋于灵活而完善。大学生应该主动地进行自我反省、自我评价，制订自我教育计划，持之以恒地培养良好的人格，塑造自己的美好形象。

第二节　大学生人格的发展与特点

一、大学生人格的形成与发展

人格的形成与发展不是一蹴而就的，它是随着年龄增长而不断发展完善的，它的发展大体上可分为三个阶段，即萌芽期、重建期和成熟期，每个时期又有其不同的特点。

第一个阶段为萌芽期。这个阶段是从人一出生到进入青春期之前。当婴儿出生至 2 周岁时，开始有了“我”的概念，开始确立作为个体的一些基本概念，如性别、年龄等。在心理上形成了初步的性格、情绪反应方式等。随着怀疑感的产生，个体也会对周围的事情提出问题，并逐步发展到在一定程度上对周围世界进行观察与思考。在观念上也因被灌输而产生朦胧、机械的道德观、价值观等。在这个时期，个体以模仿为主，依赖性很强，自觉程度较低，缺乏个体的主动性。

第二阶段为重建期。重建期是指从青春期开始到青年期结束，是人格突变、重建和产生新的质变的时期，是人的生理和心理都处于显著变化的时期。青年由于身体的急剧发育和性的成熟，他们在关心自己的身体和探索自己的内心世界的同时，也开始关心他人对自己的评价。学者把这个时期称为“断乳期”“I 与 Me 的分裂期”“感情上的暴风雨期”等。在这个时期个人由过去的依附走向稳定，开始用自己的眼睛去审视世界，加以判断，确立自己的世界观与人生观，人格在此阶段得到调整、修正、补充和完善，所以称之为人格的重建期。

第三阶段为成熟期。这个阶段是从成年期到老年期。随着自我意识的日趋成熟，人在社会中的位置和适应性得到强化，人格特质也逐步稳定，行为方式进一步稳固，社会角色得到确立，开始积极参加社会生活，专注于各自的事业发挥才干，为社会谋利益并进一步实现人生价值，同时会关注、维持家庭，教育子女。在事业和情感上会产生全面的体验和认识。人格特征若未遇到强烈刺激也会趋于平稳，观念也趋于稳定。

二、大学生人格的特点

当今大学生一般都处于十七八到二十一二岁的青年中期，是从童年期向成年期的过渡时期。在这一时期，个体自我意识迅速发展，趋于完善，对未来和成人世界充满理想，但又保留着孩提时代的特征，因此，他们最容易发生心理动荡。此时的青年又往往不满足于现状，总以更高层次的理想自我为目标，并尽最大努力完善自我和发展自我。与此相应的，也产生了要求承担社会义务和社会责任的愿望，这是一个人成长过程中相辅相成的两个方面。然而，大学生的特定成长时期、特定生活环境，导致了他们在发展过程中自我评价与社会认同往往出现不平衡和不协调。处在选择困惑、内外矛盾时期的现代大学生，除了具有一般时期的青年特征外，还拥有诸种特点，其中最为显著的就是充满理想，勇于突破，急速过渡。这种过渡性表现在以下几个方面。

第一，从“自持+浮躁”到“自尊+丰富”——素质层面人格的过渡性。青年期是动荡不羁的时期，尤其表现在素质方面，有学者认为可将青年的这种心理概括为“自我同一性”与“同一性扩散”并存和冲突的特征。大学生人格发展的关键是形成正确的自我意识，形成自我与社会关系的基本定位。而自我的确立受到社会、政治、经济、文化和生态等一切环境的影响，是通过自己与他人的差别来确定的。一般而言，大学时期青年的自我认知和评价、自我情感和情绪、自我意志和控制、自我计划和调解等心理结构均已形成，只要有机会、有土壤，他们就会竭尽全力通过与此相对应的、具体可操作的现实途径来实现和发展自我。除此以外，他们将继续形成自己独到的见解，快速而艰难地推进主体客体化，过渡性和不成熟性也终将随着他们身心的发展、社会实践的增多而不断得到修正，最终达到人格的稳定。

第二，从“自信+自疑”到“自强+超越”——社会层面人格的过渡性。伴随着大学生自我意识的不断觉醒，由孩提时代产生的对权力社会的欲求，在青年时期表现得更强烈和现实。自主的大学生渴望独立，追求新颖，更希望在各个领域尝试验证自己，用自己的理解、评价、智慧、才干来参与社会各个领域。然而，大学生自身的不成熟以及所处的社会活动范围的局限使这种活动受到了很大的限制，他们没有或很少有机会施展这方面的才华。但青年又会坚持不断地探寻，逐步掌握技巧，掌握较多的权利和提升相应的地位，最终将成为社会栋梁。

第三，从“自励+无奈”到“自觉+主动”——经济层面人格的过渡性。由于没有相对固定的职业，几乎所有的大学生都是经济上的赤贫者。他们的经济来源主要是家庭，“消费者”是对他们实际经济地位的写照。面对不断调升的物价，缴费上学的压力及对消费新潮的向往，依靠家庭有限资助的大学生们出现了沉重的精神负担和心理压力，产生了要求经济独立的强烈愿望，他们渴望早日摆脱在经济上对家庭的全部依赖，因此在校园中随时可见奔波的打工族。然而现实条件毕竟限制诸多，各种需求与现实条件间的强烈反差，以及学生之间的比较，导致了青年学生经济地位的可能性与现实性、主观愿望与现实状况的矛盾冲突。这就是青年介于非成人和成人、自然人和社会人之间的过渡人特征，即处于不断期待和发展状态的人格特点。

第四，从“自我+恋旧”到“自由+展望”——文化层面人格的过渡性。社会角色转换也就是角色社会化的过程，这个社会化过程表现为大学生从“个体自我”向“社会自我”的过渡。其基本特征是大学生对社会角色已有较为明确的认识，也试图实现这些目标和理想，其中有些已初步得到实现。但是，由于他们过分强调“个体自我”以及实现条件严重匮乏，他们角色的社会化进程出现诸多屏障。他们在“个体自我”与“社会自我”的角色之间徘徊不定，表现出强烈的过渡性。大学生随着参与社会的深入，对真实社会生活的体悟将会不断深化、不断发展，不断接近真实的社会角色。当代社会不仅为大学生接近真实的社会提供了诸多的机会，更重要的是还为大学生创造真实的社会展示了更多的可能。

第三节 大学生健康人格的培养与发展

一、大学生健康人格的标准

当代大学生具有很强的过渡性和可塑性，当今社会又为大学生人格塑造提供了许多可能。但什么样的人格是健康人格？从心理健康的角度讲当代大学生的健康人格应具有以下标准。

1. 正确的自我意识

自我意识是个体对自己和自己与他人、与周围世界关系的认识，正确的自我意识是人格发展的重要指标。具有健康人格的大学生对自己有恰如其分的评价，充满自信、扬长避短，在日常生活中能有效地调节自己的行为，与环境保持平衡。缺乏正确自我意识的人常常表现出自我冲突、自我矛盾，或者自视清高、妄自尊大，做力所不能及的工作，或者自轻自贱、妄自菲薄，甘愿放弃一切可以努力的机遇。

2. 良好的情绪调控能力

情绪对人的活动、对人的健康有着重要影响。积极的情绪体验能使人振奋精神，增强人的信心，提高人的活动效率；消极的情绪体验会降低人的活动效率，甚至使人生病。情绪标志着人格的成熟程度，人格健康的人情绪反应适度，具有调节和控制情绪的能力，经常保持愉快、满意、开朗的心境，并富有幽默感；当消极情绪出现时能合情合理地宣泄、排解、转移、升华。

3. 乐观向上的生活态度

乐观向上的生活态度是个体在社会实践中获得本质力量的表现。乐观的人常常能看到生活的光明面，对前途充满希望和信心，对自己的学习抱有浓厚的兴趣，并在学习中发挥自身的智慧和能力，即使生活中遇到困难和挫折，也能耐心地去应对，并且不畏艰险、勇于拼搏，最终获得成功。

4. 良好的社会适应能力

社会适应能力反映了个体与社会的协调程度。人格健康的个体能和社会保持良好的、密切的接触，以一种开放的态度，主动关心社会、了解社会，观察所接触到的各种事物和现象，看到社会发展的积极面和主流，同时，个体会使自己的思想、行为跟上时代的发展，与社会的要求相符合，并能很快适应新的环境。

5. 和谐的人际关系

人际关系是人们在社会中形成的人与人之间相互作用的关系，是社会关系的直接表现。人际关系最能体现一个人人格健康的程度。人格健康的人乐于与他人交往，能与别人建立良好的关系，与人相处时，尊敬、信任等正面态度多于嫉妒、怀疑等消极态度；健康的人常常以诚恳、公平、谦虚、宽容的态度尊重他人，同时也受到他人的接受和接纳。人际关系既是人格健康水平的反映，同时又影响和制约着健康人格的形成和发展。

健康人格的标准各个方面是相互联系、统一平衡的。它是衡量一个人人格健康的尺度，也为大学生改善自己人格提供了具体的努力目标。

二、大学生常见的人格问题

人格受到遗传、环境、教育等众多因素的影响，众多因素中的不良影响会使个体遭受各种挫折，对人格的形成和发展也会产生不利的冲击。

处于过渡期的大学生也存在着各种各样的不良人格特征，这些特征会给大学生的学习、生活、交往等活动带来消极影响。

（一）大学生常见的不良人格及其调整

不良人格是介于健康人格与变态人格之间的一种人格状态，也可以说是一种人格发展的不良倾向，这种人格问题不像人格障碍那样严重，但足以干扰个人正常的心理机能和行为，因而必须进行矫正和改变。常见的不良人格如A型性格，多表现为抑郁、怯懦、孤僻、冷漠、悲观、依赖、多疑、敌对、暴躁、冲动等。这些不良人格给人蒙上了一层消极、阴暗的色彩。以下介绍几种常见不良人格特征及调整方法。

1. A 型性格及其调整

【案例】

老师，请帮我改变

一封给咨询老师的信：老师，您好。我是典型的 A 型性格，我不知道什么叫散步，什么叫悠闲，尽管我也没做什么事，但是就是急躁。我很要强，很爱面子，觉得不如别人或者没有能力是一件很丢脸的事。我总想着要处处高人一等，比别人好，比别人强，好像只有这样才有优越感和安全感。我爱斤斤计较，什么事都看得很重，我总想着利益最大化，总是在计算做一件事有什么价值，我的回报跟付出是不是成正比。老师，你能帮我改善 A 型性格吗？

所谓 A 型性格，正是前面所讲到的 ABC 型性格中的 A 型性格。一方面，A 型性格者积极进取，富有竞争意识，讲效率，能充分利用时间并发挥自己的才能，符合现代社会对人的要求，有助于个人事业的成功和潜力的发挥。但另一方面，A 型性格的人常处于紧张、急躁、忙乱状态，情绪反应强烈，容易患失眠、头痛、心血管疾病等。有研究表明：具有 A 型性格的人心血管病的发病率是具有 B 型性格的人的 3 倍。所以，A 型性格的人要扬长避短，吸收 B 型性格之精华，及时地调整、放松自己，做到劳逸结合、张弛有序。

为了有效地帮助人矫正 A 型性格，心理卫生专家提出了以下一些建议。

第一，确定自己的生活目标，集中精力为此而奋斗，不要去追求那些未必值得拥有的东西。

第二，放弃自己要做一个完人的企图，勇于接受自己的缺点；信任别人，相信别人能做好各项工作。

第三，尽量淡化荣誉、成就观念，要注意学习、生活、工作的和谐，注重生活的质量和体验。

第四，培养多种兴趣爱好，增加生活的艺术情调；经常听音乐、看电影，培养艺术修养。

第五，在时间安排上要井然有序而留有余地，要从容不迫、踏实稳健地去干每件事；不以数量来衡量成绩，要讲究工作的质量。

第六，要主动控制、调节自己的情绪，避免争论和冲突，要以幽默的态度去应对生活中的波折，培养宽容、广博的胸怀。

第七，要善于倾听别人的意见，不要打断别人的讲话；不要把别人正在干的事抢过来，要耐心地加以指点和帮助，对别人要多加鼓励和赞赏。

第八，有目的地利用机会培养自己的耐心和悠闲感，比如排队、逛公园等。

第九，多交一些知心朋友，建立归属感和安全感，多与朋友交流内心的真切感受。

2. 回避心理及其调整

【案例】

谁解我心

这是一封学生来信：当我反思时，大三是我过得最庸碌的一年。学习成绩没起色，工作更是一张白纸。我很想找一些客观的理由来搪塞。是因为失恋吗？我和她是多年的知心朋友，由友谊发展到了爱情。但她突然提出了分手，因为她已不再爱我，在接到电话的那一刻我差点昏厥过去。我想竭力挽留，因为我一直都以为我们之间的感情是真正的爱情，应该好好珍惜。如果还有理由的话，可以说因为我的右腿，儿时习武不慎扭伤了骨头，我没有在意，直到意识到病症的严重性才去医院，这确实也给我带来了一些自卑的想法。我甚至还担心，如果再过若干年后我的身体是否健壮如初，因为现在还没有痊愈。这注定我的路比别人要难走。

的确，我感到压力很大，但是这都不应成为不思进取的理由。唯一的理由归结为我不够坚强和优秀，意志不够坚定，对抗外界的抵抗能力还太弱。这使我想到了一种说法：做不成大树，就做一棵小草，这是无奈的选择，虽然它包含一种乐观的人生境界。

现在我渐渐对自己失去了信心与耐心。因为很多事我付出了努力，却没有得到相应的收获，这或许是我太重视付出的努力，太吝惜汗水、太急功近利的缘故，因此才把结果看得这么重。也或许是我只是在时间上投入却极少在精力上投入，所以事倍功半。学习时杂念太多了，有时甚至坐不住板凳。有时有种发泄的冲动，但是我不知道应该发泄什么，对谁发泄，但就是觉得心里特别浮躁，干什么都不能安下心。我曾不止一次地责备自己，并且也一直在尝试着努力摆脱，可是效果并不理想。现在无法像高中时玩的时候痛痛快快地玩，学习时就能集中精力，我现在真的感到心有余而力不足。

然而，在生活面前，我必须摆出强者的姿态，我曾经默默流泪，但我不能说累。我知道一切都得靠自己。我也不想家人对我失望，因为我是家里的唯一希望。

如果说家里现在是多雨天的话，那么我是家里唯一的一柱阳光。在家人期望的目光中，我不敢暴露自己的懦弱、自卑、烦恼和忧伤，因为我怕家里从此连这点希望都没了。现在我真的有一种强烈的危机感，我放弃了继续求学考研的打算，这也许是缺乏长远眼光的一种表现。但我真的感到自己的思想包袱太重了……

综合分析这位学生的情况，我们发现失恋、学业成绩不理想成两副担子压到他身上，他变得不再坚强，变得脆弱，变得有些不知所措，回避成了他面对挫折时的选择。有一句谚语：“最后一根稻草也能压垮一头骆驼”，良好的人格发展需要良好的环境，更需要对自身正确的认识，逃避竞争、放弃责任并不能够解决面临的问题，而个体人格的成长也是在经历挫折、失败与成功等诸多方面的起伏后才能逐渐成熟起来的。

回避心理通常表现为个体缺乏自信，怀疑自身价值，敏感，特别是在遭到拒绝和反对时。持回避心理的大学生在生活中尽管有交往的需要，但大多数仍与周围人保持一定距离。在丰富的情感世界中，他们很难同别人进行深入的感情交流。

回避心理形成的主要原因是个体存在自卑心理。心理学家认为，自卑感起源于人的幼年时期，由于无能而产生的不胜任和痛苦的感觉，也包括一个人由生理缺陷或某些心理缺陷（如智力、记忆力、性格等）而产生的轻视自己、认为自己在某些方面不如他人的心理。具体说来，自卑感的产生有以下几方面原因：①低估自己。每个人总是以他人为镜来认识自己，如果他人对自己作了较低的评价，特别是较有权威的人的评价，就会影响对自己的认识，从而低估自己。有人发现，性格较内向的人，多愿意接受别人的低评价而不愿接受别人的高评价。在与他人比较的过程中，也喜欢拿自己的短处与他人的长处比，这样越比越泄气，越比越自卑。②消极的自我暗示。每个人当面临一种新局面时，都会自我衡量是否有能力应对。有的人会因为自我认识不足，而常觉得“我不行”，由于事先有这样一种消极的自我暗示，就会抑制自信心，增加紧张感，产生心理负担，工作效果必然不佳。这种结果又会形成一种消极的反馈作用，影响到以后的行为，这样恶性循环，使自卑感进一步加重。③挫折的影响。有的人由于神经过程的感受性高而耐受性低，轻微的挫折就会对他们造成沉重的打击，使他们变得消极悲观而自卑。此外，出身、经济条件、家庭地位等都有可能是自卑心理产生的原因。这种自卑感得不到妥善消除，久而久之就成了人格的一部分，造成行为的退缩和遇事回避的态度，形成回避心理。

要矫治回避心理，拥有积极的生活态度应该从两个方面入手：第一，消除自卑感。具有强烈自卑感的人，一般自我封闭、内向，不愿意跟别人来往。在某校心理健康状况调查问卷中关于“您在与人交往中是否曾经有过因为自卑或猜疑而不愿与人交往”一题的回答中，有 52.43%的学生回答“是”。在平时的咨询过程中也有一半以上的学生因为自卑而人际关系不和谐。自卑有多种表现方式，最明显的表现是退缩或过分地争强好胜，这些都妨碍一个人积极而恰如其分地与他人交往，尤其是过分畏怯、退缩，不能独立而依赖性太强，调查中有 16.5%的学生承认自己有这类情况出现。因此，消除自卑需要正确认识自己，提高自我评价；要正确认识自卑感的利与弊，提高克服自卑感的自信心；要进行积极的自我暗示、自我鼓励，相信事在人为。随着自卑感的消除，自信心的逐步建立，个体自然会采取更加积极主动的方式去面对学习、生活中的困难，进而逐渐摆脱回避心理。第二，克服人际交往障碍。具有回避心理的个体大都存在着不同程度的人际交往障碍，因此个体可以通过加强人际交往，在交往中发现社会支持的力量，从而学会面对问题、解决问题。在这里介绍一种比较简单的梯级任务来制订交友计划，克服人际交往障碍。交友梯级任务起始的级别比较低，任务比较简单，以后逐步加深难度。

3. 害羞心理及其调整

【案例】

害羞的眼睛

有人认为害羞基本只用来形容女生，在咨询中，我遇到过不止一个的男生害羞的实例。一个大一男生说：我从小内向、害羞，不敢大声说话，特别怕别人的眼睛与我对视。如果我偶尔说句什么，成为大家目光聚焦点的时候，我就紧张得要命，不仅面红耳赤，连手心都汗淋淋的，说话也语无伦次，想马上躲开，否则双腿就抖个不停，连迈步都艰难。高中阶段，我过得很安稳，大家忙着学习，谁也不会和我主动搭讪，老师上课也不会提问。而现在我发现我的情况越发严重了，每次上课不幸被老师抽中回答问题时，我就无异于小死一回。我躲避所有眼神，开始只是对女性，现在对男的也是如此，可是又情不自禁地用眼睛的余光扫视对方，给对方以很不体面的感觉，说我这人很“不正经”。我自己也特别恨我这双眼睛，有时甚至都想把它挖掉。

害羞是人类的一个特征，几乎每个人都有过。大学生中有半数说自己是害羞的。根据美国的一份调查，有八分之一的人在生活的某些方面过于胆怯。精神病学家研究发现，怕别人对自己印象不好而招致羞辱是害羞的症结——大脑会把一个恐惧的信号与遭受挫折的细节（地点、时间、背景等）联系在一起。一些精神病学家预言，网络文化将使轻度害羞趋向极端。因为有的人开始时害羞程度还不算强烈，但彼此交往少了，会使情况变得严重。害羞是普遍存在的心理现象，年轻人面对新环境中的交往活动，常常表现出害羞、胆怯、拘谨、不自然的状态，但是随着年龄的增长、交往的频繁，害羞心理逐步减弱或消失。一项抽样调查显示，承认自己因为害羞而不敢与人交往的人占 49.7%。这个问题在异性交往中比较常见。如果过度害羞，就会使人在交往活动中过分约束自己的言行，无法充分表达自己的愿望和情感，也无法与人沟通，妨碍良好的人际关系的形成。

害羞的类型主要有两种：一是气质性害羞。即个体生来就有的性格沉静内向，遇到人或事就胆小退缩、思前想后、举棋不定。调查显示，由于性格过分内向胆小，不能很好与人交往的人占 15.53%。二是认知性害羞。个体过分注意自我，注意自己的言行，患得患失，所以总易受他人的支配，羞于与人交往，缺乏交往的主动性。三是创伤性害羞。个体由于生活、事业上的挫折和失败经历，而变得小心谨慎，消极被动地接受周围的一切。针对这三个方面，个体应加强性格锻炼，改善原有的气质，改变观念及看法，培养交往技巧，增进交往水平。

个体要摆脱害羞心理，首先，必须丢掉包袱，也就是要抛弃一些顾虑，不怕说错话，不怕做错事。在行动前不要只想到失败，要走出自我否定的阴影。其次，要树立自信，肯定自我，这样有助于在交往中发挥自己的特长。当他们在自信心的支持下终于有所突破、有所成功时，就会形成强化，在成功体验下重新建构自我认识，经过若干次强化，最终形成较稳固的正向的、肯定的自我认识。最后，要学会交往。其中一个有效的方法就是观察模仿，害羞的大学生可以在与人的交往中观察别人是怎么交往的，尤其是观察两种人：一是交往成功者，看他们为什么总是交往的中心，为什么能将各种复杂的交往方法运用得得心应手；二是从害羞中走出来的那些人，了解他们是怎样改变自己的，并向他们学习。

4. 嫉妒心理及其调整

【案例】

老师，请救赎我的灵魂

又是一封学生来信：老师，您好！请您帮帮我，我觉得自己的灵魂在被恶魔吞噬，我一步步在走向罪恶，我真怕自己从此错下去，但是我真的不知道怎样走出来……一切都因为小丽，我的同班同学，以前我俩也算是形影不离的好朋友，是大家共同关注的焦点。我不知道她用了什么方法，大家似乎更喜欢她，一些对我冷淡的同学对她亲密有加。她平时几乎都和我在一起，一起上课，一起自习，一起逛街，但是她成绩总是比我考得好。从上学期起她就特别走运，春风得意，先是获得了国家奖学金、优秀学生干部荣誉称号，而且还主持全系晚会……她就像一位美丽的公主，上帝把所有的光环都罩在她身上，我呢，就是衬托她美丽的丑小鸭。我不愿意这样活。那天我和她同台在系晚会上唱歌，趁她不备，我弄坏了她演出服的拉链，等着看她出丑，结果她临时用丝带套上，大家都夸她聪明，服装别具一格，我当时差点喷火。期末考试快来了，她拿一本教材让我帮她去图书馆占座位，我把教材丢在垃圾桶里，谎称不知道怎么被偷了，虽然她没有说什么，但我知道她一定有所觉察。在寝室我接到找她去打工的电话，我假装她的声音，帮她推掉了，事后我被揭发了，小丽哭着问我为什么这样做。我们彻底决裂了。看着她哭，我也很难受，可我就是看不惯她什么都走运。现在同学们对我非议也不少。有时想想自己怎么变成这样了，自己到底做了些什么，越想越害怕，我是不是成了坏人？我到底应该怎样做？

吞噬这位学生灵魂的恶魔正是嫉妒，嫉妒会让人迷失方向，几近疯狂。心理学家认为嫉妒是担心别人超过自己而引起的抵触情绪体验。从心理学角度看，嫉妒是一种变异心理，嫉妒是个体对超过自己的人感到恐惧和愤恨的混合心理，是自私自利、唯我独尊的心理表现。巴尔扎克说嫉妒潜伺在人心底，如毒蛇潜在穴中，嫉妒者比任何不幸的人更为痛苦，别人的幸福和他自己的不幸都将使他痛苦万分。

嫉妒者把别人的优势视作对自己的威胁，因而感到恐惧和愤怒，怕别人的优势对比出自己的不足，但他并不是通过自己的努力去弥补已经存在的差距，而是借助贬低、诽谤、中伤等手段攻击对方，给对方拉后腿，以求心理上的满足，似乎这样就可以缩短自己与对方的差距。

消除嫉妒心理，最重要的是个体应加强思想意识修养，树立正确的人生观。因为嫉妒心理受人的理想、信念等个性倾向性的制约，只有逐步树立起高尚的道德情操和献身于社会的崇高理想，自私自利、唯我独尊的个性缺陷才能克服。

消除嫉妒心理，个体必须从狭隘的自我中解放出来，嫉妒的病根在于自私，如果我们克服私心杂念，严于律己，宽以待人，心底无私天地宽，把别人的进步和优秀看作是自己的成就一样高兴，如果我们见贤思齐，凭自己的奋斗迎头赶上，那么嫉妒心理就无法滋生。一旦嫉妒心理产生，不妨互换心理位置，站在对方的立场上，设身处地为对方着想，诚恳地肯定对方。

消除嫉妒心理，个体必须克服自己性格上的弱点。一般而言，虚荣心强、好出风头的人容易产生嫉妒心理，心胸狭窄、敏感多疑的人容易产生嫉妒心理。可见，加强自己的性格塑造，逐渐形成不图虚名、心胸开阔、坚毅自信的性格特征，对消除嫉妒心理至关重要。

消除嫉妒心理，个体还应该正确评价自己，增强竞争意识。世间万物的发展是不平衡的，所以对自己的诸方面应该有一个正确的评价。承认自己某方面与别人的差距，欢迎竞争，积极参与竞争，努力实现自己潜在的价值，同时与他人的竞争应该有所选择和侧重。有所选择是指要注意发挥个人的优势方面；有所侧重是指个体在竞争中应该把主要精力放在对自己有较大意义的方面，避免分散精力，去做无谓的竞争。

如何消除嫉妒心理，培根给我们开了一剂灵丹妙药。他说：“每一个埋头沉入自己事业的人是没有工夫去嫉妒别人的，能拥有它的只能是闲人。”所以努力地学习与工作，就能消除嫉妒这颗毒瘤。

5. 多疑心理及其调整

【案例】

我可以相信谁？

“我现在特别不愿意在寝室里待着，人心隔肚皮，我不相信他们任何一个人。我在寝室里随口评价某同学的玩笑话很快就传到了他的耳朵里。即使是我和高中同学打电话说的悄悄话也迅速传开了，肯定是某某偷听了我打电话。我知道他们背地里常议论我，好几次我刚进寝室，他们就马上停止讨论，迅速散开。肯定也有人故意说我不是，因为以前对我友善的几个同学现在有时看我的眼神也怪怪的。”

这个案例的主人公是典型的多疑心理。多疑是人对客观事物（包括事件和人物）的怀疑缺乏根据的心理反应。持多疑心理的大学生经常处于不安全、痛苦的状态。怀疑教师对自己有偏见，怀疑其他学生议论自己，怀疑自己患了严重疾病甚至不治之症，不仅造成人际关系的紧张，而且使自身也处在紧张状态。有些大学生在交往过程中疑虑重重，信奉“逢人只说三分话，不可全抛一片心”的处世哲学。在与人交往中，处事谨慎是必要的，但是过于多疑、处处提防他人就会严重阻碍社会交往的发展，它会使人觉得缺乏真诚。因为多疑是人在思考问题时的思维偏差引起的，一个人一旦顿生疑点，就会将所有的分析判断建立在只证明自己设想的基础上。这种心理如果处理不好，就会伤害别人的感情。

引起多疑的因素有很多：有的大学生在社会交往中曾经受过欺骗，蒙受过巨大的精神挫折和经济损失，结果不再敢相信别人；也有的大学生对自己缺乏信心，在某些方面认为不如他人，就会怀疑他人看不起自己，若有人开了善意的玩笑，也会误认为他人在挖苦讽刺自己。这些都是与他人交往不够、了解不够而造成的。

多疑是个体一种由主观推测而产生的不信任心理，既然是主观推测，那么难免会出现偏差。要调整这种偏差，就要锻炼自己，使自己的心胸豁达，用时间和事实检验自己的主观意识是否正确，用客观的心情对待任何事物，常提醒和反问自己，如：别人议论时看自己一眼，就一定是在议论自己吗？如果是议论自己，他们是否有恶意呢？归根结底，心胸豁达是解决多疑的良药。

课堂训练一

测试：你有猜疑心吗？

1. 你是否经常认为别人反感你？（　　）

   A. 是　　　　B. 否

2. 你是否经常认为朋友和同学在背后说你坏话？（　　）

   A. 是　　　　B. 否

3. 你心中是否已有给别人下结论的标准？（　　）

   A. 是　　　　B. 否

4. 你是否认为大多数夫妻在有机会且又不被人所知的情况下有不忠的行为？（　　）

   A. 是　　　　B. 否

5. 假如有人表扬你，你是否会怀疑别人的表扬不是出于真心？（　　）

   A. 是　　　　B. 否

6. 你是否认为多数人在无人监督时一定会偷懒？（　　）

   A. 是　　　　B. 否

7. 找不到东西，第一反应是不是认为一定是他人拿走的？（　　）

A. 是　　　　　　　　　　B.否

8. 如果你需要帮助，是否会多方求援，而非只听信某个人的建议？　　（　　）

A. 是　　　　　　　　　　B.否

9. 你是否认为多数人遵守规矩的原因是害怕犯错误被人察觉？　　（　　）

A. 是　　　　　　　　　　B. 否

10. 在需要留下你的联系方式时，你是否会犹豫？　　（　　）

A. 是　　　　　　　　　　B. 否

测 试 评 析

选 A 得 5 分，选 B 得 0 分。计算你的总得分。

0～10 分：你对别人过于信任。

15～40 分：你对别人既怀疑又信任，这很正常。

45～50 分：你的猜疑心太重，应该学会如何正确地信任他人。

心理小贴士：适度的戒备心可以起到自我保护的作用，但是猜疑心过重，对别人的任何行为都认为是居心叵测，那么于人于己都是百害而无一利的。

6. 依赖心理及其调整

生活中关于依赖的例子屡见不鲜，有一个家喻户晓的民间故事极具代表性。有一对夫妇晚年得子，十分高兴，便把儿子视为掌上明珠，捧在手上怕摔了，含在口里怕化了，什么事情都不让他做，儿子长大以后连基本的生活也不能自理。一天，夫妇要出远门，怕儿子挨饿，于是烙了几张大饼，其中一张给儿子套在脖子上，告诉他饿了就吃脖子前的饼。几天以后等他们回到家时，儿子已经饿死了，原来他只知道吃脖子前的饼，连放在旁边伸手可及的饼都懒得拿。这个故事讽刺得不免有些刻薄，然而在现实生活中类似的现象也层出不穷，特别是如今多数家庭的孩子都是独生子女，父母、爷爷奶奶、外公外婆都视其为宝贝，孩子日常生活严重依赖亲人，使其形成依赖心理，长大以后生活自理能力极差，本章引言中的李萌就是这样一个例子。

依赖心理的形成与个人的早期教育有关。幼年时期孩子离开父母就不能生存，在孩子的印象中，保护他、养育他、满足他一切需求的父母是万能的，他必须依赖父母，而且总是害怕失去这个保护。这时，如果父母过分溺爱孩子、鼓励孩子依赖自己，不让他们有长大和自立的机会，久而久之，在孩子的心目中就会逐渐产生对父母或权威的依赖心理。他们成年以后依然不能自主，缺乏自信心，主要依靠他人来做决定，形成依赖型人格。

个体要脱离对别人的依赖，可以从以下几个方面入手：第一，要充分认识到依赖心理的危害，要纠正平时养成的习惯，提高自己的动手能力，加强自主性和创造性的培养；第二，要丰富自己的生活内容，使他们有机会去面对问题，能够独立地拿主意、想办法，增强自己独立的信心，如在学校可以积极参加集体活动，从集体活动中提高自己的自立能力；第三，多向独立性强的人学习，多与独立性较强的人交往，观察他们是如何独立处理自己的一些问题的，周围的良好榜样可以激发个体的独立意识，促进其摆脱依赖心理。

（二）大学生常见的人格障碍及其矫治

人格障碍是指人格特征显著偏离正常，从而使个体形成特有的异常行为模式，以至不能适应正常的学习、生活和工作。它也被称为病态人格、变态人格。

人格障碍患者的一般特征是：患者一般没有神经系统解剖生理学上的病变；意识、认识、智力一般没有障碍或异常；患者一般能自己应对日常生活；能理解自己行为的后果及别人对自己的评价；但对自己人格障碍缺乏自知，不能吸取教训并加以纠正甚至无法适应正常社会生活；人格障碍一般从幼年开始，一旦形成难以改变。

根据人格障碍的不同表现，可将人格障碍分为不同类型。世界卫生组织的《国际疾病分类》第九版，将人格障碍分为偏执型、情感型、分裂型、爆发型、强迫型、癔症型、无力型、反社会型和不合群型等。各种人格障碍的具体表现有以下几点。

偏执型人格：敏感多疑、主观固执、心胸狭隘、好嫉妒、自我评价高，易冲动和诡辩，常怀疑别人的用心，报复心强。

情感型人格：情绪波动大，兴奋时情绪高涨、热情善感，内心充满了希望和喜悦；抑郁时一言不发，悲观失望。

分裂型人格：极端内向、孤僻、回避社交，言行怪异、情感冷漠、退缩、敏感、羞怯，易沉溺于白日梦。

爆发型人格：平日表现正常，但偶有因细小的精神刺激而突然爆发强烈的愤怒情绪和冲动行为，且自己不能控制。

强迫型人格：过分得认真和自我控制，十分注意细节和追求完美，做事反复检查仍放心不下，常感到紧张、苦恼和焦虑，常有不安全感。易导致强迫型神经症。

癔症型人格：好表现，喜欢引人注目，人格不成熟，情绪不稳定，往往由细微刺激引起爆发性情绪，反应过强，表现具有戏剧性。

无力型人格：也称依赖型人格。缺乏自主自信和独立意识，过多依赖他人，总想求助于他人帮助，被动服从他人的愿望。

反社会型和不合群型人格：也称反社会型和悖德型人格。表现为情绪不稳，常为一时的冲动所左右，以自我为中心，不顾别人的痛苦和社会的损失，易发生违纪行为和不正当的意向活动。

以上的人格障碍表现有男女性别的差异，无力型、癔症型多见于女性；偏执型、强迫型、反社会型多见于男性。

一般认为人格障碍可能是在人格形成、发展过程中，由早期的环境和家庭教育不适引起的。某种特殊的社会、文化环境的潜移默化的影响也是形成人格障碍的因素。

由于人格障碍一般形成于童年或少年时期，并且具有人格障碍的人，其内心体验背离生活常情，所以矫治比较困难。目前我国主要的对策是实行“综合治理”，即通过家庭、社会、学校的共同努力，同时配合心理治疗进行。

三、大学生健康人格的培养与发展

人格的培养不是闭门造车，是要面向丰富的现实生活的。具体来讲，培养健康人格的途径主要有以下几种。

（一）择优汰劣，优化组合

人格塑造是为了人格优化，以达到人格健全。人格优化包括人格品质的优化和人格结构的优化。每个人的人格都是多方面、多层次的，总有他的闪光之处，要抓住闪光处，悉心培养，使之稳定并不断扩展。这就是择优，即选择良好的人格品质作为自己努力的目标，如自信、开朗、勇敢、热情、勤奋、坚毅、诚恳、善良、正直等；汰劣即针对自己人格上的缺点、弱点予以纠正，如自卑、胆怯、冷漠、懒散、任性、急躁等。这就要求大学生学会自我分析、自我评价、自我调适，特别注重运用心理治疗中的相应方法摆脱人格障碍和不良人格。优化人格组合还必须参照一定的标准，在标准的统率下优化组合。前面所提出的健康人格标准就是人格优化的目标，这种优化能使人格对学习、工作和生活产生最大的促进作用。人格的品质和结构的优化组合、协调发展是人格培养的重要原则和目标。

（二）刻苦学习，丰富知识

人的知识愈广，人本身也愈臻完善。这正如培根在《培根随笔全集》第 50 篇中所言："读史使人明智、读诗使人灵秀、数学使人周密、科学使人深刻、伦理学使人庄重、逻辑修辞使人善辩，凡有所学，皆成性格。"学习知识、增长智慧的过程也是人格优化的过程。现实生活中，我们常见学习懒散、马虎的同学具有不良人格倾向。可见人格缺陷源于知识贫乏。如无知容易粗鲁、自卑、固执，而拥有丰富的知识则容易使人自信、坚强、理智、热情、谦恭等。可见知识的积累与人格的完善是同步的，更何况大学生的主要任务就是学习，但这个良好的途径常被我们忽视。所以，千万不要将塑造人格与学习分裂开来，同时，大学生不能只局限于自己的专业知识学习，还应扩大自己的人文社会科学知识面，加强人文修养，用丰富的知识充实自己，从多方面去塑造自己的人格。

（三）积极交往，融入集体

人格的塑造和培养也是人社会化的过程，是人与他人、集体、社会相互作用的过程。人格的塑造必须在个体与外界的交往活动中才能完成。而交往活动的载体是集体，集体是展现各种人格的舞台，也是人格塑造的土壤。人格在集体中形成，在集体中展现。正如马克思所说，只有在集体中个人才能全面发展其才能。通过与他人交流，个体可以看到别人的长处及自己的不足，从他人那里获得理解、肯定的欢悦，及时调整人格发展的方向。

大学生在学习之余，应该有意识地积极参加各种集体活动、社会活动，主动和其他学生、教师交往，使自己融入集体之中。集体活动有利于大学生培养纪律观念，关心他人，团结协作。特别是社团活动，它主要以兴趣爱好为组织原则，在这样的活动中，学生可以充分施展才华，广泛吸取他人人格、学识的精华，全面发展。对培养大学生独立性与创造性有积极推动作用，还可以借助他人对自己人格的反馈，及时调整自己的人格，使其优化。同时，大学生还可以帮助他人优化人格。人格培养不是封闭的自我设计，培养健康的人格就得跳出“自我”的狭小天地，走向丰富多彩、生机勃勃的集体，在交往活动中塑造健全的人格。

（四）从小事做起，培养良好习惯

“不积小流，无以成江海”，“千里之行，始于足下”。人格优化就是要从身边的小事做起。一个人的言行往往是其人格的外化，反过来一个人日常言行的积淀成为习惯就是人格。许多人所具有的坚韧、正直、细致、开朗等优良的人格特征其实都是长期锻炼的结果，是一点一滴形成的。而一些具有鲁莽、冲动、冒失人格的人，也是长期形成的不良习惯所致。所以培养良好人格的重要途径是培养良好习惯。每个大学生要努力制定合理的详细目标模式，从改变自己不良的人格习惯入手，从我做起，从小事做起，培养良好的生活习惯，塑造健康人格。

（五）面向社会，勇于实践

社会是个大舞台，每个人要到社会生活中去锻炼才能把握自己的角色，形成自己独特的人格。学习活动可以培养人格，但绝不是唯一的途径。

大学生社会实践内容丰富、形式多样。通常有义务劳动、勤工助学、科研活动等多种形式。学生积极参加义务劳动，能培养关心社会、责任感、勤奋、耐心细致、奉献等优良人格品质，还能培养热爱祖国、团结协作等高贵品质。勤工助学是目前大学生中最普遍的社会实践行为，这反映了商品经济观念的盛行和大学生自立、自强的倾向。实践证明，积极参加勤工助学的大学生多具有头脑灵活、思路开阔、独立性强、富于创造性、善于交往、自信、果断、讲效率等良好人格特征，这些学生知识面广、社会经验丰富，毕业后大多能很快地适应新的工作环境。目前，大学生的勤工助学正向智能型、创造型发展，正和科研活动联系起来。大学生的科研活动主要是指大学生利用所学的知识和技能自己或协助教师进行发明创造、课题攻关等活动，这些活动者的显著特征是富于智能性、创造性，具有很高的学术价值和经济效益。科研活动可以促进大学生自主、严谨、细致、恒心、民主、协作、思路灵活开阔、诚实、公平等各种品质的培养，是完善和培养人格的重要途径。

（六）不急不躁，把握适度

人格发展和表现的度是十分重要的，否则就会“过犹不及”。列宁曾指出，一个人的缺点仿佛是他的优点的继续，如果优点的继续超过了应有的限度，表现得不是时候、不是地方，那就会变成缺点。因此，人格塑造的过程中把握好度很重要，具体地说应该是坚定而不固执；勇敢而不鲁莽；豪放而不粗鲁；好强而不逞强；活泼而不轻浮；机敏而不多疑；稳重而不寡断；谨慎而不胆怯；忠厚而不愚蠢；老练而不世故；谦让而不软弱；自信而不自负；自谦而不自卑；自珍而不自娇；自爱而不自恋。把握人格优化的度还体现在人格优化的目标要立足于自己已有的人格基础，实事求是地确立合理的、切合实际的人格发展目标。也就是说目标要适当，不能脱离自己的人格基础来设计目标。此外，还要注意保持开朗的心境，加强意志锻炼，养成良好的思维品质，培养良好情操等，从多方面去塑造自己的人格。

人人都想追求健康人格。但不同的人由于具有的客观条件和具体环境不同，人格层次也不同。人格目标过高会增加挫折体验；目标过低，人格发展就缺乏内在动力。健康人格的培养和塑造既是大学生成长发展的要求，也是时代的呼唤。大学生只有坚持不懈地努力，才可以使自身的人格更加健康、完善。

课堂训练二

测试：你有健康的人格吗？

1. 当你站立时，为了舒服，你总爱把胳膊放在椅背上吗？
2. 你有咬手指或手指甲的习惯吗？
3. 当你与人交谈或倾听别人谈话时会拍打桌面吗？
4. 当你站立时，你喜欢双臂抱臂吗？
5. 开会时，你总是不断改变坐姿，以求坐得更舒服吗？
6. 当你谈话时：①你感到抑扬顿挫，眉飞色舞，手舞足蹈；②你感到有些紧张；③你把手轻轻地放在衣兜里。
7. 聚会时，无论你想不想吸烟，你总爱点上一支吗？
8. 参加宴会时，你总是把眼睛盯在一盘或附近几样菜上吗？
9. 看到别人把大拇指藏在手心、拳头紧握时，你害怕吗？

测 试 评 析

评分：第6题回答①得2分，回答②得1分，回答③得0分。其余8题，回答“是”得1分，回答“不是”得0分。

0～3分：人格健康，无论在什么情况下，都能沉着坚定、稳重。你的举止表现说明你是一个沉着老练、遇事不慌、自信、自强、分寸得当、自制力强的人。这种自我控制能力是健康人格的重要特点。

4～7分：人格健康状况欠佳。表面上看，你很平静，但常常失去平衡。高兴时，你信口开河，夸夸其谈；不高兴时，你冷眼相看，袖手旁观，情绪变化大。对你来说，至关重要的是学会自我控制，从而达到人格结构的稳定与健全。

8～10 分：人格健康问题严重。你很不沉着，如果不学会自我控制、坚定信心，你在哪里都无法安定，总不舒服，也许你自己还不以为意，可在别人看来却很刺眼。关键问题是你要达到内心的平衡、和谐和安定，同时注意与周围的环境相适应。

课堂训练三

团体辅导活动：你像哪种动物？

每个人都有自己独特的性格，动物也是一样，有些时候，你会惊奇地发现，你的性格跟某种动物在某种程度上是那么相像。

团体活动规则和程序

1. 将各种各样的动物的漫画给大家看，或者是做成图片贴在教室的墙上，或者是做成幻灯片，让大家分别描述不同的动物的性格，主要是当他们遇到危险时的反应，比如，乌龟遇到危险以后就会缩到壳里。

2. 让学生回想一下，当他们面对矛盾的时候会有什么反应，这一点和图中的哪种动物最像？如果图里面没有，也可以找其他的，最主要是要言之有理。

3. 让每个人描述一下，他所选择的动物性格，说出理由。比如：“我像刺猬，看上去浑身长满刺，很难惹的样子，其实我很温驯。”

相关讨论

1. 你所选的动物和别人所选的动物是不是有什么奇怪的地方？你所应用的它的那一部分性格，别人注意到了吗？

2. 当不同动物性格的人碰到一起的时候，应该如何相处？

总　结

1. 每个人都有自己特定的思维模式，这决定了他的行为模式，不同的思维模式的人碰到一起，总是不可避免地要面临冲突，当冲突出现的时候，也许正视问题、互相尊重才是更好的解决问题的方法。

2. 合作和沟通的过程中，要认真地考虑自己和对方冲突的根源所在，根据彼此的特点进行调整；最终，尽管存在冲突，不同类型的人仍然可以在一定程度上互补，也可以做到很好；作为领导者的经理层人物应该善于观察和利用这一点，才能构成一个更好的团队。

参与人数：集体参与

时间：不定，每人 3 分钟

场地：不限

道具：写有动物名字的动物肖像画

应　用

1. 认识到自己与他人的不同。
2. 学会与不同人格特征的人交往。
3. 提高交流技巧。

思考题

1. 什么是气质、性格？试分析自己的气质和性格的特征。
2. 大学生健康人格标准有哪些？作为当代大学生我们应该怎样向这些标准努力？
3. 案例分析。

地点：某剧场门口。

时间：演出开始十分钟后。

人物：查票员和四位迟到的观众。

情节：剧场规定演出开始十分钟后不许入场。四位迟到者面对查票者的说明表现各不相同。

第一位：大吵大嚷，怒发冲冠。

第二位：软硬兼施，找机会溜进去。

第三位：不吵不嚷，虽然遗憾但还是理解剧院并自我安慰“好戏都在后头”。

第四位：垂头丧气，委屈万分。认为自己总是很倒霉。

结合本章中对气质类型的讲解，分析案例中这四位迟到者分别是哪种气质类型？

推荐书目

阿尔弗雷德·阿德勒，2017. 自卑与超越[M]. 曹晚红译. 北京：中国友谊出版公司.

马丁·塞利格曼，2010. 真实的幸福[M]. 洪兰译. 沈阳：万卷出版公司.

参考文献

樊富珉，2006. 当代大学生心理健康教程[M]. 武汉：武汉大学出版社.

王淑兰，2008. 大学生心理健康教育教程[M]. 西安：世界图书出版公司.

邢群麟，2006. 心理医生简明诊疗手册[M]. 北京：中国言实出版社.

郑雪，2007. 人格心理学[M]. 广州：暨南大学出版社.

第四章　大学生的情绪管理

最近这段日子，大学二年级学生杨阳的心情糟透了。父母突然失业，让杨阳感到一种无形的压力，既害怕因经济困难中断学业，又担心继续上学给父母带来负担；接着是期末考试失利，一向成绩优秀的杨阳，居然有两门课没及格；如今，杨阳和相处了两年的男友之间关系也日趋紧张，看来分手的日子也快到了……

家庭、学业、爱情，种种压力让杨阳不再阳光，但杨阳也明白，考试失利也罢，和男友分手也好，都源于自己烦躁不安的情绪。再这样下去，杨阳不知道自己会变成什么样子。

以上的案例在大学生中并不陌生，处于青春期后期的大学生，有着丰富的情感体验，情绪波动大，其心理健康在很大程度上依赖于情绪的健康。消极、不良的情绪状态会降低大学生的学习和工作效率，严重的情绪困扰甚至影响到大学生的身心健康。因此，让大学生认识什么是情绪，了解情绪的发生原理，明白情绪对大学生心理的影响，学会控制和调节自己的情绪，对提高大学生的心理素质、促进大学生的健康成长具有非常重要的意义和作用。

第一节　情 绪 概 述

一、情绪的定义

（一）什么是情绪

情绪是指人们对环境中的某种客观事物和对象所持态度的身心体验，是最基本的感情现象，也是一种对人生成功具有显著影响的非智力因素。它有正面情绪和负面情绪之分。

正面情绪，即积极肯定的情绪，如爱与温情、感恩、好奇心、振奋、热情、毅力、信心、快乐、活力、奉献、服务等。正面情绪可以提高一个人的自信和自律，促进他们创造性地学习，养成良好的习惯，从而不断地健全人格。

负面情绪，即消极否定的情绪，如恨、冷酷、嫉妒、愤怒、抑郁、紧张、狂躁、怀疑、自卑、内疚等。负面情绪使人意志消沉、兴致低落，阻碍人们的健康成长和生活学习，对人生的成功起消极作用。

（二）情绪与情感的区别与联系

情绪和情感都是非常复杂的心理现象，它们既是在有机体的生理基础上产生的，又是人类社会历史发展的产物，西方心理学著作常常把无限纷繁的情绪和情感统称为感情。

现实生活中，情绪和情感是紧密联系在一起的，但从各自产生的基础和特征表现上来看，两者又有所区别。

从需要的角度看差异。情绪更多地与人的物质或生理需要相联系，如人们满足了饥渴需要时会感到高兴，当人们的生命安全受到威胁时会感到恐惧，这些都是人的情绪反应。情感更多地与人的精神或社会需要相联系，如友谊感的产生是由于我们的交往需要得到了满足，当人们获得成功时会产生成就感。友谊感和成就感就是情感。

从发生早晚的角度看差异。情绪发生早，情感产生晚。人出生时会有情绪反应，但没有情感，而且情绪是人与动物所共有的，而情感是人所特有的。如人刚生下来时，并没有道德感、成就感和美感等，这些情感反应是随着儿童的社会化过程而逐渐形成的，也是随着人的年龄增长而逐渐发展起来的。

从反应特点看差异。情绪具有情境性、机动性、暂时性、外显性，常由身旁事物引起，又常随着场合的改变和人、事的转换而变化，所以有的人情绪表现常会喜怒无常，很难持久。情感则具有稳定性、持久性、深刻性、内隐性，是在多次情绪体验的基础上形成的稳定的态度体验，如对一个人的爱，可能是一生不变的。实际上，情绪和情感既有区别又有联系，它们总是彼此依存、相互交融在一起的：稳定的情感是在情绪的基础上形成的，同时又通过情绪反应得以表达，因此离开情绪的情感是不存在的。而情绪的变化也往往反映了情感的深度，而且在情绪变化的过程中，常常饱含着情感。由此可见，情绪是情感的基础和外部表现，情感是情绪的深化和本质内容。

（三）情绪与 EQ 的区别与联系

1995 年底，一个陌生的概念——EQ 开始在国内报刊上出现，并很快在社会上和教育界传播开来。那么，EQ 到底是什么？它与以前常说的“非智力因素”有什么区别?

【案例】

小王和小李是大学同学，毕业后，他们同时进入了一家效益不错的公司。没过多久，学业优秀的小王就被单位辞退了，而学业平平的小李却成了一个项目的小组长。在饭桌上，小王气愤地问小李，是不是小李在背后做了手脚？小李平静地告诉小王，自己没有做任何对不起小王的事。小王被辞退的原因是不善于表达和管理自己的情绪，不关心他人的感受，不善于与人相处；而自己由于善解人意、行为得体，受到了同事和上司的普遍欢迎，所以才被提拔。

这一案例说明，决定一个人成功与否的，并不仅仅是智商（Intelligence Quotient，

IQ），还有另一种因素在起作用，这就是“情绪智力”，也就是 EQ。

EQ 是英文 Emotion Intelligence Quotient（情绪智力商数）的缩写，它是 20 世纪 90 年代初问世的一个新的心理学概念，是评价人的情绪智力发展水平高低的一项指标。

EQ 概念的创始人是美国耶鲁大学心理学教授彼得·沙洛维和新罕布什尔大学心理学家约翰·迈耶。这两位学者当初提出的是“情绪智力”而不是“情绪智商”，中文的“情绪智力”“情绪智商”“情商”与 EQ 是同一个概念。

一般认为，EQ 包括四个方面的内容（也有研究提到的是五个方面）：情绪的知觉、评估和表达能力，思维过程中的情绪促进能力，理解与分析情绪并获得情绪知识的能力，对情绪进行成熟调节的能力。

EQ 理论首次明确地把情绪与智慧联系起来，认为对于个体的发展来说，情绪与智慧缺一不可。这两种不同认知方式交互作用，构成了一个人完整的心理功能。因此，情绪不仅与智慧有联系，而且是评价和预测智慧成就的重要指标。

EQ 理论研究的是读写算能力之外的发展能力，它不仅向人们揭示了“学生优秀不等于成功”的心理学原理，同时还给出了若干可观察、可测量的 EQ 育人指标，这就为学校的育人功能提供了理论依据，为科学评价学校教育质量提供了新的导向。

二、情绪的成分

（一）情绪的构成三要素

情绪的多样性说明它是一个极其复杂的心理现象，有独特的心理过程。情绪的构成包括以下三个层面。

认知层面上的主观体验。情绪的主观体验是人的一种自我觉察，即大脑的一种感受状态。人有许多主观感受，如喜、怒、哀、惧、爱、恶、欲；同时，人们对不同事物的态度也会产生不同的感受，如对朋友遭遇的同情、对敌人凶暴的仇恨、事业成功的欢乐、考试失败的悲伤。这些主观体验只有个人内心才能真正感受到或意识到。

生理层面上的生理唤醒。人在情绪反应时，常常会伴随着一定的生理唤醒，如激动时血压升高、愤怒时浑身发抖、紧张时心跳加快、害羞时满脸通红。脉搏加快、肌肉紧张、血压升高、血流加快等生理现象，是一种内部的生理反应过程，常常伴随不同的情绪而产生。

表达层面上的外部行为。在情绪产生时，人们还会出现一些外部反应，如悲伤时会痛哭流涕、激动时会手舞足蹈。伴随情绪出现的这些相应的身体姿态和面部表情，就是情绪的外部行为。情绪的外部行为经常成为人们判断和推测情绪的外部指标，但由于人类心理的复杂性，人们的外部行为有时会出现与主观体验不一致的现象。

主观体验、生理唤醒和外部行为作为情绪的三个构成要素，在评定情绪时缺一不可，只有三者同时活动、同时存在，才能构成一个完整的情绪体验过程。比如，当一个人佯装愤怒时，他只有愤怒的外在行为，却没有真正的主观体验和生理唤醒，因而也就称不上有真正的情绪过程。

（二）情绪的四种形式——快乐、悲哀、愤怒、恐惧

人的情绪和情感多种多样，应如何分类？我国古代有“七情说”。七情说即喜、怒、哀、惧、爱、恶、欲。近代关于情绪分类的研究，通常把它分为快乐、悲哀、愤怒、恐惧四种基本形式。

1. 快乐

快乐是指人盼望的目标达到或需要得到满足之后，解除紧张时的情绪体验。如亲人相聚时的高兴，学习获得好成绩时的愉快，工作取得成就时的满意等，都是快乐的情绪。快乐的程度取决于愿望的满足程度。一般说来，快乐可以分为满意、愉快、欢乐、狂喜等。如果愿望或理想的实现具有意外性或突然性，则更会加强快乐的程度。

2. 悲哀

悲哀是与人所热爱的对象的失去和所盼望的东西的幻灭相联系的情绪体验。如亲人去世，升学考试失意，自己所珍爱的物品丢失等，都会引起悲哀的情绪体验。悲哀的程度取决于失去对象的价值。根据悲哀的程度不同，可分为遗憾、失望、难过、悲伤、极度悲痛等不同的等级。悲哀有时伴随哭泣，释放紧张，缓解心理压力。在比较强的悲哀中，常常伴有失眠、焦虑、冷漠等心理反应。

3. 愤怒

愤怒是人由于外界干扰使愿望实现受到压抑，目的实现受到阻碍，从而逐渐积累紧张而产生的情绪体验。引起愤怒的原因很多，恶意的伤害、不公平的对待等都能引起人愤怒的情绪。愤怒的程度取决于干扰的程度、次数及挫折的大小。根据愤怒的程度，可把愤怒分为不满意、生气、愠怒、激愤、狂怒等。

4. 恐惧

恐惧是有机体企图摆脱、逃避某种情景而又苦于无能为力的情绪体验。引起恐惧的原因很多，如黑暗、巨响、意外事故等。恐惧的程度取决于有机体处理紧急情况的能力。

在快乐、悲哀、愤怒、恐惧四种基本情绪中，快乐属于肯定的积极的情绪体验，它对有机体具有增力作用。而悲哀、愤怒、恐惧通常情况下属于消极的情绪体验，对人的学习、工作、健康具有消极的作用，因而应当把它们控制在适当的水平上。但在一定条件下，悲哀、愤怒、恐惧也可以起到积极的作用，如战士的愤怒有利于他们在战场上勇敢战斗，对可怕后果的恐惧有利于个体提高责任感与警惕性，悲哀可以使人化悲痛为力量从而摆脱困境。

（三）情绪的三种状态——心境、激情、应激

情绪状态是指在一定的生活事件影响下，一段时间内各种情绪体验的一般特征表现。依据情绪发生的强度、速度、紧张度、持续性等指标，可将情绪分为心境、激情和应激三种状态。

1. 心境

心境是一种使人的心理活动都染上某种相应色彩的微弱而持久的情绪状态。其特点表现为：第一，和缓而微弱，似微波荡漾，有时人们甚至觉察不出它的发生。第二，持续时间较长，少则几天，长则数月。第三，它是一种非定向性的弥散性的情绪体验，在人的心理上形成一种淡泊性的背景，使人的心理活动、行为举止都蒙上一层相应的色彩。例如，人在得意时感到精神爽快，事事顺心，干什么都起劲；失意时，则整天愁眉不展，事事感到枯燥乏味。

【案例】

有这样一则寓言。有人问镜子："你怎么能够清晰地映出别人的样子呢？"镜子回答说："别人给我的我从不占有，心中无物，自然清静。"

镜子因胸中无物而善鉴万物，那么人呢？苏小妹也曾说："心存牛粪，看人都如牛粪；心存如来，看人都是如来。"这谈的就是心境！

"仰天大笑出门去，我辈岂是蓬蒿人"，是一种豁达的心境。

"朱门酒肉臭，路有冻死骨"，则是一种为民生民计深受煎熬的心境。

"蓦然回首，那人却在灯火阑珊处"，是一种瞬间有所获的美好心境。

"国破山河在，城春草木深"，则是一种忧国忧民的心境。

2. 激情

激情是一种强烈的、爆发式的、持续时间短暂的情绪体验，如欣喜若狂、暴跳如雷、悲恸、绝望等。激情有以下四个特点：第一，激情具有激动性和冲动性。激情一旦产生，人完全被情绪所驱使，言行缺乏理智，带有很大的冲动性和盲目性。第二，激情维持的时间比较短，冲动一过，事过境迁，激情也就弱化或消失了。第三，激情具有明确的指向性。激情通常由特定的对象所引起，如意外的成功会引起狂喜，理想破灭会引起绝望，黑暗、巨响会引起恐惧等。第四，激情具有明显的外部表现。在激情状态下，人的内脏器官、腺体和外部表现都会发生明显的变化，如暴怒时面红耳赤，绝望时目瞪口呆，狂喜时手舞足蹈等。

激情具有双重作用。激情如果伴随着冷静的头脑和坚强的意志，它就可以成为动员人的所有潜能而使之积极投入行动的巨大动力。例如，许多诗人、艺术家常常是在激情状态下出现灵感，妙思横溢，完成不朽的杰作的；许多爱国志士也往往是在激情状态下做出轰轰烈烈、可歌可泣的英雄壮举的。激情如果是不符合社会要求的、对机体有害的就会起消极作用。青少年犯罪中常见的就是激情犯罪。

3. 应激

应激是在出乎意料的紧急和危险的情况下所引起的高度紧张的情绪状态。当人遇到紧张危险情境而又需迅速作出重大决策时，就可能导致应激状态的产生。在应激状态下，人可能有两种表现：一种是目瞪口呆，手足失措，陷于一片混乱之中；另一种是急中生智，冷静沉着，动作准确有力，及时摆脱险境。出乎意料的危险情景或面临重大压力的事件，如火灾、地震、突遭袭击、参加重大的比赛、考试等，都是应激状态出现的原因。

应激有积极的作用，也有消极的作用。一般的应激状态能使有机体具有特殊防御排险机能，能使人精力旺盛，使人思想清楚、精确，使人动作敏捷，推动情况化险为夷、转危为安，使人及时摆脱困境。但紧张而又长期的应激状态会使人全身兴奋，注意和知觉范围狭小，言语不规则、不连贯，行为动作紊乱。这两种截然不同的应激状态，既同个人的能力和素质有关，也同平时的训练和经验积累有关。比如，接受过防火演习和救生训练的人，在遇到类似的突发事故时就可以正确及时地逃生和救人。

三、情绪的功能

有这么一首小诗：

你要是心情愉快，健康就会常在；
你要是心境开朗，眼前就是一片明亮；
你要是经常知足，就会感到幸福；
你要是不计较名利，就会感到一切如意。

这就是情绪向我们展示的一个道理：如果我们能有一份好心情，提高适应环境的能力，保持乐观向上的精神状态，使自己进入洒脱、豁达的境界，那就掌握了生命的主动权。的确，人们每时每刻发生的情绪过程，都是人们对自然环境和社会环境交叉作用的反应。情绪卷入人的整个心理过程和实际生活，成为人的活动的驱动力和组织者。

（一）情绪是激发心理活动和行为的动机

“情绪”一词源自拉丁语动词“行动”，意指采取趋吉避凶的行动。观察动物或孩童的举止，最容易看出情绪与行动的关系，事实上，也唯有在文明化的成人身上，才看得到情绪与行动分离的特例。也就是说，情绪与行动的关系十分密切，并主要体现在激励和指标两个方面。

1. 情绪具有激励作用

情绪能够以一种与生理性动机或社会性动机相同的方式激发和引导行为。有时我们努力去做某件事，只是因为这件事能够给我们带来愉快与喜悦。

从情绪的动力性特征看，情绪可分为积极增力的情绪和消极减力的情绪：快乐、热爱、自信等积极增力的情绪会提高人们的活动能力；恐惧、痛苦、自卑等消极减力的情绪则会降低人们活动的积极性。

有些情绪同时具有增力与减力两种动力性质，如悲痛可以使人消沉，也可以使人化悲痛为力量。

2. 情绪被视为动机的指标

情绪的表达能够直接反映个体内在动机的强度与方向，所以情绪也被视为动机潜力分析的指标，即对动机的认识可以通过对情绪的辨别与分析来实现。动机潜力是在具有挑战性的环境下所表现出的行为变化能力。比如，当面临危险时，有的人头脑清晰，沉着冷静地离开；而有些人则惊慌失措，浑身发抖，不能有效地逃离现场。

早春，刚上大学的小蔡和表哥开车经过一处山谷，突然一场大雪遮天盖地而来，前方什么也看不见了。表哥紧紧踩住刹车，小蔡甚至可以听到表哥扑通扑通的心跳声。焦虑渐渐演变成恐惧，表哥将车停到路旁，等待这阵雪过去。

大约半个小时后，雪终于停了，表哥才又开车上路。但走了没多久又被阻住，这回不是雪是车祸。因为能见度极低，一辆车撞上前行速度较缓慢的车，只见救护人员忙进忙出。小蔡和表哥都吓出一身冷汗，刚刚如果继续前进，自己可能已经和前面的车撞成一团了。

这个案例中，恐惧衍生的谨慎心理救了小蔡和表哥一命。一如兔子见到奔驰而过的狐狸影子会立刻恐惧地静立凝神一般，内在的声音警示我们，要停下来，留神步步逼近的威胁。

由此可见，基本上任何一种情绪都是促使我们采取某种行动的动力，并使我们在面临各种情境时能及时拟定应对计划。

（二）情绪是心理活动的组织者

清晨三点钟，小雨在睡梦中似乎听到有一个庞大的东西穿透卧室天花板的一角，阁楼的东西全掉到房间里。于是小雨一跃而起，急忙逃出房间，担心整块天花板会塌陷下来。确定平安无事后，小雨谨慎地探头查看究竟发生了什么事，没有任何东西从阁楼掉下来，只是同学堆在角落的一叠纸箱掉了下来。

在半睡状态中跳下床，显然是情绪的调控功能在起作用。大量研究表明：适当的情绪对人的认知活动具有积极的促进功能，而不当的情绪则对人的认知活动有消极的瓦解作用。

1. 促进功能

良好的情绪会提高大脑活动的效率，提高认知操作的速度与质量。耶尔克斯—多德森定律就充分说明了情绪与认知操作的关系——不同情绪水平与不同难度的操作任务有相关关系：在困难复杂的工作中，低水平的情绪有助于保持最佳的操作效果；在中等难度的任务中，中等情绪水平是最佳操作效果的条件；简单工作中，高情绪唤醒水平是保证工作效率的条件。

总之，活动任务越复杂，情绪的最佳唤醒水平也就越低。因此，在我们了解了情绪与操作效率之间的关系后，就能更好地把握情绪状态，使情绪成为我们认知操作活动的促进力量。

2. 瓦解作用

一些消极情绪如恐惧、悲哀、愤怒等，会干扰或抑制人的认知功能，而且消极情绪越强，对认知操作的破坏就越大。因此，情绪对认知操作的消极影响，主要体现在不良情绪对认知活动功能的瓦解上。当一个人因某事或某人伤心时，可能会激发他潜藏的一种动力，但极度的悲伤却会影响到他的工作或学习状态，导致注意力不集中、易分神、思维流畅性降低等。由此可见，情绪的调控功能非常重要。情绪的好坏与唤醒水平会影响到人们的认知操作效能。

（三）情绪是身心健康的调节剂

我国传统医学认为，人的情绪活动必须以五脏精气作为物质基础，而外界各种刺激只有作用于有关内脏，才能出现情绪的变化。

在一般人的情绪生活中，常是苦多于乐。在喜、怒、哀、惧、爱、恶、欲中，正面情绪占 3/7，负面情绪占 4/7，因此常听人们叹息“人生苦短”。殊不知，在很多时候，人对社会的适应是通过调节情绪来实现的，情绪调控的好坏直接影响到身心健康。积极的情绪有助于身心健康，消极的情绪会引起人的各种疾病。

我国古代医书《黄帝内经》中就有这样的记载：“怒伤肝，喜伤心，思伤脾，忧伤肺，恐伤肾。”许多心因性疾病也与人的情绪失调有关，如溃疡、偏头痛、高血压、哮喘、月经失调等。情绪与心血管、肌肉、呼吸、泌尿、新陈代谢和内分泌等功能也都存在着密切的关系。当情绪激动达到高潮时，自主神经系统中的交感神经极度兴奋，大量释放肾上腺激素，而导致心跳突然加快，血压急速升高。例如，患有高血压便容易导致脑血管破裂，引起脑溢血；患有冠心病，由于冠状动脉强烈收缩，则易引起心肌梗死而危及生命。另外，长期的情绪不稳定，干扰了大脑对皮肤的调节功能，会引起皮肤阵发性剧痒，发生神经性发炎，如荨麻疹等。

林黛玉自幼身体虚弱，一道士为她看病并劝告说：“何时能止住这眼泪，何时这病方可医治。”可这位才学甚高的女子却常常以泪洗面，抑郁寡欢，性格内向而孤僻。这种负面情绪长期聚集于一身，严重损伤了她的身心健康，注定了人物的悲剧结果。与林黛玉相反，薛宝钗则是一位八面玲珑，为人大方、爽快，心思细腻而善于察言观色、豁达开朗又不失心计的女子。或许是出于剧情需要而与林黛玉形成强烈对比，但不同情绪的长期影响，也注定了人物命运的不同。

（四）情绪是沟通交流的重要手段

心理学家研究了英语使用者的交往现象后发现，在日常生活中，55%的信息靠非言语表情传递，38%的信息靠言语表情传递，只有 7%的信息靠言语传递。同时，表情是比言语产生更早的心理现象，在婴儿不会说话之前，主要是靠表情来与他人交流的。

情绪是人们社会交往中的一种心理表现形式。和语言一样，情绪具有服务于人际交流的功能。情绪通过独特的无声交流手段，即由面部肌肉运动模式、调和身体姿态变化所构成的表情来实现信息的传递和人际的互相了解。

表情比语言更具生动性、表现力、神秘性和敏感性。人们可以通过表情准确而微妙地表达自己的思想感情，也可以通过表情去辨认对方的态度和内心世界。所以，作为情感交流的一种方式，表情被视为人际关系的纽带。

四、情绪发展的影响因素

大家期待已久、练习多时的足球比赛还是以失败告终了，252 寝室里愁云密布，气氛沉闷极了。小黑为此感到非常气愤，总觉得是因为裁判不公平，故意挑剔班上的球员；小兵想起辛苦练习的过程，忍不住哭出了声；大毛却很快接受了这个事实，因为在他看来，“胜败乃兵家常事”，这不过是许多比赛中的一场罢了；小刀看到大家都很难过，感到浑身不自在，便开始安慰队员，希望以此舒缓弥漫在寝室里的悲伤情绪。

从上面的情境中，我们可以发现，即使面对同一件事或同一个情境，每个人的情绪也会有所不同，强度也不一样。为什么呢?

因为每个人都是独特的，他们在成长过程中接受的社会文化、家庭教养和对自身性别角色的认知，以及某些人格特质都是不同的。这样即便情境或外在刺激相同，个人所经历的内在心理历程也大不相同，因而情绪也会有所不同。

（一）社会文化

由于受到各种压力的影响，学生在求学过程中常出现精神紧张或心理恐惧现象，从而导致竞技综合征。又如，为追求身材的苗条、追赶时髦，许多人盲目地节食、拒食，造成消化吸收功能严重紊乱，身体健康严重受损。这些都是受所处时代社会环境和文化的影响。

在个人对情绪的认知、表达中，社会文化扮演着重要的角色。也正是因不同文化对攻击、满足、失落、冒险等行为的不同定义和不同认知，连带影响到个人在情绪方面的反应、感受，甚至是表达。

（二）家庭教养

家庭是个人成长的源头，父母的教养方式、与子女的关系，或家庭中不成文的习惯、规则，都与我们每个人的情绪发展、情绪表达方式密切相关。因此，父母若能教导孩子了解情绪的意义，让其知道如何表达情绪，必定有助于他们日后情绪的发展和事业的成功。

在某种社会文化传统下，一般家庭教养子女的方式，包括行为规范准则、卫生习惯、情感表达方式、奖惩方式、对孩子的性别认同等。在家庭中最常见的三种教养方式为：独裁型、放任型和民主型。由于教养方式各具特色，子女在其中所感受到的情绪以及发展出的应对情绪的方式也就有所差异。

以下这段常见的短文，很好地诠释了个人的情绪体验与家庭的关系。

从生活中学习

若孩子生活在批评中，他就学会责难；
若孩子生活在敌视中，他就学会攻击；
若孩子生活在嘲笑中，他就学会胆怯；
若孩子生活在宽容中，他就学会忍耐；
若孩子生活在鼓励中，他就学会自信；
若孩子生活在赞美中，他就学会欣赏；
若孩子生活在公平中，他就学会正义；
若孩子生活在安全中，他就学会信任；
若孩子生活在赞许中，他就学会自爱；
若孩子生活在接纳中，他就学会从世界中寻找爱。

（三）性别角色

研究表明，女性对情绪的沟通与表达比男性更自在、更有耐心，也更清晰，对非语言信息的传达与接收也较为熟练，同时更善于了解他人的感受，并善于处理情绪的相关问题。

男性则易于谴责沮丧的人，容易忽略对方的感受。但男性也有情绪处理方面的长处，比如男性对保持和谐、解决冲突较积极冷静，在保证、原谅、尝试妥协方面做得比较出色。

另外，男女大脑的不同构造也造成了女性的感情洞察力优于男性的结果，影响所及，情绪的感受及表达方式也有很大差异。有些时候，生理状况的变化也会影响情绪反应，比如女性月经期及更年期常出现忧郁、烦躁等不良情绪。

此外，社会化过程中，一般人对性别角色的期待亦会干扰个人对情绪的处理。比如社会普遍认为，典型的男性象征着勇敢、侵略、积极、权力与尊严，而典型的女性则被塑造为温柔、乖巧、顺从的形象，拥有滋养的能力却缺乏活动力与积极性。

（四）人格特质

普朗契克认为，多数情况下，人格特质和情绪同为一物，他认为一种人格特质就是一种倾向或一种气质，即以特定一致的情绪反应对人际间的关系做出反应。他进一步指出，当人们展现出某一种人格特质时，相对应表现出来的行为几乎是固定的。

比如一个具有敌意的人，很难像其他人那样只是偶尔生气，他会经常生气，以至于别人认为这是他人格特质的一部分；一个生性退缩的孩子可能很少出家门，在学校也很少与人交谈，进入青春期后极有可能出现严重的忧郁倾向。

应该指出的是，人在压力中所表现出来的行为举止是经过日积月累后所形成的习惯性的反应方式，是个人特色的一部分，也影响了个人的人格特质和情绪的适应状况。而且每个人都有自己习惯的沟通方式，甚至对不同的人也会有特定倾向的沟通方式。

一般情况下，人在面对压力时，与外界的沟通方式可分为四种类型。

1）指责型。这类人在面对压力时，习惯的反应是希望自己能够掌控全局，经常会看到令自己不满意的地方而力求改进。但这种求好的情形往往使自己压力更大。

2）讨好型。他们在面对压力或困境时，常常是先反省自己，看看自己哪里做得不好或是不够尽力，所以他们面对压力的模式就是以牺牲式的行为敏感地替人设想。

3）超理智型。这种类型人的特点是面对压力时一点都不情绪化，可以轻易地逃脱开来，直接分析压力事件的来龙去脉，并完全忽略负面的感受，因为他们忙着思考。

4）打岔型。对他们来说，任何压力的来源都是其要逃避的东西，所以他们不断地打岔以转移注意力。他们逃避自己内心的感受，也不愿去了解别人的内心世界。

无论是哪一种应对压力的模式都有其功能，但如果太过僵化，总是习惯以某种固定的沟通方式与人互动，便容易产生问题。因此，个人除了要认识自己惯用的沟通模式外，还要学习其他不同的方式，使自己的行为更弹性、更丰富，成为内外一致的人。

第二节　大学生情绪的发展

一、大学生情绪的特点

有人说，处于青春期的大学生，他们的情绪就像“姑娘的脸，六月的天”，说变就变，因此常用“心血来潮”“血气方刚”形容他们。的确，大学生正值精力旺盛时期，充满激情，一旦环境适宜，激情便容易发泄出来，并且反应强烈。“喜”则手舞足蹈，欣喜若狂；“怒”则火冒三丈，暴跳如雷，甚至大动干戈。

一般而言，大学生的情绪发展具有如下四个特点。

（一）稳定性与波动性并存

由于知识结构的完善、认知水平的提高和生活经验的积累，大学生的情绪日趋稳定。但与成人相比，他们的情绪仍很不成熟，很容易从一个极端跳到另一个极端，情绪跌宕起伏，表现出动荡不安的状况，他们的积极性往往随情绪起伏而涨落。

引起大学生情绪波动的原因，主要有以下三个方面：首先，由于大学生对事物的认识还不稳定，对事物还缺乏完整的把握，因而往往轻易地加以绝对地肯定或否定，易走极端。其次，此时大学生的内在需要正处在不断地改变过程中。他们的人生观、价值观正在逐步确立中，他们的情绪状态会随着对需要的再认识而不断变化。最后，由于大学生的生理成熟（尤其是性成熟）而带来的一系列情绪骚动、不安。这种情绪的骚动往往会因为主观因素而被放大、扩散。

（二）冲动性和理智性并存

大学生有着丰富、强烈而复杂的感情世界，情绪体验强烈，喜怒哀乐常常一触即发，表现出热情奔放的冲动性特点。心理学家常用“急风暴雨”来形容这一激情性的情绪特征。

同时，由于大学生自我意识的发展与成熟，他们的理智感也随之增强，具有一定的自我情绪控制能力，能够对强烈的情绪反应进行适当的调适。

大学生情绪的冲动性与理智性是有其生理和心理基础的。生理基础：由于性成熟，性激素分泌的旺盛会通过反馈影响下丘脑（情绪的调节中枢）的兴奋性，而大脑皮层的调节作用一时还不能适应这种情况。因此，在皮层和皮层下之间出现了不平衡状态。心理基础：由于心理发展相对缓慢，心理调节机制不完善，缺乏对外界变化的应变能力，因此，大学生的生理和心理发展出现了某种程度的不平衡，影响了情绪的表现，因而容易冲动。

（三）压抑性与高情感性并存

处于青春期的大学生是情感最丰富、最强烈的时期，同时也是充满压力和冲突的时期，而这往往会导致情绪的压抑性。据调查，约70%的大学生“时时感到有一种压抑感”。处在这个年龄阶段的大学生都有高情感需求，他们觉得自己的内心充满了情感，充满了爱，但在现实中不能得到充分的满足和寄托，于是就到书籍、音乐中寻找某种程度的共鸣、满足。这其实是一种情感的补偿。

（四）阶段性和层次性并存

在同样的大学校园，学习同样的专业，但不同年级的大学生和不同层次的大学生，他们的情绪体验是不同的。

低年级大学生涌动着成为大学生的自豪感，对一切感到新鲜、好奇，但由于非理想的专业、院校，以及自己在班级中位置上的落差，他们会感到失望、迷惑和自卑。

中年级大学生适应性情绪增强，专业思想趋于稳定，人际交往也逐渐增多，社会责任感、义务感、荣誉感、美感进一步发展，情绪和情感较为平稳。

高年级大学生社会责任感明显增强，社会性情感日趋丰富，更多地关心个人与社会的关系，思考人生价值。同时，紧迫感和忧虑感明显，留恋学校和同学。

优秀生的独立感、自尊心和自信心较强，情绪积极、愉快、乐观，求知欲强，学习兴趣浓厚，能体验到快乐、责任感和荣誉感。

后进生内心充满矛盾，一方面想甩掉落后的帽子，另一方面又缺乏毅力和恒心，感到痛苦、自责，既有自卑感也有自尊心。

二、情绪对大学生的影响

（一）情绪对大学生健康的影响

现代生理学、心理学和医学研究表明，情绪对人的身心健康具有直接影响。

良好的情绪不仅使大学生对生活充满希望，对自己满怀信心，还能使他们身体健康、求知欲增强，并因此建立良好的人际关系，促进全方面发展。

消极的情绪对人的身心健康危害极大。调查发现，大学生中常见的消化性溃疡、紧张性头痛和偏头痛、心律失常、月经失调、神经性皮炎等都与消极情绪有关。

（二）情绪对大学生学习的影响

在生活中常有这种现象：有的大学生在考试时过分紧张，结果出现“晕场”现象；反之，有的学生对考试采取满不在乎的态度，考试成绩也不理想。研究发现，精神愉快、心情舒畅、积极主动是思考和创造的最佳状态，也只有这样，才能有效地进行智力活动。

心理学家曾用实验方法研究情绪与学习成绩的关系：将焦虑程度与学习成绩分别作为自变量和变量，然后采用自我评定法和生理反应法来研究它们之间的函数关系。研究结果表明，焦虑程度与学习成绩的关系呈倒U字，即一定程度的焦虑能使大学生取得最好的学习效率，焦虑程度过高或过低，均难以取得优异的学习成绩。

（三）情绪对大学生人际关系的影响

情绪具有感染性。乐观、热情、自尊、自信的人，在人群中更受欢迎，更容易获得别人的赞赏，也更容易形成良好的人际关系。而自卑、情绪压抑、爱发怒的人，往往不能与他人正常相处，使人与人之间关系疏远。大学生小刘这样形容他宿舍的另一位同学：他的情绪正如六月的天，喜怒无常，无法把握，与他相处如履薄冰，我们时刻要受他情绪的支配与感染。我们认为他没有用坏情绪影响我们好心情的权利，因而我们选择逃避，尽量少与他交往。

与此同时，大学生在人际交往中，要注重提高自身修养，学会适度控制与调适自己的情绪，做情绪的主人，才能拥有良好的人际关系。

（四）情绪对大学生行为目标的影响

1979 年，心理学家埃普斯顿在《人类情绪的生态学研究》这篇文章中，介绍了他对大学生的自我观念、情绪与行为变化的关系的研究成果。结果表明：当体验到的是积极的情绪时，如感到高兴、亲切、安全、平静，大学生的行为目标也往往是积极主动的，对新经验的接受和开放、对周围人的尊重和理解、对价值和长远目标的献身精神等都有明显增强；当体验到的是痛苦、愤怒、紧张或受威胁等消极情绪时，一部分大学生的社会兴趣下降，反社会行为增加，对新经验持审慎甚至闭锁的态度，另一些大学生的行为并没有向消极方面转化，而是汲取教训，准备再做。埃普斯顿的实验结果表明：积极的情绪体验与积极的行为变化总是一致的。因此，在大学生活中要尽可能多地缔造这种关系，并积极引导消极情绪，使之转化成为长远目标和价值献身的精神。

人不可能永远处在好情绪之中，生活中既然有挫折、有烦恼，就会有消极的情绪。一个心理成熟的人，不是没有消极情绪的人，而是善于调节和控制自己情绪的人。大学生在成长的过程中，也要慢慢学会调节和控制自己的情绪。

【案例】

有个男孩脾气很坏，于是父亲给了他一袋钉子，并告诉他，当他想发脾气时，就钉一根钉子在后院的围篱上。第一天，这个男孩钉下了 40 根钉子。慢慢地，男孩可以掌握他的情绪，不再乱发脾气，所以每天钉下的钉子也跟着减少了，他发现控制自己的脾气比钉下那些钉子来得容易一些。

终于，父亲告诉他，现在开始每当他能控制自己的脾气时，就拔出一个钉子。一天天地过去了，最后男孩告诉父亲，他终于把所有的钉子都拔出来了。于是父亲牵着他的手来到后院，告诉他说："孩子，你做得很好。但看看那些围墙上的坑坑洞洞，这些围篱将永远不能恢复到从前的样子了。当你生气时说的话就像这些钉子一样，会留下很难弥补的疤痕，是难以磨灭的呀。"

这一天，男孩终于懂得管理情绪的重要性了。

第三节　大学生情绪管理的技巧

一、大学生情绪健康的标准

（一）情绪健康三大标准

情绪对人的心理健康影响很大，因此，规避不良情绪、保持健康情绪就显得尤为重要。那么，怎样的情绪才属于健康情绪呢？其标准又是什么呢？

1. 情绪的目的性明确、表达方式恰当

情绪健康的人能通过语言、仪表行为准确地表达自我的情绪，能够采用自己和社会所接受的方式去表达或发泄自己的情绪。

2. 情绪反应适时、适度

情绪健康的人其情绪反应，无论是积极的还是消极的，都是由一定的原因引起的。情绪反应的适度与引起该情绪的情境相符，情绪反应的时间与反应的强度相适应。

3. 积极情绪多于消极情绪

情绪健康并不否认消极情绪存在的合理性和意义，但情绪健康者必须是积极情绪多于消极情绪，而且所出现的消极情绪时间短、程度轻、对象明确。

（二）大学生情绪健康的特点表现

1）开朗、豁达，遇事不斤斤计较，不为一些鸡毛蒜皮的小事动肝火。

2）情绪正常、稳定，很少大起大落或喜怒无常，能承受欢乐与忧愁的考验。

3）能给人以爱和接受别人的爱，待人热情，乐于助人，有同情心。

4）谈吐风趣、幽默、文雅。

5）自信、乐观、有主见，能独立解决问题，创造性地工作。

6）明智、少偏见，能正确认识自己和他人的长短处。

7）对前途充满信心，富有朝气，勇于上进，坚韧不拔。

8）能面对现实、承认现实和接受现实，并能按社会的要求行动。

9）对平凡的事物保持兴趣，能不断从生活环境中得到美与快乐的享受，既会工作也会消遣。

10）尊重他人，能与人为善，和睦相处，建立良好的人际关系。

个人的情绪是否健康，如缺乏客观标准，自己很难知晓，根据上述特点你不妨做一番自我诊断。一旦发现自己情绪有不正常的表现，就应当及时地加以调整，以促进身心健康发展。

二、大学生常见的情绪问题

（一）焦虑

【案例】

小莲今天真是诸事不顺：上学路上认错了人，尴尬得要命；在自习室里把一大杯水洒在了马上要用的复习资料上；更不可思议的是，在这个城市已生活了12年，搭乘公共汽车居然坐反了方向，车过了3站才恍然大悟！

她实在是压力太大了，脑子里的那根弦一直紧绷着，一会儿是学习，一会儿是生活，一会儿是朋友关系，这样那样的事混在一起，难怪她心神不宁。

其实，让小莲忐忑不安的“肇事者”就是当代大学生常遇到的“焦虑情绪”。它像空气一样包围着你，使你无从觉察，甚至让你习以为常，从而在不知不觉中过滤掉你生活中所有的温馨时刻，把一切快乐从你身边带走。

在这个刺激不断增多、竞争不断增强的社会里，每个人都可能处于一定的焦虑状态。适度的焦虑对于保持生命活力是必要的，但不适当的高度焦虑对身心健康是不利的，必须引起我们的注意。

1. 什么是焦虑情绪

焦虑——因为个体主观上对威胁性事件或情况的预料而产生的一种高度不安的状态， 同时伴有忧虑、烦恼、害怕、紧张等情绪体验。焦虑情绪表现为持续性精神紧张（紧张、担忧、不安全感）或发作性惊恐状（运动性不安、小动作增多、坐立不安或激动哭泣），常伴有自主神经功能失调（如口干、胸闷、心悸、出冷汗、双手颤抖、厌食、便秘等）。

焦虑情绪和洋葱的皮一样，有不同的层次。同时，它们还有一个共同点，就像无论是哪一层洋葱皮都可以让你泪流满面一样，无论是哪种程度的焦虑，都会对你的幸福造成影响，让你的幸福感降低。

2. 焦虑情绪的四个层次

根据不同的特征，焦虑情绪可以分为以下四个层次。

第一层，身体紧张。个体常常觉得自己没办法放松，全身紧张，眉头紧锁，表情严肃，长吁短叹。

第二层，自主神经系统反应强烈。交感神经和副交感神经系统常常超负荷工作。个体表现为易出汗，眩晕，呼吸急促，心动过速，身体时冷时热，手脚冰凉或发热，胃部难受，大小便频繁，喉头有阻塞感。

第三层，对未来产生莫名的担心。个体常常为未来担心，担心自己的职位、工作、亲人、财产和健康。

第四层，过分机警。个体每时每刻都像一个站岗放哨的士兵，对周围环境的每个细微变化和人们的言行充满警惕。

3. 焦虑情绪的来源

引发大学生焦虑情绪的原因多来自社会、学校和个人三个方面。例如，生活节奏加快，竞争激烈，信息膨胀，心理和行为受到冲击，容易感到困惑、迷惘、紧张、焦虑和无所适从；面对繁重的学习任务，感到紧张、担忧、焦急；有些大学生谨小慎微、优柔寡断、依赖性强、害怕困难、自怨自艾，也容易产生焦虑。

4. 如何对焦虑症说“NO”

首先，你应该明确自信是治疗焦虑的必要前提，你可以不断地暗示自己有处理突发事件的能力和完成各种工作的能力，坚信通过治疗可以完全消除焦虑症状。

在自我暗示之外，你还可以向自己的亲戚、朋友、长辈倾诉心中的烦恼、忧虑和紧张情绪，在倾诉、倾听和开导中缓解、消除自己的焦虑症状。同时，面对让自己感到害怕的对象不再逃避，而是按自身的实际情况，先识别引发害怕的情景，把每个情景分解成可达到的若干小目标，然后循序渐进，达到最终适应这个情景的目标，从而战胜焦虑。

另外，由于焦虑是与肌肉相关联的，所以你必须学会自我深度松弛，进行适量的体育锻炼，释放紧张情绪，并通过想象放松、音乐调节来平静心情，缓解焦虑。

5. 焦虑情绪自我治疗小妙招

1）改变你的态度，以正面的角度看待事物，危机也可能发生转机。

2）保持乐观的心态，当缺乏信心时，不妨以过去的成就与未来的美好鼓励自己。

3）想象自己在一个舒适愉悦的环境中，有助于消除焦虑。

4）反复地告诉自己，一切都没有问题，我可以应付得来。

5）暂时放松数秒，拒绝受焦虑摆布。

6）向窗外眺望，将视线转向远方，避开低沉的气氛。

7）深呼吸，并放声大喊。

8）运动可消耗一些紧张的化学物质，虽然使肌肉疲劳，但也放松肌肉。

9）洗热水澡。

10）听音乐，可放松肌肉，也释放心灵。

（二）抑郁

抑郁是大学生常见的情绪困扰之一。2005年，北京市卫生局公布的由北京安定医院牵头完成的北京地区抑郁症流行病学调查结果显示：北京市15岁以上市民中，约有60万人患过或正患有抑郁症，其中大学生不少于10万人。

随着现代生活节奏的日趋加快，客观上的精神压力以及随之而来的各种心理打击都会导致人的情绪低落。如果这种低落情绪长时间挥之不去，并已妨碍了自身的心理功能（如注意力、记忆、思考、抉择等）或社会功能（如上学、生活、社交等），就应引起重视。

1. 什么是抑郁情绪

抑郁是一种因为感到无力应对外界压力而产生的消极情绪，常伴有厌恶、痛苦、羞愧、自卑等情绪体验。

大学生情绪抑郁的主要表现是：情绪低落、郁郁寡欢、思维迟缓、兴趣丧失、缺乏活力、反应迟钝，严重时甚至有悲观绝望、痛苦难熬、生不如死的感觉。

抑郁在低年级大学生中更为普遍。所谓“周末综合征”，在很大程度上即抑郁。例如，最近学生会里一向活泼开朗的晓雪，突然变得郁郁寡欢了，而且时常叹气，念叨活着累，没意思。原来与她相处两年的男友突然另有所爱。尽管晓雪嘴上说“不属于自己的早晚会失去”之类的洒脱话，但她情绪上的变化已经揭示了其内心的苦恼。一天，她苦笑着问同学，她会不会得抑郁症……

抑郁人皆有之，对于大多数人来说，抑郁只是偶尔出现，很快会消失；但那些性格内向、多疑多虑、不爱交际的人，在生活中遭遇意外挫折时更容易长期处于抑郁状态，严重者在抑郁的状态下不能自拔，容易酿成自杀的悲剧，如海明威、三毛等。

2. 抑郁从何而来

【案例】

小马是某高校大二的学生。最近，他远离同学，连一向喜欢的足球也不踢了，经常一个人躲着看书，学习成绩也直线下降。父母来学校看他，感到非常吃惊，连忙带他去看心理医生。

原来，小马以前一直受人欢迎，进大学后这种优越感消失了。后来，他与一位姑娘谈起了恋爱。在恋爱中，他找到了久违的自信与归属感。

小马细心地经营着这段感情，但女友却提出了分手，理由是“自己年龄还小，想自由地发展”。小马一时接受不了，出现了抑郁症状，对什么事都失去了兴趣。

有些学生把生活看成非黑即白、非好即坏，且多看其消极和黑暗面，容易悲观沮丧、情绪低落。当遭受突发事件打击后，可能导致个体抑郁情绪的产生。此外，性格内向、敏感多疑、依赖性强、容易悲观的大学生比其他学生更易陷入抑郁情绪。

一般而言，引起抑郁的原因通常有以下三种：第一种是心理和社会因素，这也是最易引发抑郁情绪的原因。第二种是内源性的，与遗传因素有直接关系，多数人莫名其妙地发病，有时与季节性有关，这种情况的治疗以吃药为主。第三种是药源性的，如同吃药过敏，一些治疗高血压的药物能导致某些人出现抑郁症状，此时应立即停止服药。

3. 轻松消除抑郁三妙招

抑郁是一种持续时间较长的消极情绪体验，持久而严重的抑郁情绪可能导致多种身心疾病，因此必须引起我们的高度重视。其对策如下。

纠正偏误，端正认识。个体要纠正“挫折和不幸不该发生”“我不能失败”等偏见和误解，要有受挫心理准备，把困难和不幸视为生活磨砺、成长的契机。相信自己会走出困境，走向成功。

重新评价，接受自我。个体要善于发掘自己的优点，增强自信心和自尊心。对于自己的缺点，要不断克服；对不可改变的现实，如家庭、相貌等，应坦然接受，尽量在其他方面加以弥补。

积极交往，参加活动。个体应增强交往的主动性，改变孤僻、退缩的行为方式。比如，主动与同学微笑致意、交谈，关心帮助他人，参加多种文体活动，广交朋友，感受友谊的珍贵和生活的美好。

（三）恐惧

恐惧就是人对事物的一种害怕心态。害怕是我们人类生存的本能，是人性的弱点，也是保护自身的方式，更是产生恐惧心理的根源。

【案例】

19岁的小E是某高校二年级的学生。从13岁起，他就经常恐惧，担心有人会来欺负自己。无论在什么地方，只要见到陌生人，脑子中立即会想：他纠集一帮人来打我怎么办？此时便毛骨悚然，全身痉挛，手心出汗。小E虽然经常自我鼓励，批评自己不像男子汉，胆小怕事，但毫无用处。此外，还常常感到活得太累，想了断自己。现在症状越来越厉害，并严重影响了生活、交往和学习。

在我们的人生历程中，怕的东西太多了，生活有生活中的怕，学习有学习中的怕，工作有工作中的怕。但是，怕过了头就不正常了，严重的担心和害怕可能发展成恐惧症。

1. 什么是恐惧情绪

恐惧：以对某一特殊物体、活动或情境产生持续的和不合理的恐惧为特征的神经症性障碍，常伴有植物性精神功能紊乱症状，患者常不得不躲避某个感到害怕的对象或情境。

恐惧症是违背患者意志的强迫性行为，患病者自己明知这种恐惧过分、不正常并且无必要，但不能控制，无法摆脱。

根据患者恐惧对象的不同，恐惧症可分为社交恐惧、物体恐惧、处境恐惧和疾病恐惧四种类型。同时，恐惧症是一组以恐惧症状为主要临床表现的神经症。它有以下三个表现特征：首先，患者对所处客体或处境感到害怕，并主动采取回避方式来解除其恐惧与焦虑。其次，这种害怕的程度与实际危险存在较大差距，甚至并无危险。最后，患者明知自己的恐惧与焦虑是过分的、没有必要的、不合理的，但却无法控制，从而影响正常的生活和工作，内心有痛苦感。

2. 恐惧缘何而来

大学生中常见的恐惧症主要是社交恐惧，特别是与异性交往中的畏惧、紧张情绪。患有社交恐惧症的学生，往往表现出明显回避行为，并伴有面部表情紧张、手足无措、语无伦次、内心紧张不安，以及心慌、胸闷等现象。

【案例】

小王，一个患有社交恐惧症的大学生，一般人看不出他有什么异样，还以为他只是因为性格内向、老实、爱清静，才很少与人交往的。无论在家里还是在学校，小王很少与人讲话，几乎没有什么朋友，只知道独自埋头学习。没有什么事可做时，也不同大家说笑，而是一人坐着看书看报或发呆。小王有口吃的问题（小时候就有），有人突然来找他或大伙拉他去玩时，他就紧张极了，说话口吃而让人听不清楚他在说什么。因此，往往弄得自己和别人都很尴尬。

恐惧症的病因不是单一的，一般都认为与患者以前生活中的不良经历有关，或是通过条件反射作用而建立的一种不适应行为。此外，患有恐惧症的大学生也表现出一定的性格特点，如胆小、孤僻、敏感、退缩等。

3. 恐惧症的“解药”

恐惧症是极为常见的心理障碍。这些人明白自己的恐惧是毫无理由的，却无法控制恐惧的暴发性发作。幸运的是，多数恐惧症是有“解药”的。

行为疗法。在心理医生的监护下，患者有意识地去接触那些诱发恐惧之物。如害怕登高，则在医生的陪同下到楼梯登楼，逐步养成对“高处”的适应性，克服病态的恐惧感。

认知疗法。即患者勇敢地去面对那些恐惧之物，从而认识到自己的莫名恐惧是错误的。认知疗法的目的就是帮助患者转变认知，随着认知得到矫正，患者的情绪和行为障碍也得以消除，从而克服病态的恐惧。

自我调节。一旦恐惧发作，最实用、最简便的方法是患者双目紧闭，集中心思计算，即从“100”开始逐次地减去“3”，持续5～8分钟，或者算报刊上某页共有多少个字。这种分神式自我调节法往往很奏效。

药物疗法。在心理、行为疗法无效时，患者可以在医生指导下使用一些抗焦虑药物和抗抑郁药物治疗严重的恐惧症。但药物治疗并非长远之计，所以结合其他疗法治疗或许会收到意想不到的效果。

值得注意的一点是：由于恐惧症的起因与个体童年期心理发育有关，虽然树立正确的回避风险意识十分重要，但培养正确对待困难、设法解决困难的心理素质更加必要。在孩子遇到挫折时，家长不应不加分析地对其进行批评、指责，甚至恐吓，而应该积极支持和鼓励孩子接受挑战。

正确判断事物的基础上，克服不必要的恐惧心态，培养坚韧、顽强、沉着、豁达、勇敢的良好品质，才是预防恐惧症的根本方法。

（四）易怒

中国经典医学著作《黄帝内经》明言告诫："夫百病之所始生者，必起于燥湿寒暑风雨，阴阳喜怒，饮食起居。"怒伤肝，肝在人体生理功能上的作用举足轻重，因此，易怒对健康的危害是不可忽视的。

【案例】

某高校二年级学生小赵曾写信给心理老师说：

不知道出于什么原因，我发现自己在成长的过程中，变得非常易怒，似乎脾气也不是很好。

平时，在心情比较好的情况下，很多自己感觉不是很良好的事情，我都可忍受，但是如果心情因某件事情受挫，即便是很小的事情，也能让我说话出口伤人，情绪失控。就算我强忍，但是表情中也流露出不耐烦的情绪。当然我也知道这样不好，但是最近发生这种事情的频率非常高。所以我也希望自己能够改掉这样的毛病，变得和善、易亲近，希望您能帮助我。

大学生正处在激情澎湃的青年时期，有时候情绪难以控制。容易发怒是大学生中常见的消极情绪。正如案例中的小赵一样，有的大学生常因一句不顺耳的话、一件不顺心的事就暴跳如雷、出口伤人、拳脚相加，盛怒过后却又后悔不已。

1. 什么是易怒情绪

发怒是一种紧张的情绪状态，在心理学上叫愤怒，它是由于人的主观愿望活动与客观事物相违背，或人愿望受阻、无法实现时产生的激烈的情绪反应。

愤怒的程度可以从不满、生气、愠怒、激愤到暴怒，频繁的愤怒会导致躯体疾病，使人的自制力减弱或丧失，如出口伤人、动手打人等。当人发怒时，常会出现心跳加速、心律失常等现象，由易怒而导致患有失眠、高血压、胃溃疡、心脏病以及猝死症的人也不在少数。此外，易怒也会使人丧失理智，从而导致损物、伤人甚至犯罪等许多失去理智的行为。

2. 是什么让我们如此易怒

荀子认为，怒是由荣辱而生的不快之感。《淮南子》中有云："人之性有犯则怒。"在现实生活中导致人们发怒的原因一般可分为外部原因与内部原因。

（1）易怒的外部原因

个人的愿望无法实现，如升学、提干、评功评奖等没有实现，以及遇到不平之事、言行遇到反对、受人侮辱时，权利遭到侵犯或对某人某事嫉妒时，受骗或自己的错误、秘密被别人揭露时。

（2）易怒的内部原因

易怒与个人的性格有关，一般脾气急躁的人较易发怒。易怒与个人的意志和自我控制能力有关。人到了青年期，由于大脑与皮下层尚未协调、完善，大脑对皮下中枢的控制作用还不强，故而容易发怒。易怒与个人的身体状况有关，如人在有病、疲劳、困倦时，个人的意愿未实现和遇到挫折就容易发怒。易怒与个人当时的心理状态有关，一个人心境不佳时，遇到点烦心事，就容易发怒。易怒与个人的错误认识有关，如有的人认为，怒可以威慑他人，可以推卸责任，可以挽回面子，甚至可以满足愿望等。

3. 如何驾驭易怒情绪

多数情况下，愤怒情绪是自己引发的，如果放任自己于愤怒的情绪中，很容易导致他人的厌恶，使自己更加心神不宁。因此，大学生必须学会控制自己的易怒情绪。

加强修养。以开阔的胸襟宽容、体谅他人，不要为小事斤斤计较，如此才能得到别人的信任、尊重和理解。

冷静克制。暂时离开使自己动怒的环境，或暗示自己“要冷静、别发火”，或写“制怒”“三思而后行”等字条，提醒自己。

合理发泄。当你发觉自己心神不宁、有发怒倾向时，可采用听音乐、写日记、参与文体活动、大声喊叫等方式来发泄愤怒。

三、大学生情绪管理的技巧

（一）情绪调节三部曲

许多人在心情不愉快时，会使自己陷入一种含有敌意的沉默中。实际上，如果能把这种不快表达出来，往往会感到某种真正的轻松和愉快。

因此，医学心理学不鼓励人们无限制地任凭情绪反应发展，也不认为“压抑”是适当的方法，但赞同对情绪的适当控制，即要使情绪有适当的表现，并通过一些方法加以缓解。

1. 第一步：觉察自己的情绪

克服负面情绪的前提，首先是人树立调整情绪的自觉意识，即必须承认某种情绪的存在。比如，有人惧怕黑暗，得先承认他对黑暗的惧怕心理，如果他认为那是丢人的事而不愿承认，就无法克服这种恐惧。同样，人若怀有愤怒之心而不肯承认，就无法消除那些愤怒。

（1）总结自己曾有的各种情绪

总结过去的行为，人可以更清楚地了解自己独特的内在反应模式及情绪反应的原因，具体做法如下：首先，找一个独处的时间和安全的空间，大声地把任何感觉不加责备、不做逃避地说给自己听。添油加醋，把情感夸大，让它戏剧化到超出真实的感受。

其次，选定某一种情绪主题后，自由联想与童年相关的事情，把所想到的事情不做任何筛选地大声讲出来，甚至对忘记部分进行虚构，用来澄清自己内心的感受。最后，或者可以问问父母、兄长或儿时的朋友，问他们关于自己童年时的喜怒哀乐，从过去的经验或回忆中总结自己的情绪。

（2）记录整理每天的情绪，增加对情绪的认识和觉察

了解自我情绪的另一个方法，就是从撰写个人心情日记或记录自己每天情绪状态（表 4-1）着手，了解自己的情绪、想法。

表 4-1　每日情绪记录表

星期	天气	情绪	原因	时间纪要	情绪
日	晴	愉快	看了一本好书	要交一篇论文	压力很大
一	阴	忧郁	变天了，又阴又冷	参加合唱比赛获奖	乐不可支
二	阴雨	烦恼	上学不方便	明天要期中考试	紧张担心
三	阴雨	生气	跟妈妈发生冲突	考试考得不理想	懊恼受挫

除了情绪日记外，为了增强情绪的觉察力，研究者还提出了一个观察、记录自己每日情绪状况的好方法：每天清晨一觉醒来，就在情绪状态的 7 点量表上，勾选出自己的情绪状态；晚上睡前再记录一次，并将当天较为明显的情绪事件记录下来。

这个方式可以让大学生定时觉察自己当时的情绪。若能进一步辨识当时情绪的内涵，记录情绪产生的原因，则不仅能增强情绪的觉察能力，也能洞悉情绪与事件、想法之间的因果关系。

2. 第二步：了解不良情绪的形成原因

李某是某大学二年级的学生，成绩非常优秀，一心想读医学博士，而且以哈佛大学为目标。一次考试，物理老师给了他 80 分，李某深信这项成绩将影响他的未来，便带了把刀到学校，接着在实验室与物理老师发生冲突，他举刀朝老师的锁骨部位砍去，但在他人及时阻拦下被制服。

在这个案例中，李某的冲动行为源于他的不良情绪，那么其不良情绪又源于什么呢？不良情绪的产生根本上是源于个体的主观需要没有获得满足。李某之所以产生不良情绪，同样如此。

在现实生活中，引起大学生不良情绪，或者说影响大学生获得满足的因素有很多，概括起来包括生理因素、遗传因素、认知因素和环境因素四个方面。

（1）生理因素

当躯体发生病变时，常会影响人的情绪。比如，中枢神经感染、缺氧、外伤（尤其是外伤致残）、中毒（如药物中毒、食物中毒、煤气中毒等）、血管性疾病、肿瘤（尤其是等待病理结果及肿瘤性质确认后）、营养代谢出现障碍以及内脏疾病都容易引发情绪障碍。

另外，人体内部的生物节奏也会影响人的情绪。有研究认为，人的体力、情绪和智力

都呈现一种周期性的盛衰节律，它们的周期分别为 23 天、28 天和 30 天，并有如下表现：

当三者均处于高峰期时，人就处于身心最佳状态，精力充沛、生机勃勃、愉快豁达，而且头脑清晰、思维敏捷。

当三者均处于低谷期时，人的各种机能效率会降低，同时体力和智力的不佳也会加强已有的情绪低落状态。

当三者处于临界状态时，则是一个极不稳定的过渡期，肌体协调性差，出现差错，情绪也容易波动。

（2）遗传因素

遗传因素对情绪的影响主要表现在人的神经类型上。不同神经类型的人在情绪体验上存在较大差异。苏联生理学家巴甫洛夫根据神经类型的三个基本特征，即兴奋和抑制过程的强度、灵活性和平衡性，把人的气质类型分为以下四个基本类型。

胆汁质。这种类型的人兴奋和抑制过程都很强，而且兴奋相对抑制过程要更强些。这种人的外向性格较为明显，好斗、脾气暴躁、精神负担重。

多血质。这种类型的人神经活动的兴奋和抑制过程较为平衡，虽然易兴奋，但有很大的灵活性，在面临各种应激情境时具有很强的自我调节能力。

黏液质。这种类型的人神经活动很难从一种状态转移到另一种状态，表现为平静、冷静，具有较强的忍耐力，能够宽容别人，有时也表现得有些压抑，但有很强的自我调节能力。

抑郁质。这种类型的人情绪压抑，情感脆弱，经不起挫折和打击，容易表现出异常情绪。

（3）认知因素

学生作为一个特殊的社会群体，自然存在许多特殊的问题，诸如对新的学习环境、学习任务的适应问题，理想与现实的冲突问题，人际关系与恋爱问题，学习劳动的付出与就业回报的反差等问题。认知的偏差容易导致各种心理冲突和负面情绪。对于同一件事情，不同的人有不同的情绪体验。例如，同样是竞选班干部落选，有的人痛苦、失望、烦躁、易怒，有的人却心态平静；同样是考试得了低分，有的学生十分满意、高兴，有的则伤心不已。

片面的认知方式和错误的观念，是大学生产生焦虑、抑郁、自卑、恐惧等不良情绪的根本原因。因此，大学生对于自己的学习与生活问题，若能做出正确的认知评价，就会产生积极的情绪体验和行为反应；反之，则会产生消极的情绪体验和行为反应。

（4）环境因素

环境对大学生的情绪波动具有明显的作用。对大学生而言，能够对其情绪产生作用的客观环境因素包括如下几个方面。

社会因素。由于大学扩招，社会就业市场竞争加剧，对人才要求高、就业难的问题，加剧了大学生的心理压力和焦虑程度。

学校因素。“填鸭式”的授课模式限制了大学生创造性思维的发展和人格的完善，不利于其认知水平的发展和情绪的成熟。

家庭因素。家庭经济状况、成员关系及其变更都会冲击大学生脆弱的心理。一些贫困生由于经济问题，过早地承担了生活压力，由于缺少社会支撑，易出现自卑和退缩性行为，并以消极的眼光来审视自己、他人及社会，从而产生情绪困扰。

3. 第三步：缓和与转换情绪

（1）身心松弛法

身心松弛法是人利用生理和心理彼此交互影响，使生理和心理两方面同时得到松弛效果的情绪缓和方法。其目的是帮助人们放松精神，使我们达到一个平衡、舒适的境界，这样有利于我们进一步觉察自己的情绪状态。

由身体至心理的放松。以身体或生理各部分的松弛作为练习时的目标，在达到这个目标的同时，我们的注意力便会集中，从而达到心理松弛的效果。

由心理至身体的放松。把达到心理的松弛作为目标，通过练习的过程，身体产生放松的效果。这类方法包括“自律松弛法”“意象松弛法”等。

身心连锁的放松。利用人的意念力来指示身体做出松弛的反应，练习是以生理的状态作为目标，不过却是通过心理的意念来达成此目标。

（2）活动转移法

活动转移法是指人在处于情绪困境时，暂时将问题放下，从事所喜爱的活动，以转变情绪体验的性质，达到调控情绪的目的。活动转移法按其转移的方法可分为以下两类。

消极的转移。即情绪不佳时，转而去吸烟、酗酒，自暴自弃，这是年轻人应该努力避免的情绪转移方向。

积极的转移。即把时间、精力从消极情绪体验中转向有利于个体和人类幸福及未来发展的方向上，如勤奋学习等。这是大学生调控情绪时应该努力的方向。事实证明，音乐是调控情绪的最佳方法之一。欢快有力的节拍能使情绪消沉者振奋，轻松优美的旋律能让紧张不安者松弛，大学生可以学习乐器和音乐创作，把内心的体验转化成心灵的曲调，并从中体验成功。体育活动也是转移调控情绪的良好方法。体育活动既可松弛紧张情绪，又可消耗体力，使消沉者活动，激愤者平静，实现平衡情绪的目的。因此，当情绪不佳时，游山玩水、打球下棋都是情绪调控的手段。

（3）寻求帮助法

大学生陷入较严重的情绪障碍时，可以向社会支持系统寻求帮助。每个大学生都应该建立自己的社会支持系统，有能够在心理方面给予自己支持、帮助的社会网络，如亲人、朋友，或者专业的社会工作者、心理医生等。

社会支持系统的存在有多方面的意义：首先，提供倾诉的对象。苦恼的人将苦恼向他人倾诉之后，会有轻松解脱的感觉。学生应该掌握并经常利用这种情绪调控手段来缓和自己的情绪。其次，提供看问题的新视角和思路，帮助当事人走出个人习惯的思维模式，寻找新的出路。最后，社会工作者和心理医生可以提供专业的意见、建议，运用心理学的知识和方法帮助大学生更有效地解除其情绪困扰。

（二）情绪调节五大方法

1. 音乐调节法

音乐调节法：运用情绪色彩鲜明的音乐来振奋精神，调节心理活动，以保持良好情绪和行为的一种方法。

音乐调节法在我国有着悠久历史，东汉思想家桓谭在《新论》中就有礼乐和行为关系的精辟论述，现代医学的研究进一步证明了音乐对人的身心活动具有重要的调节作用。历史上曾有过韩信用“四面楚歌”瓦解项羽军队的佳话。国外许多研究资料表明，不同情绪状态可选用不同乐曲来做调整。如忧郁时，可选用贝多芬的《第七交响曲》；烦躁时，可选用亨德尔组曲《皇家焰火音乐》等。

音乐以音调作用于人的听觉神经，进而影响全身各器官。如音响振动频率、节奏、强度与体内相应的振动频率相一致，产生共振效应，从而激发体内储存潜能，使其由静态变为动态。根据音乐所引起的协调和共振原理，不同节奏、不同旋律的乐曲可以引起不同的情绪反应，因此，选听不同的音乐能够调节人们的心理状态（振奋激昂或逐渐平静）。音乐对人情绪的调节能起到独特的作用。比如，音乐能使愁苦的人变得欢乐，使胆怯的人变得勇敢，使轻浮的人变得庄重。

音乐调节法的适应范围比较广，凡是精神因素引起的高级神经活动过度紧张、脑机能活动暂时失调而造成的各种心理问题，如焦虑症、抑郁症，都可用音乐调节法来予以治疗。

2. 颜色调节法

颜色不仅与人的视觉有关，而且可以影响人的情绪和行为，甚至还可以影响人的学习、工作效率。心理学家把颜色对人们心理上的各种影响称为颜色的心理效应。那么，我们常见的红、橙、黄、绿、紫、蓝、黑等颜色，又有哪些具体的心理效应呢？

（1）红色：活泼、生动、不安

红色意味着一种力量、热情，它会刺激人的神经系统，增加肾上腺素分泌和增强血液循环。但接触过多，会让人产生焦虑和压抑的情绪，使人易于疲劳。因此当一个人心情抑郁时，看到红色可能会立刻改变这种状态。

（2）橙色：富丽、炫耀、炙热

橙色像太阳的光芒，能够产生活力，诱发人的食欲，并有助于身体对钙质的吸收，利于恢复和保持健康，因此可用于娱乐室、厨房等地，而寝室、书房则不适宜。

（3）黄色：快乐、活泼、希望、光明

黄色是色彩中最亮的颜色，能给人带来尖锐感和扩张感，可刺激神经和消化系统，加强逻辑思维。黄色的装饰易造成不稳定和任意行为，所以在寝室活动场所最好避免使用。另外，黄色常用于警示色。

（4）绿色：和平、青春、新鲜

绿色是大自然的颜色，它安宁静止的特性有益于消化，从而促进身体平衡，并能起到镇静的作用，舒缓人们疲劳的脑神经和视神经，对好动和神经受压抑者有益。绿色还对晕厥、消极情绪者有一定的帮助作用。色彩影响情绪的作用令人吃惊。在美国加利福尼亚州，一座监狱的看守长为犯人寻衅闹事而苦恼。有一次，他偶然把一伙狂暴的犯人换到一间绿色的牢房里。意想不到的事情就发生了：那些原来暴跳如雷的犯人，就好像服用了镇静剂一样，渐渐平静下来。看守长由此受到启发，便把囚室漆成绿色，于是犯人闹事事件随之减少。

（5）紫色：积极、威严、尊贵

紫色具有蓝、红双重性格，在我国古代即赋予了紫色以特殊的含义，如“紫禁城”“紫气东来”“紫虚”等。紫色对运动神经、淋巴系统和心脏系统有积极作用，可维持体内钾的平衡，有促进安静、爱情和关心他人的感觉。

（6）蓝色：冷静、理智、透明、广博

蓝色被称为海洋色、天空色，具有很强的稳定性，是一种内敛、收缩、学习的色彩，它可调和肌肉，影响视觉、听觉和嗅觉，减轻身体对疼痛的感觉。蓝色不适于装饰，但若用于布料，则给人一种安全感，因此适合练瑜伽等静态活动。

（7）黑色：寂寞、神秘、含蓄、庄重

黑色是典型的消极色。据说英国有一座桥，一开始是黑色的，跳桥自杀的人很多，后来设计者把它漆成了绿色，由于色彩的心理暗示作用，到这里自杀的人少了。因此，当一个人情绪低落时，最好避开黑色或灯光昏暗的场所。

佛罗里达大学所做的一项实验，记录了九个月到五岁的幼儿首次接触穿白大褂的护士的反应，然后让护士再换上色彩更为柔和的衣服。实验证明，幼儿对于浅色上衣的反应比对于白大褂的反应更为宁静、松弛、顺服（杨治良，1996）。相同的研究表明，墙壁的颜色对于患者的精神状况有着明显的改善效果。

3. 呼吸调节法

情绪激动时，人们通常会呼吸短促，如果此时试着做几次深呼吸，会有助于情绪的控制，从而使激动的情绪趋于平静，并消除紧张状态。

在日常生活中，我们常用到的呼吸调节法主要有以下几种。

（1）腹式呼吸法

当我们紧张焦虑时，我们的呼吸节奏会不由自主地加快，而且是胸式呼吸，即我们的腹肌、膈肌几乎没有参与收缩。那么，我们要想缓解焦虑等情绪，最简单、最有效的方法就是做“深呼吸”，即腹式呼吸。

这是一种通过调整呼吸以利于放松情绪、集中注意力的方法。其具体做法如下：首先，以一种舒适的姿势开始，或坐在椅子上，或自然站立。轻轻闭上双眼或半睁双眼。先把气从口中和鼻子里慢慢吐出，边吐边使腹部凹进去。待空气完全吐出后，闭上嘴，从鼻子慢慢吸进空气，把腹部渐渐鼓起来。其次，吸足了气之后，暂停呼吸。然后再一边从鼻孔里轻轻地把气吐出来，一边让腹部凹进去。再次，初练时可用嘴配合吐气，以后用鼻子呼吸。最后，在做练习时，还可以边吐气边默数“1、2、3……”数到 1 0 时，再回过头从 1 数起，注意力就会自然地集中到数数上。所以，这也是培养注意力的一种练习。

（2）内视呼吸法

这是一种运用视觉表象调节呼吸的方法。具体做法如下：首先，闭目静坐，舌尖贴住上颚，面部肌肉自然放松，身体取一个最舒服的放松姿势。其次，边做缓慢而深长的腹式呼吸，边想象吸气时气流徐徐从鼻孔进入鼻腔，同时想象气流中有一个红色气泡沿着气流行走路线前进，从鼻腔经过咽喉，沿喉管到支气管，直到胸腔。最后，气流在想象中又继续前行到达腹腔，再经过右（左）髋部走到右（左）大腿—右（左）膝—右（左）小腿—右（左）脚底。稍停之后，想象气流再带着红气泡沿着原路返回，直至完全把气体排出体外。

在按上述方法进行反复练习时，可以先想象气泡沿着身体右侧运行，下次想象沿身体左侧运行，这样交替进行。每次练习 5～10 分钟即可。

其实，情绪的呼吸调节法不只是在紧张时有用，在其他情况下也同样适合。比如，当你情绪低落时，呼吸法可以让你的情绪慢慢兴奋起来；在你情绪高涨、愤怒时，也可以通过 3～5 分钟的短促吸气法，让情绪逐渐平和下来。各种呼吸调节法虽然简单，但是如果平时不做练习，就会在真正要用时没有效果。所以，建议你一开始每天至少抽出十分钟来加以练习，在掌握后再减少练习的时间。如此即可保证你在演讲、考试等高度紧张焦虑时能迅速平静放松下来。

4. 表情调节法

皱起眉头，拉下嘴角，做愁苦状，这时你能感到愉快吗？请再舒展眉头，翘嘴角，弯眼睛，做微笑状，你的体验和刚才皱眉时的体验一样吗？肯定不一样，前者体验到的是沉重，而后者体验到的是轻松愉快。人的情绪状态会影响人的表情，反过来，表情的改变也会使人内心的情绪发生相应的变化。这种有意识地改变自己面部姿态表情以调节情绪的方法，就叫做表情调节法。

【案例】

美国记者诺曼·卡曾斯由于器官结缔组织严重损伤，行动艰难。医生认为这是一种不治之症。卡曾斯得知这一消息后，冷静地想："悲观会导致生病，活得开心有益于治疗。"为了活得开心，他想出了一个奇妙的自我治疗方法：让自己笑。他借来大量喜剧幽默录像带，每天欣赏娱乐。他高兴地发现，10 分钟的喜剧，竟能缓解疼痛，能使他安静地睡上两个小时。后来他索性看几小时就笑几小时，自己安排了以吃饭、大笑、睡觉为主要内容的每日三部曲。10 年过去了，这位记者奇迹般地活过来了，且身体越来越好。他采用的方法就是表情调节法。笑是精神的消毒剂，这种方法也可以叫做精神消毒法。

笑是人类独有的表情，是调节身心的重要方法。笑可以使人心情舒畅、精神愉快，从而驱除疲劳、治病防病，并通过调节情绪，使人保持良好的心态。如果这位记者不是用笑驱病，而是陷入忧郁、绝望之中，那他身体的免疫能力就会被抑制，病情就会恶化。

笑是由面部肌肉和皮肤的一系列变化引起的，面部肌肉属于骨骼肌，受人的主观意志的调节，所以控制面部表情可以改变心境。比如，一个演员要表演悲伤，那么他可以先做出悲伤的表情，不久，心情就会逐渐感到沉重，甚至悲痛欲绝，从而完全进入角色。平时，若有几位朋友在一起无缘无故地大笑，旁观者也会跟着快乐起来。

所以，你在心境不好、抑郁不快时，不妨从改变表情入手，对着镜子练习微笑，此时一定要笑得大方得体，使自己学会自然而然地发笑，可以体会一下，当练习微笑时，心情是不是感到轻松。

5. 综合调节法

一说到情绪调节，人们就很容易想到是对负面情绪的调节，如愤怒时如何克服、悲伤时如何调整等。其实，正面情绪在某些情况下也需要调节。比如，在学习、工作中取得好成绩时，不能表现得过分高兴，否则会影响其他学生的心情，并可能导致自满。

【案例】

范进三两步走进屋里来，见中间报帖已经升挂起来，上写道："捷报贵府老爷范进高中广东乡试第七名亚元。京报连登黄甲。"

范进看了一遍，又念一遍，自己把两手拍了一下，笑了一声，道："噫！好！我中了！"说着，往后一跤跌倒，牙关咬紧，不省人事。老太太慌了，忙将开水灌了过来。他爬将起来，又拍着手大笑道："噫！好！我中了！"笑着，不由分说就往门外飞跑，把报喜人和邻居都吓了一跳。走出大门不多路，一脚踹在塘里，挣起来，头发都跌散了，两手黄泥，淋了一身的水。众人拉他不住，拍着笑着，一直走到集上去了。众人大眼望小眼，一齐道："原来贵人欢喜疯了。"

这是我们都很熟悉的一段文章，范进因突然得知自己高中举人，惊喜过度、喜极而疯。由此可见，情绪调节的对象既包括负面情绪如悲伤、愤怒、恐惧、抑郁、焦虑，也包括正面情绪如快乐等。一般认为，情绪调节主要是调节过高水平、过于强烈的情感体验。研究表明，狂怒会使人失去理智而导致越轨行为，狂喜同样会让人迷失自己。但是，一些较低强度的情绪也需要调节，如有些人对工作总是提不起兴趣，这就是情绪水平过低的原因，同样需要调节。

成功的情绪调节就是管理人的情绪体验和行为，使之处在一个适度的水平。因此有关学者指出，情绪调节包括削弱、消除某情绪，掩盖、伪装某情绪，也包括激活某情绪，即情绪调节不仅是对某些情绪的抑制、削弱和掩盖，也是对某些情绪的维持和增强。

情绪调节有很多种类型。从情绪调节的来源而言，可分为内部调节和外部调节两种：情绪的内部调节来源于个体内部，如个体可以通过深呼吸、自我暗示、体育运动等进行生理、心理和行为的调节。情绪的外部调节来源于个体以外的环境，如与朋友谈心以进行人际关系调节，通过爬山、郊游、观光等进行自然调节等。

根据调节过程中情绪水平的变化，情绪调节可分为修正调节、维持调节、增强调节三种：情绪的修正调节主要是指对人的负面情绪进行调整和修正，使其水平降低，如使狂怒的强度降低而恢复平静。情绪的维持调节主要是指对人的有益的正面情绪如兴趣、快乐等进行有意识的、积极主动的维持，使其能够较长时间地存在。情绪的增强调节主要是指对人的情绪进行积极的干预，使其水平提高。通过一些方法让一个人开心起来并开怀大笑等。

从内容来看，情绪调节又包括情绪体验的调节、表情行为的调节两种：情绪体验的调节，情绪调节过程的启动往往与个体情绪体验的强度相关联，尤其是那些过于强烈的情绪，如痛苦、愤怒或烦恼，体会有意识地去调整。表情行为的调节，个体通过控制和改变自己的表情和行为而实现对情绪的调节，如抑制和掩盖不适当的情绪，在失望或愤怒时管理和控制情绪等。当然，情绪调节的最好办法就是根据自己的生活和学习现状，制订一套可行的计划，使之有助于处理生活中能够引发情绪压力的诸多琐事，从而使自己的情绪保持稳定、平和，并逐步走向成熟。

（三）如何培养健康情绪

第二次世界大战期间，德国法西斯的集中营里，纳粹分子就曾利用人们的恐惧来杀死囚禁者：他们把囚禁者关在一个漆黑的小屋子里，把他的手臂从墙的小洞中拉出来，固定在一个架子上，告诉囚禁者要把他的血放干，然后用刀背在囚禁者的手腕静脉处来回滑动几下。这时，旁边用水模仿血往下滴的声音，使囚禁者以为的确是自己的血在不停地流出，就这样滴、滴、滴，最后囚禁者衰竭而死。

实际上，囚禁者的手腕完好无损，是恐惧要了他的命。世界上的一切困难、灾难都不可怕，可怕的是人的忧虑、恐惧。一切诸如此类的烦恼，都会使人们放弃努力。

同样，解除烦恼，智慧就会自然地显露，机遇也会向你走来。那些获得成功的人，多是欢欢喜喜、满怀希望的人。所以，情感丰富而冲动的大学生，就更该击败、征服烦恼，保持健康的情绪。

1. 正确表达自己的情绪体验

在多数人看来，调节和控制情绪就是克制和约束某些情绪的表达，这样就使一些大学生一味地压抑自己。实际上，比学会克服、约束某些情绪更重要的是以恰当的方式和方法，正确地表达自己的情绪。这也是情绪健康最根本的要求。

相应的原因和对象，引发与之相适应的情绪反应，即当事人能明确产生喜、怒、哀、惧等情绪的原因，并出现与之相应的情绪体验。

情绪反应与情境刺激相一致。这里的一致性主要是指刺激强度和反应强度的一致性，即出现某种情况后，过强或过弱的反应都会对人的健康产生危害。遇到某些情况时，当事人出现日不思食、夜不能寐，甚至轻生等行为，反应就属于过分强烈了，但如果有人因落榜而欣喜若狂，也是不正常的情绪反应。一旦出现笑不敢张口、哭不能流泪、怒不敢言语的情绪反应，对人的健康肯定是有危害的。

人的情绪反应有一定的作用时间。人的情绪的产生是一定的客观环境和个体认知状况共同作用的结果，因此人的情绪反应要随着环境和认知水平的变化而变化。如果环境变化没有引起相应的情绪变化，则情绪可能会出现异常的反应。比如，亲人病故、恋人失和，情绪反应可能既强烈，持续时间又长，但如果因此而陷入某种情绪不能自拔，肯定不利于身心健康。

2. 克服不良情绪五大策略

消极、不良的情绪对我们身心健康的危害毋庸置疑，但怎样才能克服不良的情绪呢？不妨参考下面的建议。

（1）压抑策略

这是一种退让型策略，指个体尽量将过去遭受的失败、引起的痛苦和焦虑等情绪深埋心底，避免正视它们，“让一切痛苦都消失在时间中”。例如，对于自己过去的违法行为所带来的痛苦，可采用忘却的办法，开始新的生活。

（2）文饰策略

这是一种消极型策略，指当个体有过失和遭遇失败时，尽量进行外部归责，即把事情发生的原因归于自身以外的一些因素，以缓解自己的痛苦。如为失败找一个冠冕堂皇的理由，或寻找理由强调自己所有的东西都是好的，以此减淡内心的不安与痛苦。

（3）转移策略

这是一种积极的调节方法，指当个体遇到无法克服的困难或无法实现的目标时，尽量转移到难度小或比较容易实现的目标上，以便减轻自己的精神负担。如看电影、下棋、打球、散步等有意义的活动，都可使紧张情绪松弛下来。

（4）正视策略

这是指当一个人面临焦虑情境时，不是一味地采取逃避态度，而是寻找理由说服自己去正视它，并以主动的方式去克服它；或者采取放松情绪的方法，如找朋友倾诉自己内心的苦恼；或者通过加强自身修养、提高自己能力、付出更多努力等手段，从根本上解除苦恼或焦虑。

（5）升华策略

这是指当个体原有的冲动或欲望不能实现，或不能得到社会的允许时，就将它们改变成社会许可的形式，或者用更崇高的、具有创造性和建设性的、有利于社会的活动表现出来。如人们常说的“化悲痛为力量”就是典型的升华。比如，有的人貌不惊人，就努力学习培养内在美；有人文化学习成绩不好，就在劳动、体育上显示自己的才能。升华策略不仅仅有助于消除不良情绪，更重要的是有助于个人对社会的适应。

保持健康的情绪，应学会合理宣泄，找到充分表达自己情绪的方法，不要压抑自己，也不要放纵自己。每个大学生都应意识到，任何一种情绪都是由一定的原因引起的。正视这种原因，接受这种情绪，并让它适当地表达出来，才会有益于健康。

3. 创造并保持快乐情绪五大妙招

有人把两只同窝产的羊羔放在温度、湿度、阳光、食物相同的条件下生活，仅在其中一只羊羔旁拴一只狼，让它总能看到狼。结果这只羊羔在极度恐惧中不思进食，消瘦而死，而另一只羊羔则健康地成长。

由此可见，愉快、稳定的情绪是身心健康的重要心理条件。一个情绪健康的人，不仅具有改变不良情绪的能力，更应具有创造快乐情绪的能力。创造并保持快乐情绪可采用如下方法。

（1）创造快乐，增加愉快生活的体验

每个人的生活都包含着各种喜怒哀乐的生活体验。一个情绪健康的人，善用微笑迎接困难，更善于从身边平凡的琐事中发掘乐趣，积极参与生活，体会生活乐趣。

（2）自我激励，增强自信心

只有自信的人才是快乐的，因此，在人遇到困难、挫折、打击和不幸时，善于用坚定的信念、伟人的言行、身边的榜样、生活的哲理来激励自己，增强自信心。

（3）多交朋友，使情绪获得适当表现的机会

交朋友具有减缓痛苦、增加快乐的功能，因此，人在情绪不安与焦虑的时候，不妨找好朋友、心理医生聊聊，甚至可以一个人面对墙壁倾诉胸中的郁闷，一吐为快。

（4）多些宽容，少点责备

宽容别人也要宽容自己，否则自我目标设定过高，对自己要求过严，会给自己的身心健康带来不良影响。对他人更是如此，多些宽容、少点责备有助于保持人的乐观情绪。

（5）幽默风趣，让生活如沐春风

幽默风趣是一种引发喜悦、愉快的行为方式和生活态度，持这种态度的人往往会从困境中寻求转机，从别人看来没有机会的地方捕捉机会。

思考题

1. 简答什么是情绪，健康情绪的标准是什么，以及大学生情绪的特点。

2. 结合实例谈谈情绪表达的合理方式和注意事项。

3. 在当前的大学校园里，经常听到学生说“郁闷”一词，你对此有何理解？通过本章的学习，你将采取哪些措施来处理这一问题？

4. 课后小活动。

音乐调节法除了采用人工谱写的乐曲外，还可以利用自然界中有益于身心健康、具有康复作用的音响，如雨声可以催眠、鸟鸣可以解愁等。下面还有一些音乐处方，在你不开心时，不妨来试试它们的效果，然后写下自己听到这些音乐后的内心感受，比较前后的不同，体会音乐调节法的作用。

催眠曲：《平湖秋月》《银河会》《仲夏之梦》《G大调乐》《小夜曲第二乐章》。

镇静曲：《塞上曲》《春江花月夜》《小桃红》《仙女牧羊》。

舒心曲：《江南好》《春风得意》《假日的海滩》《锦上花》《水上音乐》。

振奋曲：《步步高》《狂欢》《娱乐生平》《小步舞曲》。

解忧曲：《春天来了》《啊，莫愁》《喜洋洋》《悲痛圆舞曲》《爱之漫》。

5. 心情记录表。

参照表 4-1，撰写个人的一周心情日记，了解自己的情绪、想法。找到事件和情绪之间的联系规律，怎样的事件容易引起不良或者健康的情绪，从而找到适合自己的情绪调节方法，并在心情日记里记录下来。

参考书目

段鑫星，赵玲，2008. 大学生心理健康[M]. 北京：科学出版社.

耿俊生，张存库，2001. 大学生心理健康[M]. 西安：陕西人民出版社.

卡伦·达菲，伊斯特伍德·阿特沃特，2010. 心理学改变生活[M]. 张莹，丁云峰，

杨洋译. 北京：世界图书出版公司.
戚昕，2010. 大学生心理健康教程[M]. 北京：人民邮电出版社.
杨治良，1996. 实验心理学[M]. 杭州：浙江教育出版社.
叶素贞，曾振华，2009. 情绪健康与心理健康[M]. 北京：北京大学出版社.

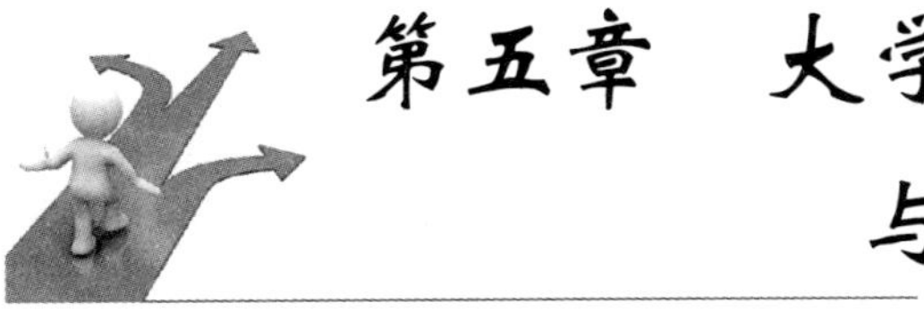

第五章　大学生的挫折与压力应对

一天，一只茧上裂开了一个小口，有一个人正好看到这一幕，他一直在观察着，蝴蝶艰难地将身体从那个小口中一点点地挣扎出来，几个小时过去了，蝴蝶似乎没有任何进展。看样子它似乎已经筋疲力尽，不能再前进一步了。

这个人实在看得心疼，决定帮助一下蝴蝶：他拿来一把剪刀，小心翼翼地将茧破开。蝴蝶很容易地挣脱出来。但是它的身体萎缩、很小，翅膀紧紧地贴着身体。他接着观察，期待着在某一时刻，蝴蝶的翅膀会打开并伸展起来，足以支撑它的身体，成为一只健康美丽的蝴蝶……

然而，这一刻始终没有出现！

实际上，这只蝴蝶在余下的时间都极其可怜地带着萎缩的身子和瘪塌的翅膀在爬行，它永远也没能飞起来！

这个好心的人并不知道，蝴蝶从茧上的小口挣扎而出，是上天的安排，它要通过这一挤压过程将体液从身体挤压到翅膀，这样它才能在脱茧而出后展翅飞翔！

如果生命中没有挫折，我们就会像这只蝴蝶一样脆弱，没有现在的强健，也将永远不能飞翔。万物生灵皆相似，我们的人生不也需要经受苦难和挫折吗?

第一节　大学生的挫折及应对

一、挫折概述

（一）挫折的概念

挫折是指人们在有目的的活动中，遇到无法克服或自以为无法克服的障碍或干扰，使其需要或动机不能得到满足而产生的消极反应。心理学中指个体有目的的行为受到阻碍时产生的紧张状态与负面情绪状态。

引起挫折的因素有三个方面：挫折情境、挫折认知、挫折反应。当三个因素同时存在时，人便体验到心理挫折。但有时，只有挫折认知和挫折反应这两个因素时，也可以构成心理挫折。挫折易引起人们的负面情绪，让人焦虑、悲观、自责、懊丧，严重的还会产生自卑、厌世等问题。

挫折并不完全是消极的。在某些情况下，它可以激发人们的斗志，促使人们做出更多的努力，朝着预定目标前进。正如巴尔扎克所说："世上的事情，永远不是绝对的，结果完全因人而异。苦难对于天才来说是一块垫脚石，对于能干的人是一笔财富，而对于弱者则是一个万丈深渊。"对某人构成挫折的情境和事件，对另一人不一定构成挫折，这也是个体感受的差异。

（二）挫折的类型

张旭东、车文博教授在《挫折应对与大学生心理健康》一书中总结了大学生常见的挫折类型。主要有以下几类。

1. 适应型挫折

由于大学生活无以依赖，感到无所适从；异地求学水土不服，感到身心疲惫；进大学后不再是大家关注的中心人物，感到失落；由于竞选班干部或社团职位失败，受到打击；未能实现设定的生活目标（如入党、考上理想学校的研究生等）感到深受打击；由于违反校规，受到严厉惩罚，追悔莫及。

2. 情绪型挫折

因情绪波动大而感到烦恼；别人的言行对自己的情绪有影响；很长一段时间感到情绪低落；情绪像天气的变化一样忽阴忽晴。

3. 交往型挫折

因处理不好同学之间关系而感到郁闷、情绪低落；为同寝室同学的自我中心行为感到气恼；没有知心朋友，感到心里有话无处诉说；因在与教师交往时发生矛盾，而害怕与其交往；因被别人误解或错怪而感到无助；因与人交往时付出得不到相应回报，有被人利用之感；因受到同学愚弄而耿耿于怀；感到同学之间太缺乏温情和理解；与同学发生争执，出现争吵甚至打斗事件。

4. 恋爱型挫折

因与恋人分手而感到受打击、受伤害；因迷恋某位异性而不能自拔；想爱而不敢爱，感到内心非常矛盾；因求爱不成，感到无地自容；因处理不好恋人之间的关系而烦恼不已。

5. 就业型挫折

本专业或本校毕业生就业形势不好，深感前途未卜；与别人相比感到自己能力不足，并对未来失去信心；学习成绩不理想，不知

毕业时该怎么办；对所学专业不看好，对择业很苦恼；面对毕业后激烈的社会竞争感到很担忧无助。

6. 家庭型挫折

为自己不能像别人那样有幸福的家庭而感到痛苦；因为家庭不和而不愿意回家；因不能像其他人一样拥有一个完整的家而深感痛苦；与别人相比吃穿用度都不如他们感到自卑和不平衡；看到他人才貌双全、家境优越而感到自卑和不平衡；看到别人因家境而获得优厚待遇和绝佳机会，感叹自己的命运不济。

7. 生理健康型挫折

食欲不振、头晕目眩，感觉自己得了病似的；体弱多病没有精力做想做的事，感到命运太不公平；因身体长期有病、失眠而痛苦不堪；患有消化系统的慢性疾病，在生活中不得不处处小心谨慎。

8. 学校型挫折

学校生活条件差，感觉难以接受这一现实；现实中的大学与理想中的大学相差太远，感到失落；所在学校名气不大，影响力小，感到没前途；所在学校学习氛围太差，感到难以致力于学习；对大学中的不公平现象感到难以忍受。

二、大学生产生挫折的原因

挫折产生的原因可分为外部因素和内部因素。

（一）外部因素

有些挫折是非人为的环境因素造成的，例如虽然学业成绩很好，但家境贫困，不能升学就读，产生挫折；一些挫折是个体在社会环境中受到人为因素的限制而引起的，例如一对感情真挚的男女，却因家庭反对而不能相恋，情感发展受挫；这些由外部原因使个体达到目标的进程受阻而引起的挫折叫外因性挫折。

（二）内部因素

挫折产生的内部因素包括个人的生理、心理和品德因素。生理因素是指个体生理上的某些特征、缺陷或疾病带来的限制，使个体无法实现预定的目标。例如，色盲的人想从事美术工作；个子不高想成为职业篮球运动员，就会受生理条件的限制而引起挫折。例如，个人的目标是学习成绩在班里名列前茅，但自己的学习实力在班里只是中等，难以达到自己的目标，觉得自己不如他人，就会常体验到挫折；再如，虽然与女友感情发展顺利，但经常认为自己不如其他男生，所以交往过程中，担心女友迟早会离开自己，觉得自己很无助，由此而产生挫折感，这就是心理因素造成的。品德因素是个人的道德品质水平与特征。例如，一个功利心极强、私心较重的人，可能有极强的摄取欲望或操纵、控制、权力欲望，而客观上常常不可能实现这些愿望和欲望，于是就产生了挫折。

有时候，挫折不是单一出现的，如果有许多挫折接踵而至，挫折效应会不断积累，最终会使人因为一个小小的挫折产生的“最后一击”而感到无法承受，进而造成精神崩溃或者被压垮的结果。

三、大学生受挫后的行为反应

对于大学生来说，挫折是不可避免的，而在遇到挫折后所表现出来的反应也是各不相同的。一般情况下，大学生遇到挫折后的反应大体可归为如下几类。

（一）心理反应

当遭受挫折时，大学生最常见的心理反应有愤怒、焦虑、沮丧、失望、压抑、抑郁等，但不同的人在心理方面有不同的反应。有人反应过度，对鸡毛蒜皮的小事也做出很强烈的情绪反应，如发脾气、大哭大闹、怒不可遏；有人却反应过弱，一般人感到痛苦、惧怕或悲伤的事情，他却无动于衷、冷漠无情，或者在某些事情上连正当的愤怒也不敢表示，过分压抑自己的情绪。

（二）生理反应

一般来说，个体在遭受挫折后，机体内部的自我调节机制将会最大限度地调动机体的潜在能量，以有效地应对外界环境的变化，体内大量潜在能量消耗的同时，机体内部那些与情绪反应无直接联系的器官或系统得不到必要的能量而不能维持正常功能，从而引起身心病变，出现面色苍白、四肢发冷、心悸等一系列症状。大学生面对挫折，生理上常见的反应是睡眠不佳、不思饮食、血压升高、心律不齐等。

（三）行为反应

面对挫折，大学生的行为反应不同，有的是积极的行为，有的则是消极的。其中有几种消极的行为反应比较明显。

1. 攻击

有的大学生受挫后，常常引起愤怒的情绪，进而诱发攻击行为，特别是在挫折严重的情况下，大学生往往受情绪的支配，理智水平下降，做出一些不顾后果的行为，严重时还可能做出违规行为，如自杀或用言语或肢体伤害他人、毁坏物品等行为。

2. 冷漠

有的大学生受挫后表现出对挫折情境漠不关心或无动于衷的态度，这是一种比攻击更为复杂的反应，因为其中可能隐藏着危机，也可能引起个体人格方面的变化，如自卑，也可能引起情绪方面的变化，如绝望。

3. 固执

有的大学生遭受挫折后，听不进批评或劝导，看不清挫折实质，一意孤行地坚持自己的做法，重复某种行为，其结果往往使自己失去改变困境的机会，在挫折中越陷越深，也导致人际关系的破裂。

4. 倒退

有的大学生受到挫折时不由自主地表现出一些与年龄、身份极不相符的幼稚行为，如不顾场合地大哭大闹、与人纠缠等，这是一种人格不成熟的表现。

5. 幻想

有的大学生受挫折后，其行为不是直接针对受挫事件，而是通过想象、幻想的形式，在幻想的世界中实现自己受阻的目标，从而缓解受挫的情绪，这是一种比较严重的消极反应。

四、大学生挫折承受力的培养

挫折的发生无可避免，但是，这并不意味着我们面对挫折就无能为力。斯坦福大学的健康心理学家、畅销书《自控力》的作者凯利·麦格尼格尔（Kelly McGonagall）在她的 TED 演讲《如何让压力成为你的朋友》中谈道："曾有数据显示，在美国，每年有 18 万人早年猝死，其中 43%是因为压力。但我们团队最新的研究发现，导致一个人猝死的原因并非压力本身，而是对压力的否定、抗拒态度，一直将它视为一种有害的存在。相反，如果能把压力视作助力，生理上的反应也会随之改变，血管会呈现无比放松的状态，这更像是感到兴奋和鼓起勇气时呈现的样子。"也就是说，正确看待挫折，并有意识地培养和锻炼自己的挫折容忍力，关系着大学生今后的人生幸福和事业成功。因此，采取积极态度应对挫折是非常有必要的。

像弹簧一样，在遇到挫折和失败后的反弹能力在心理学领域被称为抗挫能力，影响抗挫能力的因素分为不可控因素和可控因素。不可控因素如遗传基因、年龄、性别、意外性创伤等，而后者则指的是后天的培养和学习。

而对于人生的挫折，自古人们就有充分的体验和认识，并总结了许多应对挫折、磨炼忍耐力的方法。接下来，我们不仅要从心理学，也要从前人行之有效的经验中，学习一些应对挫折的方法。

（一）端正认识，直面人生挫折

1. 挫折不会仰人鼻息

不管你曾经多么优秀，进入大学，你就进入了一个"准社会"。当代大学生独生子女居多，按照中国传统的家庭教养方法，除非家庭条件有限，一般都会得到父母的格外照顾和宠爱。但也由此容易让大学生滋生一种盲目的优越感，形成一种"自己永远是生活的宠儿、世界应该围绕我而转”的错觉。这种态度在大学生的人际交往中表现得尤其明显。但是，挫折不会因人而异，更不会仰人鼻息。社会的真实含义是别人不会迁就你，以你为中心，人生道路不可能永远有自己的父母去铺平。对于较少经历挫折的大学生来说，正确地面对并深刻地体会社会的复杂和人生的曲折，也许是首先需要解决的问题。

2. 挫折是人生的宝贵财富

任何事物都具有两面性。挫折尽管让我们痛苦，使我们的学习和发展受阻，但是它同时又是人生的宝贵财富，是促使个体成长的必要条件。认识到这一点，我们才有勇气和信心去勇敢地面对挫折。古谚云：宝剑锋从磨砺出，梅花香自苦寒来。不经一番寒彻骨，怎得梅花扑鼻香。法国作家巴尔扎克曾说：“挫折就像一块石头，对于弱者来说是绊脚石，让你却步不前，而对强者来说是垫脚石，使你站得更高。”没有挫折的人生是苍白虚幻的人生，不经过挫折的磨炼，也就没有成功的喜悦和人生的幸福。快乐不是平坦笔直的康庄大道，或者无忧无虑的锦衣玉食，而是经过奋力攀登后踏在脚下的高峰，用自己的坚韧和勤劳换来的硕果。任何人都不可能避免挫折，挫折是促进大学生成长的积极因素，它可以磨砺我们的意志、丰富我们的经验、增强我们的能力。

3. 挫折是可以克服和战胜的

挫折是不可预知的，也是必然的。但是，挫折却不是不可战胜的。古今中外，无数杰出的人先后以他们的人生经验，诠释着人类意志的力量。我国古代统治者为了维护剥削和压迫，鼓吹天命观，但荀子提出“人定胜天”的思想；劳动人民敢于抗争，才能在一次又一次的革命战争中胜利，争取社会进步和人民的解放；科学家、艺术家勇于探索科学和艺术的真谛，才使得人类创造出灿烂的文化……历史长河中，无数人以他们坚强不屈的精神改变着自己的命运，也改变着人类的命运。

（二）主动预防挫折

1. 了解自身对挫折的反应以及反应的程度

同样的客观刺激，对有些人能构成大的挫折，对有些人的影响就小些。所以，了解自己是否过于敏感、是否存在不合理的认知、是否容易受外界因素影响、是否意志力薄弱等，可以有针对性地预见对挫折的反应。

2. 提高对挫折的耐受能力

1）提高生理的应激能力。个体可以通过体育锻炼，提高身体素质、培养勇敢精神和磨炼意志力，这样在面临挫折时情绪反应就会小些；学习一些肌肉放松或调节呼吸的方法，有利于控制自己的情绪。

2）丰富生活阅历。日常生活中个体应多参加实践，在主动接触社会中增长经验，了解真实的社会，认识到幻想与现实的差距，提高对挫折的认识及承受力。

3）知识积累。个体知识积累得越多，知识面越宽，解决问题的能力越强，挫折对其危害就越小。

4）调整认知角度。个体应多方面、创造性地思考问题，意识到凡事都有灿烂光明的一面，也都有消极的一面，只是多少的问题和解决方式的问题；好事与坏事之间可能会发生转换。多思考现实、积极的因素，有利于减轻对挫折危害的认知。

3. 增强钝感力，降低对生活中一些刺激反应的敏感度

反应敏感可能给人带来益处，也可会给人带来不应有的挫折感。日本作家渡边淳一在《钝感力》一书的中文版序中说："钝感就是一种才能，一种能让人们的才华开花结果，发扬光大的力量。"所以，大学生不必事事计较、处处在意。

【知识窗】

钝感，心理学名词，与"敏感"意思相对、词性相同，两者互为反义词。钝感是人的动作活动反应慢度的标尺，是用来描述人活动速率的。钝感系数越高则对外部反应越迟钝，同时其敏感度也会越低，人的思维只有钝感系数与敏感系数相平衡才更容易保持较为理性的思维，否则反之。钝感力有五项铁律：迅速忘却不快之事；认定目标，即使失败仍要继续挑战；坦然面对流言蜚语；对嫉妒讽刺常怀感谢之心；面对表扬，不会得寸进尺、得意忘形。

"佛系"，网络流行词，该词的含义是一种怎么都行、看淡一切的处事态度和生活方式。该词最早来源于2014年日本的某杂志，该杂志介绍了"佛系男子"，2017年12月，"佛系青年"词条刷遍朋友圈，火遍网络。佛系作为一种文化现象，蕴含一种看破红尘、按自己生活方式生活的生活状态和人生态度。该词衍生出"佛系青年""佛系男子""佛系追星""佛系生活"等一系列的词语。

（三）挫折后及时分析

挫折是难免的，在挫折之后总结经验教训，反省自身，对于提高挫折承受力、应对挫折的能力有着重要的意义。大学生在战胜挫折后，可以仔细分析一下挫折的原因、自己的表现、当时的感觉、今后的对策。更客观、更理性地评价自己，不断地完善自身。这个过程可以分为以下三步进行。

第一步：是什么。确定是哪种类型的挫折引发了自己的挫折感，自我心理困扰是什么，自己如何表现的。

第二步：为什么。从主客观两方面分析导致挫折的原因是什么，这些原因与自我心理困扰是否匹配。

第三步：怎么样。自己采取的应对策略是否合适，行为是否主动，是否合理地利用了社会支持，是否有效地控制了自我，是否增长了应对挫折的才干，是否提高了今后应对挫折的信心，是否意识到了个人应对挫折的特点，是否学会了监督、巩固了心理调适的成效。

（四）适当进行心理防卫

人遇到挫折产生焦虑时，会自发地用防御机制调节心理机能降低焦虑，减轻精神痛

苦，保持心理平衡，促进身心发展。但有些防御方式不仅不能够解除焦虑，反而会使人逃避现实，降低适应能力，导致更大的挫折，如否认、退化。大学生应对挫折时最好有意识地采用有效度的、成熟的防御方式，如以下几种。

1. 幽默

幽默是精神的消毒剂，是消除不良情绪的有效工具。当一个人发现遇到某些无关大局的不良刺激时，一个得体的幽默往往可以使自己摆脱窘迫，使愤怒、不安的情绪得以缓解。幽默是智慧和成熟的象征，也是积极应对挫折的有效办法之一。

2. 升华

升华指将不为社会认可的情绪反应方式或欲望需求导向正确的方向，将情绪、情感激起的能量引导到对人、对己、对社会都有利的方面。居里夫人在其丈夫因车祸不幸身亡之后，忍受着巨大的悲痛，把自己的情感升华到对科学的忘我追求之中，终于又一次获得了诺贝尔奖。

3. 压抑

即学会忘却，把一些挫折经验的体验压抑到无意识领域，相当于人们经常说的："过去的事就让它过去吧。"

4. 转移注意力

当遇到挫折、情绪不佳时，个体可通过转移自己的注意力来平静自己的情绪，如外出散步、听音乐、打打球、找朋友玩、读本轻松的书、看场电影等。不要让自己停下来，最好是找些具体可操作的事情做。

（五）修身养性，提高心理素质

除了对挫折要有正确的认识之外，我们还必须具备良好的心理素质，面对挫折能够泰然处之。这种心理素质只能靠修炼而得。

1. 适应与调整

外界环境和条件的变化，不以个人的主观意愿而转移。我们原来设想好的目标，往往因为客观条件而发生出乎意料的改变，变成了镜中月、水中花。面对意外情况出现，我们必须及时调整自己的心态和目标，以适应这种改变。这种适应和调整主要通过降低自我期望和改变行为目标而实现。研究表明，挫折感的强度与自我期望相关。较高的自我期望导致较强的挫折感，较低的自我期望形成较弱的挫折感。

2. 忍耐和控制

遇到挫折即有情绪和行为反应，这本是人之常情。但并不是任何反应都有利于事情的发展，尤其是当我们所面对的挫折情境是自己不能马上控制解决的时候，忍耐就成为必要的一种策略，所谓"小不忍则乱大谋"说的就是这个道理。凡人生事业取得成功的人，无不在逆境和挫折情境中善于忍耐。以下两种情况，需要大学生学会忍耐：一是当我们还不清楚事情的前因后果，没有充分掌握相关信息的时候，冲动很可能造成误会和不可弥补的伤害；二是挫折源力量强大，我们尚不能控制的时候，不满和愤怒的反应不利于事情的解决。

3. 放松训练

忍耐和控制并不会消除内在的紧张，因此还需要对消极情绪进行疏导宣泄，如采取心理学的放松训练法等。

（六）平心静气，改善社会关系

如果说前几个方面是从内部着手应对挫折，那么后面几个方面则强调从外部着手，以应对挫折。

人总是生活在现实的社会关系网络之中的。当我们遇到挫折的时候，既要充分利用社会关系，寻求社会支持，也要主动改变不利的社会关系，以克服困难、战胜挫折。

1. 处理好理想、期望与现实的关系

目标挫折来源于理想、期望与现实的差距。大学生所遇到的很多挫折，比如学习、爱情、就业等，很大程度上存在目标和预期过高的现象。当现实条件不能满足的时候，挫折就不可避免了。为此，我们在制定行为目标的时候，要尽可能地遵循现实的原则，不可好高骛远。当挫折出现的时候，我们也不要怨天尤人，宜及时调整目标，降低期望，从而避免强烈的心理失衡。

2. 处理好自我与他人的关系

很多挫折，比如阻碍性挫折，都源于自我和他人的关系问题。如果是自己的目标直接或间接损害了他人的利益，或者在实施过程中与他人的利益发生冲突，这时候阻碍性挫折便不可避免。为了顺利达成自己的行为目标，大学生在制定自己的目标的时候，首先需要考虑的是必须兼顾他人的权益，至少以不损害他人利益为前提；其次，围绕行为目标，要尽可能地考虑涉及的所有关系，事前处理好各种关系，尤其是不友好的关系，以保证目标过程的顺利进行。

3. 处理好友情与爱情的关系

友情与爱情，是大学人际关系中极为重要的社会需要。很多大学生感到孤独、寂寞，与他们不善于经营有很大的关系。当代大学生的独立性增强，但往往混淆了独立性与自我性之间的关系。需要友情却不知道如何获得，于是干脆独来独往，或者过早涉足二人世界，结果友情没有得到，爱情也相当脆弱。处理不好友情与爱情的关系，大学生很容易体验到匮乏性情感挫折。

4. 处理好兴趣、爱好和专业学习的关系

大学生的学习兴趣、爱好随着求知欲的增强而具有易变性和广泛性的特点，这往往和专业课程的学习发生冲突。简单说就是，自己喜欢的学科，课程设置里面没有，而作为必修课的专业课程，常常是自己不喜欢的。而学习评价往往是围绕着课程设置而展开的，如果不能学好专业课，势必产生学习挫折。因此，大学生应谨慎处理好个人爱好和专业学习的关系。

【知识窗】

逆商（Adversity Quotient，AQ）全称逆境商数，是指人们面对逆境时的反应方式，即面对挫折、摆脱困境和超越困难的能力。它是美国职业培训师保罗·斯托茨提出的概念。“IQ（智商）、EQ（情商）、AQ（逆商）”并称3Q，成为人们获取成功必备的不二法宝，有专家甚至断言，100%的成功等于20%的IQ加上80%的EQ和AQ，这样看来，在通往成功的彼岸，“逆商”也是非常重要的。

AQ不只能衡量一个人超越工作挫折的能力，它还能衡量一个人超越任何挫折的能力。面对同样的打击，AQ高的人产生的挫折感低，而AQ低的人则会产生强烈的挫折感。

保罗·斯托茨教授将逆商划分为四个部分，即控制感（control）、起因和责任归属（origin & ownership）、 影响范围（reach）、持续时间（endurance）。

1. 控制感

“C”（控制感）：控制感是指人们对周围环境的信念控制能力。面对逆境或挫折时，控制感弱的人只会逆来顺受，信天由命；而控制感强的人则会凭借一己之力能动地改变所处环境，相信人定胜天。

控制感弱的人经常说：我无能为力、我能力不及；

控制感强的人则会说：虽然很难，但这算什么，一定有办法。

2. 起因和责任归属

“O&O”（起因和责任归属）：造成我们陷入逆境的起因大致可以分成两类。

第一类属内因：自己的疏忽、无能、未尽全力，抑或宿命论。往往表现为过度自责、意志消沉、自怨自艾、自暴自弃；

第二类属外因：合作伙伴配合不利、时机尚未成熟，或者外界不可抗力。

因内因陷入逆境的人会说：都是我的错、我注定要失败，因外因陷入逆境的人会说：都是因为时机不成熟、事前怎么就没想到会发生这样的情况呢？

高逆商者往往能够清楚地认识到使自己陷入逆境的起因，并甘愿承担一切责任，能够及时地采取有效行动，痛定思痛，在跌倒处再次爬起。

3. 影响范围

“R”（影响范围）：高逆商者往往能够将在某一范围内陷入逆境所带来的负面影响控制于这一范围，并能够将其负面影响程度降至最小。

身陷学习中的逆境，就仅限于此，而不会影响自己的工作和家庭生活；与家人吵架，就仅限于此，而不会因此失去家庭；对事争执，就仅限于此，而不致对人也有看法。高逆商者能够将逆境所产生的负面影响限制在一定范围，不至扩大到其他层面。越能够把握逆境的影响范围，就越可以把挫折视为特定事件，越觉得自己有能力处理，不会惊慌失措。

4. 持续时间

“E”（持续时间）：逆境所带来的负面影响既有影响范围问题，又有持续时间问题。逆境将持续多久？造成逆境的起因因素将持续多久？而逆商低的人，则往往会认为逆境将长时间持续，事实便会如他们所想。

第二节　大学生的压力及应对

一、压力概述

（一）压力的概念

压力，也称为应激（stress），是指人们在社会适应过程中，对各种刺激做出的生理和行为反应时所产生的一种紧张的心理体验和感受。

压力最初是由压力源即导致压力状态的各种刺激引起的。压力源通过感觉器官把当前的刺激信息传入大脑，信息在大脑中进行认知加工，并做出是有益还是有害的评价，大脑根据评价的结果调节人的生理活动和心理活动。如果大脑作出有害的评价，便会引起消极的情绪反应，并伴随一系列的生理反应，产生压力状态。所以，压力与人的情绪变化是密不可分的。

压力并不总是痛苦的。压力是人的一种与平常不同的心理状态或生理状态，所以人有压力时必须调整自己以适应环境。有的压力让人感到痛苦，有的则令人产生愉悦的体验，如约会、旅游、结婚、第一天上班等愉快的事情在让人感到压力的同时又让人感到兴奋和快乐。但是，身体疾病、学业负担、经济困难、人际矛盾等不愉快的事情会很自然地使人感到痛苦。

（二）压力的类型

对于大学生来说，学习、社交、经济、择业、生活、身心成长等是主要的压力源，这些问题解决不当，往往使大学生产生苦恼，产生压力。

1. 学习压力

大学生学习压力主要来自以下几方面：曾经是中学的佼佼者，进入大学却成绩平平；大学学习时间由自己来掌控，却不知道怎么安排；自己就读的大学名气不够大；学习的目标不具体、不明确，产生空虚感；不喜欢所学的专业；不能够专心学习；虽然努力学习却成绩不佳；听不懂所学的课程；害怕成绩不理想；看到其他同学忙碌地考计算机证、英语等级证等，自己却很茫然；总觉得该学的知识都没掌握，时间荒废了不少；是考研还是就业，考研考哪一所学校、哪一个专业合适，考研学习过程非常艰苦，如何度过等。

2. 社交压力

大学生的社交压力主要来自以下几方面：从中学形成的朋友圈到大学来自五湖四海的同学群，大学同学在心理上不易沟通，难以接纳彼此；依恋父母及中学时的同学，显得寂寞孤独；缺乏社会经验，社交不良，要么在交往中不愿敞开心扉，给人造成“不诚实感”，要么喜欢自我沉思，常被人误解和冷遇，要么对人际交往设防，觉得大学同学太复杂，使自己陷入人际交往的被动情境中，对人际交往失望。尤其是交友和恋爱中的压力更是困扰着不少大学生。

3. 经济压力

大学生的经济压力来自两个方面：一是因为家庭贫困造成的生活和精神压力。如不能及时购买必要的生活和学习用品；想到家庭贫困状况短时间难以转变，心中焦虑；想到父母供自己上学的艰辛，心中愧疚；需要钱但又害怕贷款，担心以后无力偿还，甚至担心自己毕业后找不到理想的工作；觉得申请困难补助，让同学另眼相看，有点儿丢面子；渴望有勤工助学岗位又担心会影响学习。二是消费压力。因为自己使用的生活或学习用品与其他同学的比起来逊色而产生心理压力；自己很想经常参与同学间的聚会或其他课余交往，但又不能承担费用，造成一定的精神负担。

4. 择业压力

大学生择业压力多来自以下几方面：自己所学的专业就业前景不好，担心将来找不到工作；不想从事所学专业的工作，想转换专业又不具备条件，很是苦恼；对毕业后自己能干什么，将参加什么工作，感到迷茫；就业时如何评估工资待遇与发展潜力的关系；自己适合做什么性质的工作，应该选择哪座城市；没有好的工作，如何回报父母；一旦工作没找好，以后的家庭、生活怎么办；就业与恋爱关系怎么处理等。

5. 生活压力

大学生的生活压力多表现在以下几方面：到大学校园后一切皆需自理，既要安排学习，又要自理生活，有时很忙碌，有时又无事可做，产生忙碌但又不充实的感觉；日常生活中的饮食起居不能妥善安排好，常常顾此失彼，小麻烦不少，烦恼不断；日常开支没有计划，钱花得没有价值，使自己懊恼等。

6. 身心成长压力

大学生身体方面的压力主要来自以下几方面：由于疾病等身体健康问题，缺乏维持正常学习的旺盛的精力；对自己的相貌、身高、体型不满意，感到忧心忡忡等。大学生心理方面的压力主要来自以下几方面：对自己的能力不满，觉得自己能力不如人或目标与能力反差太大；对自己不能拥有良好心境不满；对自己的脆弱不满；对自己的某些个性特点不满，及对自己长期不能摆脱心理矛盾不满。

二、大学生压力产生的原因

压力并不单纯来源于客观事件本身，更多的成分是人们的主观因素，所以不同的人面对同一压力源时，感受不同；同一个人，因不同时期的身体状况或心境状况，感受也不同。影响压力体验的因素较多，总的来说，一个人面对压力的影响因素主要有：对压力的认知评价、个人的人格因素、过去的经验、心理准备状态、社会支持系统等。

（一）认知评价

所谓认知评价是指一个人对客观事件的感知、判断、看法、解释等。当个体面临压力情境时，如果能够冷静地分析发生的一切，保持清醒的头脑，就不会引起强烈的压力反应；如果对情境做出不正确的评价或夸大不利的因素和后果，就会引起高强度的应激体验。正如古希腊哲学家伊壁鸠鲁所说，“人类不是被问题本身所困扰，而是被他们对问题的看法所困扰”。

人们在接触到压力时，先是在认识、理解的基础上评估压力的性质、对自己的利弊及压力的程度，进而评估自己的实力，确定自己能否战胜压力。之后确定对待压力的方式，是逃避它，或战胜它，还是努力适应它。正确地认识和评估压力，正确地评估自己的实力，可使压力感的强度相对降低。否则，效果则相反。在评价中过于强调危险、失败或拒绝，往往容易导致沉重的心理压力，一个人认为不能控制情境和真的不能控制情境会同样使人感到威胁。比如，考试前紧张焦虑是正常现象，有的人平时学习还不错，但考前总是过于担心，认为自己过去考得好只是侥幸，是因为别人失误才得来的，这次就没那么幸运了；还有的人觉得自己看书还不够细致，老师出的题很可能恰恰是自己没有复习到的。类似这些对考试中有些因素的错误认知评价夸大了考试的压力，对有效发挥应试水平非常不利。

归因方式也会影响到人对压力的感受。归因是指人们对他人或自己的行为结果进行分析，推论这些行为原因的过程。根据归因不同，可以将人分为外控型与内控型。外控型归因的人认为个人生活中的主导力量是外力，自己如何生活或如何做，并不在自己的掌握之中，自己是无能为力的；内控型归因的人认为在生活中发生的事件，根源在自身，成功是个人努力的结果，失败是自己的失误。人对与个人相关事件的归因不同，必然对事件的态度不同，不同的态度就会影响对压力强度的体验。不客观的、歪曲的归因必定会加剧人的压力感受。

（二）人格因素

人格的首要特点就是它的独特性，这个独特模式包含了一个人区别于他人的稳定而统一的心理素质。福利曼（Friedman）和罗斯曼（Rosenman）描述了 A-B 人格类型。A

型人格者竞争意识强、成就动机高、时间紧迫感强、说话办事讲求效率、缺乏耐心、易怒和对人抱有敌意，在面对压力时，人格中的不利因素就会显现出来，使得他们总是处于压力包围之中，易怒和对人抱有敌意等人格特点又使他们心脏病猝发率比其他人群更高。而B型人格者的特征是个性随和、生活悠闲、对成就要求不高、对成败得失看得淡薄，与A型人格者相比，他们对压力的体验是不同的。

（三）过去的经验

人们过去的经验总是影响人们对压力的体验。拥有不同经验的人在面对同一情景时，压力体验是不同的，例如两组跳伞者的对比研究表明，有过100次跳伞经验的人不但恐惧感小，而且会自觉地控制情绪；而无经验的人在整个跳伞过程中恐惧感强，并且越接近起跳越恐惧。以此类推，一帆风顺的人一旦遇到打击就会惊慌失措，不知如何面对；而人生坎坷的人，同样的打击却不会引起重大伤害。

（四）心理准备状态

人们对即将面临的压力事件是否有心理准备也会影响对压力的体验。例如对两组接受手术的患者进行实验，在术前对其中一组讲明手术的过程和后果，使患者对手术有所准备，将手术带来的痛苦视为正常现象并坦然接受；对另一组不做特别介绍，患者对手术一无所知，对术后的痛苦过分恐惧，对手术是否成功持怀疑态度。结果手术后有准备组比无准备组所用的止痛药数量少，而且平均提前三天出院。因此，是否有应对压力准备也是影响压力体验的重要因素。

（五）社会支持系统

社会支持系统一般分为两类：一类是具体的支持主体的客观存在，如在物质上给予帮助，与其共同完成任务等；另一类是给予主体精神支持的客观存在，如帮助主体分析事件、策划方案，或者使其稳定情绪、增强信心。良好的社会支持系统可以使压力事件的强度相对降低，提高个体应对压力的信心，否则相反。一般而言，每个人周围都存在着一个社会支持系统，如家庭、朋友、专家等，能否主动、有效地利用它，将影响到个体的压力反应及对压力情境的摆脱状况。

三、压力对大学生的影响

大学生面临压力时会产生一系列心理、生理、行为上的反应。这些反应在一定程度上是有机体主动适应环境变化的需要，它能够唤起和激发个体的潜能，增强个体心理承受和抵御压力的能力。但是如果压力引起的身心反应过于强烈和持久，超过了个体自身的调节和控制能力，就会导致神经内分泌失调，使个体的免疫机能下降，从而影响机体组织器官的正常功能，并可能导致大学生生理、心理功能紊乱。具体地说，大学生面对压力时常见以下三方面反应。

（一）心理反应

在压力状态中，人会产生心理上的紧张。一般情况下，大学生心理上的紧张具体表现为警觉、注意力集中、思维敏捷、情绪适度唤起等，这些都是适度的反应，有助于大学生适应环境。但是压力超过一定限度时，由于持续的心理紧张，大学生也会表现出过度的心理反应，如急躁、抑郁、焦虑、多疑、愤怒、不安、恐惧、沮丧、失望、消沉、空虚、无聊、注意力不集中、思维混乱、自我防御心理增强等。

（二）生理反应

在压力状态下，大学生不仅会表现出心理上的紧张，同时还会产生生理上的紧张，且彼此相互作用、相互影响。一般情况下，心理上的紧张具有隐蔽性，是别人难以察觉的，但是生理上的紧张则表现得较为直观，很容易被他人观察到。在压力状态下，人会出现心率加快、血压升高、呼吸急促、消化道蠕动减慢等现象。这些生理反应在短期内调动了机体的潜在能量，增强了大学生对外界刺激的感受和适应性，从而有效地应对外界环境条件的变化，但过度的压力会使人肌肉高度紧张、头痛、出汗、失眠，甚至导致患病等。

（三）行为反应

在心理压力状态下，大学生的行为反应有两种：一种是直接行为反应，即面临紧张刺激时，为了消除刺激源而做出的反应，如因学业成绩失败而奋发图强或自暴自弃；另一种是间接行为反应，即为了减少或暂时消除与压力体验有关的情绪而产生的行为，如从事其他活动转移注意力，有的大学生还会借酒、烟、网络等使自己暂时缓解紧张状态。随着压力的持续，大学生在上述两种行为反应中均有过度的表现，如逃避、消极、无所适从、失去对生活的追求，不断发脾气等，甚至导致问题行为的发生。

四、压力的应对

压力影响到人们的心理健康，但人们如能树立正确的观念，积极有效地应对它们，则有利于问题的解决，也有助于自己的身心健康，并能不断增强心理承受力。

（一）正确看待压力

正确看待压力就是个体从观念上解决对压力的认识和态度问题。具体来讲就是能真正意识到以下几点。

1. 压力是不可避免的

压力在人的一生中是不可避免的。在人的一生中，每天都要面对来自外部和内部的种种变化，要应对这些刺激，要处理这些变化中的任务和难题。当解决了一个问题后，新的压力和挫折又会摆在面前。正如一首歌中唱道的："人生就是一场拼争，每天都在攀登，爬上这座山，越过那道岭，眼前又是一座峰。"

2. 压力是可以认识和分析的

在各类压力事件中，模糊而难以预测的必定是少数且个别的，大学生凭借自身的智慧和能力，正确认识分析压力绝非难事。

3. 压力是把双刃剑

从消极方面看，压力易使人的身心及行为受损，但从积极方面来看，它们则可助人成长和奋进。也可以说当命运的匕首飞来时就看人是接刀刃还是接刀把。2003 年，当重症急性呼吸综合征（SARS）在中国大地肆虐时，大学生都被封闭在校园里失去了自由，不少学生陷入了心理危机。而当心理学专家与学生对话交流后，大学生却意外地发现积极应对 SARS 可以使自己在诸多方面得到成长。原来压力也是一种享受，压力完全可能转化成动力，从而激活人的身心和潜能。

以 2008 年 5 月 12 日汶川地震为例，那天的 14 时 28 分，只是一瞬间，便使许多县城、乡村夷为平地，数万同胞失去了生命，数十万人受伤，无数的人无家可归，使我们的国家和人民遭受了一次巨大的危机事件的冲击。但从积极方面看，首先，地震给了我们一次发展的机会，一次重建家园、重建心灵的机会；其次，地震给了我们一面镜子，使我们从中了解自己，找到超越现实的新的切入点；最后地震又是一所学校，让我们从中接受教育并得到成长，可坚定我们的信念、发掘我们的才智、历练我们的意志、启迪我们灵魂深处的真善美，切切实实地教我们传承中华民族的传统高尚品格，让我们的心灵世界升华到一个前所未有的高度。

（二）压力的积极应对

压力无处不在，无可逃避，因此就有了压力适应的问题。所谓压力适应，是指个体在压力反应之后能很快恢复正常的身心特征，或者面对持续压力其反应不处于极端状态而能保持身心健康的能力。为了能很好地适应大学乃至今后的学习、生活和工作，大学生应该进行有效的压力管理，提高自己的压力适应能力。大学生可以从以下几个方面着手进行压力应对。

1. 构建自己的社会支持系统

当一个人独自面对压力的时候，应激反应的消极作用远远大于社会支持的效果。因此，要想不在压力面前孤立无助，最好构建自己的社会支持系统，这其中包括自己的亲人、朋友、同学、老师等。社会支持系统可以在你需要的时候给你情感安慰、行动建议，帮助你渡过难关。强大的社会支持系统让你不再感到孤立无援，可以迅速恢复你的信心和勇气，面对挑战，解决问题。当然，要构建社会支持系统，需要做到以下几点。

1）学会尊重他人。其中当然包括同学和老师，因为只有尊重他人的人才能获得他人的友谊，也才可能获得帮助。

2）扩大社会交往面，结识更多的朋友。首先，让你的同学成为你最亲密的朋友；其次，你需要一位人生导师，可以在你遇到困难的时候客观地分析和提供有益的观点，而这样的导师无疑就是你的老师或者其他长者。

3）向亲人、朋友和老师敞开心扉。你可能基于自尊或面子的考虑而拒绝他人的帮助，但是当你面临确实无法解决的问题的时候，将你面临的压力说给他们听，让他们帮助你分析并提供建议。请相信这样做不会招致嘲笑，只会让他们感到你对他们的信任，因此你也能得到最大可能的帮助。

2. 觉知和调整自己的生理状态

生理状态是压力最直接的指标。要想有效管理压力，首先要有压力意识，要能觉察压力的信号。人在应激状态下，本能会启动机体的防御机制，这是自发发生的。其次，我们要进入自觉反应状态。有效地管理压力，需要我们建立一个应对压力——尤其是那些慢性压力的预警机制。为此，你需要做到以下两点。

1）有意识地觉知自身的紧张、焦虑等情绪状态。当你处于应激状态时，自己在生理和情绪上会有什么样的不适反应？记录自己的这些压力反应，然后锁定这些反应指标，以后每当你产生这些不适反应时，便对自己发出警告。你的压力预警就像战争中的雷达一样，让你保持必要的警惕。

2）学会控制自己的不良生理指标。当你的压力知觉性提高时，你也需要提高生理指标控制力，如心跳、呼吸、血压等。这实际上就是生物反馈过程，当然，提供反馈的不是机器而是你自己的觉知能力。

3. 减轻和消除自己的心理负累

应激，即便是本能反应，也足以使我们身心疲惫。必须卸掉我们身上由压力带来的紧张和焦虑。否则，持续性的压力累积效应迟早会让我们垮掉。消除心理负累的方法有很多。

1）理性辨析和积极归因。找来纸笔，将你面临的核心问题写下来，接下来你需要围绕着这个问题逐步回答：这个问题是如何产生的？这个问题真的与我有关吗？这个问题真的就是一种威胁吗？这个问题真的就不能解决吗？通过逐层深入的自我辨析，理清问题症结所在，从而减轻对压力情景认识的恐惧或者夸大威胁而产生的焦虑。

2）学会经常进行放松训练。放松训练是通过一定的练习程序，学习有意识地控制和调节自己的身心活动，以达到降低机体唤醒水平，调整因紧张而紊乱的身心功能，从而使机体内部环境保持平衡与稳定的过程。

4. 进行有效的时间管理

我们日常学习、生活和工作中的许多压力，都来源于事情和任务本身。因此，对压力源进行管理，也是压力管理的重要策略。压力源管理常常与时间管理相关联。所谓时间管理，简单说就是为了提高时间的利用率和有效性，而对时间进行合理的计划和控制，有效安排和管理日常事务的管理活动。大学生的时间管理，是大学生对大学生活时间（包括学习时间和闲暇时间），采用科学的手段，围绕学习生活事务及其进程，进行有计划、有系统地控制、调节，最终达到有效利用来实现自我发展的目的的管理活动。

课堂训练

1. 鸡蛋、石头和皮球的故事。

一只鸡蛋落在地上，它悲伤地哭道，“我完了，我这只倒霉蛋”。接着就粉身碎骨，咽了最后一口气。

一块石头落在地上，它愤怒地大喊，“谁敢跟我作对？你硬，我比你更硬！”它把地面砸了一个坑，但它自己也陷在那个坑里永远出不来了，它气急败坏，但是却无能为力。

一只皮球落在地上，它什么也没有说，闭上眼睛，保护好自己，在落地的那一刻，它轻巧地换了个姿势，在地上打了个滚，然后就蹦蹦跳跳地走了。

鸡蛋、石头和皮球的遭遇，反映了生活中人们对待挫折的不同态度，有的人暴跳如雷，继续撞南墙；有的人自怨自艾，再也站不起来；有的人轻轻一笑，改变一个方向又上来了，那么你呢，是哪一种？回忆一下自己曾经经历过的挫折以及它们给你人生带来的影响，从正面和负面两个方面来分析（表 5-1）。

表 5-1　挫折统计表

挫折发生的时间	简单描述一下挫折	负面影响	正面影响
例：刚刚进入大学学习	竞聘班级干部落选	有一段时间心情很复杂，总觉得自己不被认可，不敢与人交往，觉得孤独，自尊心严重受挫	学会重新认识自己，适应新的环境。在学生会找到了合适的为同学服务的岗位

2. 面对挫折，你都用什么样的情绪对待它，结合上面一道题，对自己当时的处理情绪的方法评价一下。等级参考：优、良、中、差（表 5-2）。

表 5-2　情绪处理方法等级评价表

处理方法	等级	处理方法	等级	处理方法	等级	处理方法	等级
攻击和伤害周围的人		出门旅行		积极运动		安静地自己读书、听音乐	
找朋友倾诉		向所有人隐瞒自己的行踪，不告而别		自己写日记		打骚扰电话、跟踪别人	
整天无所事事，到处游走		酗酒、抽烟		用音乐、舞蹈、书法等表达自己		一个人待着	

阅读与思考

一、请阅读资料，然后讨论你自己的减压方式。

面对压力，积极的、富有建设性的减压方式是相对破坏性的减压方式而言的，主要如下。

1. 直面问题，解决问题。直接面对问题，而不是逃避、压抑、转嫁或迁怒于无关的人或事；理性地评价、选择解决问题的方案；解决问题的策略要与现实相符，其出发点是对问题的真实估计，而不是自我欺骗或自暴自弃。

2. 管理自己的情绪和行为。学会认识和抑制毁灭性的或具有潜在危害性的各种负面情绪，即学会情绪管理；学会控制自己具有危害性的习惯性行为；努力保证自己的身体不遭受酒精、药物的伤害，加强锻炼，保证睡眠。

3. 坚持适当和必要的体育锻炼。尤其是你感到有压力的时候，你需要做的不是坐在那里发愁或者抱怨，走出去，让我们来活动活动。你可以慢跑，请注意，一定是慢跑！慢跑的过程中，呼吸缓慢而有节奏，一边跑一边冥想，让神经和身体彻底放松。体育活动是非常有效的减压方式，它基本不产生额外花费。但是却可以迅速改善你的某些生理系统及其功能，让你充满生命活力，找回控制感，从而有效减轻你的心理负累。

4. 置身于文艺世界。你可以看电影、听音乐、欣赏书画作品，任何让你真正能够感受到美的东西，你都可以尝试。在欣赏和感受美的过程中，让你找回人性的光辉、世界的美好和生活的希望。

5. 郊游或者远足。你可以根据你的时间表和你的经济条件，把自己交给大自然。请记住：大自然永远是人类最宽宏慈爱的母亲！当你面对她的时候，你可以完全抛开在社会中因为防御需要带上的层层面具，重新思考过去没有考虑到的东西，真实面对自己。

6. 户外体验或者拓展训练。你可以个人报名或者组织同学、朋友，进行一次户外体验或者拓展训练。这同样可以让你放松、减压。

7. 阅读书籍，吸取榜样力量。当你面对压力感到不知所措的时候，可以从榜样身上寻找力量。杰出人物毫无疑问经历了无数的挫折与压力，那么他们是怎么做的？去看看人物传记吧。

8. 寻求专业人士的帮助。如果上述方式都无济于事，那么，我们建议你，是时候寻求专业人士的帮助了。你需要进行心理咨询，让专业人士引导你排除压力。

二、阅读材料《两粒沙》，回答问题。

第一粒沙

一天，贝照例在太阳下打开壳，剩下一口气，准备开始度过一天中最美好的时光。突然，它感到有东西被吸到了身体里，在软软的身体上有个硬硬的东西，很难受。它想动一动把那粒沙弄出去，可只要一动就疼得厉害。它把壳合起来，不敢再动。

贝开始分泌黏液。它想，或许在黏液的湿润下，沙粒比较容易弄出去吧。可虽然有了黏液，沙粒还是固执地留在贝的身体里，纹丝不动。贝想，也许不够湿润吧，还有这些黏液好像让自己不再痛了。于是继续分泌黏液……日子一天天过去，黏液没有把沙粒弄出，却把沙粒一层层地包裹起来。每天，贝都分泌黏液包裹沙粒，却似乎忘了当初分泌黏液是为了把沙粒赶出去。渐渐地，被黏液包裹的沙粒越来越像贝的一部分。它的存在不再让贝痛苦。

日子一天天过去。有一天，一位渔人把贝带到岸上，当他打开贝壳的时候，被眼前的一切惊呆了，一粒光彩夺目的大珍珠静静地躺在贝壳里！原来，当初的沙粒在黏液的包裹下，变成了珍珠。

第二粒沙

有一个参加长跑比赛的选手在走过一片沙滩时，鞋子里灌满了沙子，他匆匆把鞋子脱下，胡乱地把沙子倒出，便又急急地继续往前跑。可是有一粒沙子仍留在他的鞋里，在他以后的路程中，那粒沙子磨着他的脚，使他走一步，疼一步。但他并没有停下把鞋子脱掉，抖出那粒磨自己脚的沙子，仍是匆匆前行，在离终点不远的地方，因脚痛难忍，他不得不止步，最后放弃了比赛。当他忍着揪心的痛把鞋脱掉时，他发现让自己痛苦了几天并放弃比赛的竟仅仅是一粒沙子。

思考题

1. 这两个故事让你想到了什么？
2. 贝壳和勇士，你觉得谁和你更为相似？
3. 生活中，你最近一次遇到的“沙粒”是什么？你是怎么样处理的？效果如何？
4. 你处理“沙粒”的方式会让你成为贝壳还是勇士呢？

推荐书目

李可，2013. 杜拉拉升职记[M]. 海口：南海出版公司.
路遥，2012. 平凡的世界[M]. 北京：北京十月文艺出版社.
塞缪尔·斯万尔斯，2017. 自己拯救自己[M]. 文轩译. 北京：中国书籍出版社.
覃彪喜，2012. 读大学，究竟读什么[M]. 广州：南方日报出版社.
威尔·鲍温，2014. 不抱怨的世界[M]. 陈敬旻，李磊译. 长沙：湖南文艺出版社.

推荐歌曲

《怒放的生命》
《阳光总在风雨后》
《相信自己》
《年轻的战场》
《奔跑》

《阳光总在风雨后》

人生路上甜苦和喜忧
愿意与你分担所有
难免曾经跌到和等候
要勇敢地抬头
谁愿藏躲在避风的港口
宁有波涛汹涌的自由
愿是你心中灯塔的守候
在迷雾中让你看透
阳光总在风雨后
乌云上有晴空
珍惜所有的感动
每一份希望在你手中
阳光总在风雨后
请相信有彩虹
风风雨雨都接受
我一直会在你的左右

参考文献

耿俊生，张存库，2001. 大学生心理健康[M]. 西安：陕西人民出版社.

龚志慧，王哲，2010. 论大学生的日常生活压力与应对方式[J]. 白城师范学院学报，24（2）：77-80.

刘华山，2005. 学校心理辅导[M]. 合肥：安徽人民出版社.

宋宝萍，2007. 大学生心理健康教育[M]. 西安：西安电子科技大学出版社.

王传旭，姚本先，2005. 大学生心理健康教育概论[M]. 合肥：安徽大学出版社.

王淑兰，2008. 大学生心理健康教育教程[M]. 西安：世界图书出版公司.

第六章　大学生的学习心理

三岁的阳阳到了上幼儿园的年龄。家人坚持早送晚接的传统模式送她上学。一个月后的一天晚饭后，阳阳忽然对家里人说：“你们都坐好了，小手放在小腿上，认真跟老师读。”于是阳阳拿起随手找到的尺子开始指着墙上的贴画有模有样地教爸爸、妈妈朗读。

看到这一幕，妈妈先是一愣，随即莞尔一笑就明白是什么意思了：阳阳在模仿老师上课。

对幼儿园充满新鲜感的阳阳显然记住了幼儿园老师上课的情形，甚至学会了老师的某些行为，这给我们展示了学习的最初形式——适应。

人类对学习和体验新事物具有天生的欲望，我们能够区分并且记住人、事、物之间的不同。随着成长，我们学习的范围也越来越大，直到学习变为一项专门的活动——学校学习之后，读书、上学成为学习的代名词。大学生更是完成了基础教育任务，人生发展步入自主学习阶段，大学是个体由校园步入社会的准备阶段，更是关键时期，本章一起来了解大学生学习活动的学习心理。

第一节 学习心理概述

一、学习的概念

（一）学习的定义

心理学的研究中，学习的内涵非常广泛，广义的学习指人与动物在生活过程中获得个体行为经验的过程，比如心理学的研究中对动物获取食物技能的学习，儿童学习用碗筷的过程都属于广义层面的学习。狭义的学习则指的是学生学习的过程，准确地讲就是指学生在教师的指导之下，按照一定的教学计划学习科学文化知识、发展智能、思想品德与行为发生改变的过程。一般生活中我们所说的学习更多的指的是科学文化知识的学习。

学习发生在生活的方方面面，广义的学习是基于经验而导致行为或行为潜能发生相对一致变化的过程，不包括随着年龄而产生的身体发育、病变和脑损伤，或者由朝夕万变的随机现象所带来的变化，由此推断，现在你需要更新自己关于学习的定义。学习发生在你和宿舍同学的卧谈中、体育课上单手扣篮时，以及看韩国电视剧后隐隐发誓不能找一个不负责任的男朋友等各种活动中。

现在，有人再问你大学学习学什么，你是不是可以跳出教师、图书馆的束缚，给出更多元的答案？联合国国际 21 世纪教育委员会对于学什么提出了更概括的阐述:学会求知，学会做事，学会共处，学会做人。

这些是支持现代人在信息社会有效地工作、学习和生活，并有效地应对各种危机的四种最基本的内容。其中学会求知，并不单纯是指记住尽可能多的系统知识，而是要掌握学习知识的手段，即学会学习。

（二）学习的分类

对学习活动进行分类，有利于学生认识不同类型的学习特点及其特殊规律，便于提高学习的效果。但是，学习活动本身具有一定的复杂性，所以对其进行分类就有一定的困难，加上教学心理学家对学习所持的观点和对学习进行分类的角度不同，分类的结果也各不相同。国内外教育心理学家对学习有四种代表性的分类。

1. 加涅的分类

按照学习结果把学习分为以下五个方面：

1）言语信息的学习。

2）认知策略的学习。

3）智慧技能的学习。

4）态度的学习。

5）运动技能的学习。

2. 布罗姆的分类

其分类是为了用于课程设计，因而以教育目标和教育任务为出发点，将教育目标分为认知、情感和运动技能三大领域，认知领域的学习分为以下六类：

1）知识，对知识的简单回忆。

2）理解，对所学知识的解释。

3）应用，在特殊情况下使用概念和规则。

4）分析，区别和了解事物的内部联系。

5）综合，把思想重新综合为一种新的完整的思想，产生新的结构。

6）评价，根据内部的证据或外部的标准做出判断。

情感领域的学习分为以下五类：

1）接受，能感知到外界刺激并愿意接受。

2）反应，能主动注意或参与某一活动。

3）形成价值观念，对于所学的内容在兴趣、态度方面的接受、肯定和实践。

4）组织价值观念系统，对所学的内容进行价值比较，使价值内化，建立价值体系。

5）价值体系个性化，已经形成的价值体系指导并控制着他的行为，使其形成独特的生活方式。

运动技能领域的学习分为以下七类：

1）知觉，了解动作技能的知识性质、功用。

2）定向，对动作活动的准备，包括生理与心理定向和情绪准备。

3）在指导下作出反应，在教师指导或说明书指导下，表现有关的动作行为。

4）机械化动作，活动反应已成习惯，动作表现无错误，属于动作定型阶段。

5）复杂的外显反应，能用最少的时间和精力表现全套动作技能。

6）适应，动作技能已达到高度发展水平，能修正动作模式以适应情境。

7）创新，能在具体的情境中创造新的动作模式。

3. 奥苏伯尔的分类

1）按照学习材料的性质及其与学习者知识经验的关系分为有意义学习和机械学习。

2）按照学习进行的方式分为发现学习和接受学习。

4. 潘菽的分类

我国教育心理学家潘菽把学习分为以下几种：

1）知识的学习，包括学习知识时的感知和理解等。

2）技能和熟练的学习，主要指运动的、动作的技能和熟练程度。

3）心智的、以思维为主的能力的学习。

4）道德品质和行为习惯的学习。

二、学习的过程

学习过程从学生接触学习内容到掌握内容，到对知识、技能的运用，是一个循序渐进的过程，具体地说，这一过程可以分为感知、理解、巩固、应用四个阶段。

（一）通过感知，形成表象

这是学习过程的初步阶段。该阶段的主要特征是学生通过各种感觉和知觉去观察事物和物质化材料，听取言语的说明，阅读文字符号，进行试验操作，等等，直接或间接地获得必要的感性知识，对学习对象形成正确的表象，为进一步形成科学的概念打下基础。高校应通过实地考察、访问、社会实践、案例分析、模拟教学、实验、利用图书馆和网上学习、电话教学（含多媒体教学）等教学方法和手段，使大学生直接或间接地获得必要的感性知识。

（二）通过理解，形成概念

通过感知形成表象只能认识到事物的表面形象和外部联系，学生还应该对感知的材料和信息通过思考、分析、比较、综合、抽象、概括等方式理解而形成概念。这是学习的深化阶段，是学习过程的中心环节，对于掌握学科系统知识具有重要的意义。

（三）巩固知识，保持记忆

学生在摄取和理解知识之后，需要一个巩固的阶段。巩固知识的过程，就是把理解的知识在大脑中储存起来，以便在需要时加以提取与运用。大学生应当注意掌握记忆的规律，适当进行运用记忆方法的训练。

（四）应用知识，形成技能

学生学习过程的最后一个阶段是对知识的运用，即把所获得的知识运用到实际中去，以形成技能和技巧。学习知识的目的全在于应用，如果学生只会死记硬背，遇到实际问题就会束手无策，这种知识是毫无意义的，因此应当提倡学以致用。

三、学习动机

（一）学习动机的含义

动机具有一定的动力作用，是由某种需要所引起的有意识的行动倾向，是激励或推动人去行动以达到一定目标的内在动因。学习动机是指引起、维持学习活动，并将其指向学习目标的心理倾向或意向，是推动学生学习的内部动力。学习目标及实现目标的手段等是组成学习动机的基本要素。学习愿望、学习态度、学习情感、学习意志以及注意与思维等心理现象则是学习动机的外在表现形式。大学生的学习是由一定的学习动机所驱使的，没有学习动机，就不会有学习活动发生。

大学生如果对某一个专业领域、某一门课程学习动机强，就会对该门课程表现出迫切的学习愿望、饱满的学习热情、克服学习困难的意志准备，以及积极的学习态度等。

需要是动机产生的源泉，学习动机由学习需要引起，没有学习需要，就不会产生学习动机。人本主义心理学家马斯洛研究表明，人类的需要是多层次、多样化的。大学生处于长身体、长知识的关键时期，身心都处在发展中，需要不断地学习，以丰富知识、提高能力、完善个性，加快社会化进程，为将来服务社会、实现自身价值、获取社会地位奠定良好的基础。大学生的需要更是多种多样的，既有物质（生理）需要，也有精神（社会）需要。我国心理学工作者黄希庭在 1988 年《心理科学通讯》第 2 期上发表了《我国大学生需要结构的调查》一文，文中指出大学生需要的强度由强到弱依次为：发展需要、尊重需要、交往需要、贡献需要、安全需要与生理需要，而发展需要是大学生众多需要中最强烈的需要。

学习需要引发学习动机，但不是所有的学习需要都能引起学习动机。学习需要引发学习动机是有条件的：一是要使学习需要从潜在的状态转为活跃状态，即让学习需要达到一定的紧张度或迫切性；二是具备满足需要的目标对象（客观诱因）和实现手段。当需要不迫切、刺激不强烈时，个体就不会采取行动去满足这个需要。只有当刺激不断增强，需要迫切程度日益提高，并且满足需要的条件具备时，需要才能转化为动机，促使个体采取行动。例如，随着信息社会的发展，掌握适当的电脑操作技能越来越成为影响人们生活的重要因素，有意愿投身 IT 行业工作的大学生考取相应的计算机等级证书日益流行。作为一门附加的学习课程，对于大学生而言只能是一种潜在需要。随着年级的升高，大学生逐步意识到学习计算机对将来毕业从事工作的重要性，因此，学习计算机的迫切性不断增强，潜在的需要慢慢被激活并转化为学习动机，成为推动大学生学习计算机的动力。

（二）学习动机的分类及特点

1. 学习动机的分类

在大学生的学习生涯中，学生学习行为的确定往往不是由于单一的动机，而是由于一个动机系统。按照不同的分类标准，大学生的学习动机可以有不同的分类。

根据动机对学习活动所起的作用，大学生的学习动机可分为主导性动机和非主导性动机。在同一时间对学习行为发生影响的众多动机中，起最大激励作用的动机称为主导性动机，其他起辅助作用的动机则称非主导性动机。非主导性动机也可能包括与主导性动机有冲突的动机。

根据动机影响的范围和持续时间，学习动机又可分为远景性的间接动机和近景性的直接动机。远景性的间接动机是与社会意义相联系的动机，这是社会要求在大学生学习动机中的体现，与大学生的人生观、世界观有着密切联系，具有较强的稳定性和持久性，能在较长时间内发挥作用。近景性的直接动机常常是由对学习的直接兴趣，对学习活动的直接结果的追求引起的动机。如大学生为获得文凭、学位，通过某门课的考试而学习的动机。近景性的直接动机作用时间短暂，易受个人情绪影响，不够稳定。

根据动机激发的来源，大学生的学习动机可分为内部动机和外部动机。内部动机指由大学生自身的意志、兴趣、爱好、求知欲，以及对学习的社会意义的认识等内部因素引发的动机。它具有持久性、主动性等特点。外部动机指由社会外部因素（包括家庭、学校、社会等）所引起的动机。它是短暂的，引起的学习是被动的。

根据动机的价值取向，大学生的学习动机还可分为正确的动机和不正确的动机。正确的动机是指与社会发展相适应或与社会价值观相一致的动机，如刻苦学习是为了成为某方面的专业人才，发奋读书是为了在某方面有突出成就。不正确的动机是指与社会发展相悖离或与社会价值观相抵触的动机，如学习是为了自己将来谋得好的职位，学习是为了改善自己的生活条件，等等。

大学生的学习动机是一个系统，以各种方式形成不同的内部结构。决定大学生学习行为的往往是内部结构所形成的合力。每个大学生组成系统的动机种类和强度不同，因而产生的行为方向和力度也不同。

2. 学习动机的特点

大学生的学习动机由于受个体、社会、学校和家庭等方面因素影响，表现出多元化、波动性、间接性、社会性、职业性等特点。

多元化特点表现为大学生学习的多目的性，如学习是为了报答父母的恩惠，不辜负老师的期望，为了赢得个人的荣誉，谋求好的工作岗位，满足求知欲，在事业上有所成就，为国争光，等等。

波动性特点表现为大学生的学习动机强弱起伏不稳定的现象。这在大学一年级新生中尤为明显。他们在高中时是学习的佼佼者，对学习很有信心，也有较强的学习愿望，进入大学后发现强手如林，自己并无多少优势可言，加之大学的学习环境和学习方式与高中相比迥然不同，这一系列的变数使他们原有的心理平衡被打破，表现出复杂的心理现象。为了取得好成绩大一新生会奋发图强，但面临困难又会消沉泄气，在学习动机上表现出起伏不定的波动变化。当然，随着时间的推移、年级的升高、个性的成熟，大学生学习动机的波动性会逐步减弱，稳定性则会逐步增强。

间接性特点表现为学习主要不是由个人的好恶或对学习活动的直接兴趣所引起，而是由创造、成就、贡献等与社会意义相联系的间接因素所主导。随着学生年级的升高，这种间接性学习动机越来越占优势地位。

社会性特点表现为大学生随着人生观、世界观、价值观的逐渐成熟，其学习动机的社会意义越来越突出，大多数大学生能把自身的学习与社会经济科技文化的发展联系起来。

职业性特点表现为大学生的学习围绕专业来进行，对未来要从事的职业极为关心，在学习中能自觉排除对专业学习的干扰因素。

研究表明，并不是动机越强，活动效果越好，事实上，学习动机与学习效率之间符合耶基斯—多德森定律（图 6-1）。

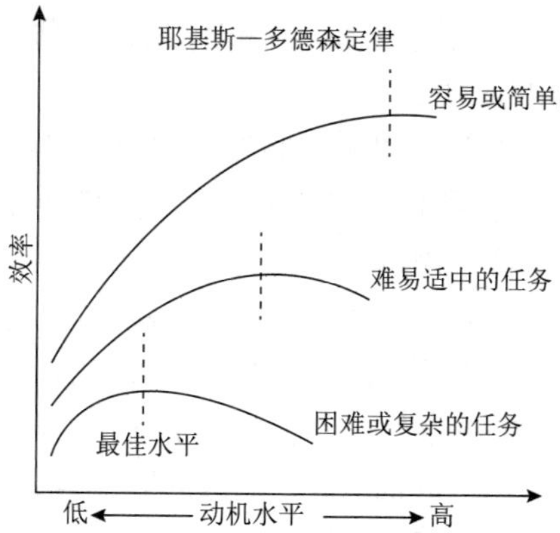

图 6-1　学习动机与学习效率之间的关系

四、影响学习的非智力因素

在学习心理中，对于非智力因素的科学认识，西方心理学界是从其对智力测验成绩的影响开始的。我国非智力因素是在教育实践中单纯"开发智力"遇到困难的背景下提出来的。在此基础上有人开始专题研究非智力因素与成才、非智力因素与学业成绩的关系。

非智力因素的确切含义是什么呢？目前学术界对非智力因素还没有一个统一的定义。一般而言，对非智力因素可以从广义和狭义两个方面来解释。广义的非智力因素包括智力以外的心理因素、环境因素、生理因素；狭义的非智力因素则是那些不直接参与认识过程，但对认识过程起直接制约作用的心理因素，主要包括动机、兴趣、情感、意志、个性（气质、性格）等，其中个性是核心。心理学研究中所讲的非智力因素，多指狭义的非智力因素（图 6-2）。

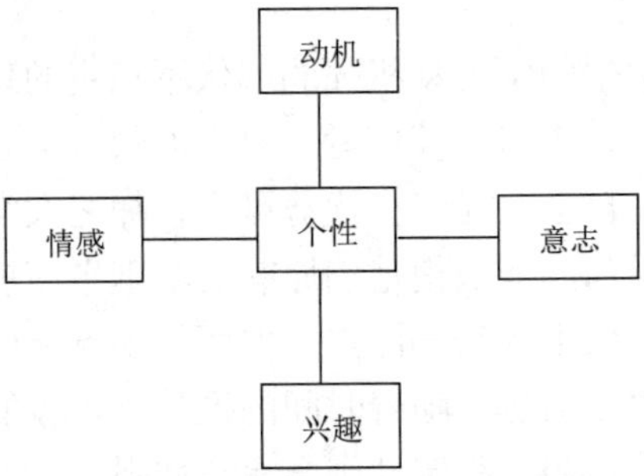

图 6-2　心理学研究中的非智力因素

非智力因素不直接参与认识过程，也就是说在认识过程中，它不直接承担对机体内外信息的接收、加工、处理等任务。非智力因素对认识过程的直接制约作用表现在它对认识过程的动力作用和调节作用上。

有人认为学习仅仅是一种智力行为，学习成绩的好坏只与个体智力水平的高低相关，实际上这种看法是不正确的。在学习活动中，除了智力因素以外，非智力因素起着动力、导向、调控、因果的作用，是认识活动的心理倾向性，是学习活动的推动者和调控者。

在学习活动中，智力因素界定一个人能干不能干；非智力因素界定一个人肯干不肯干；至于干得好不好则由智力与非智力因素共同决定。对于一般人来讲，干得好不好主要由非智力因素决定。一个对学习不感兴趣，又缺少刻苦、勤奋学习精神的人，他的智力水平再高，学习也不会取得好成绩。

大量研究表明，智力因素和非智力因素共同影响学习效果。智力水平相等的学生中，非智力因素优秀的学生其学业成绩都高于非智力因素不良的学生；智力水平中等、非智力因素优秀的学生的成绩会高于智力水平较高、非智力因素不良的学生。

有的研究还表明，在学习成绩较好的学生之间，学习成绩的差异与智力因素关系较大，而与非智力因素几乎没有什么直接关系，因为学习成绩较好的学生，他们的非智力因素水平一般都比较高。在学习成绩较差的学生之间，他们成绩的差异与非智力因素水平有显著关系，而与智力因素水平关系较小。也就是说，导致这部分学生学习差的原因，主要不是智力因素影响，而是非智力因素的影响，即缺乏学习动力、学习热情和学习毅力。这些都

说明非智力因素对学生学习起着非常重要的作用。

非智力因素与智力因素不同，在学习活动中，非智力因素的诸多基本因素各自发挥其作用，某一基本因素水平的高低不一定影响其他基本因素的水平。而在智力因素中，只有其中某一种或几种因素有突出发展，才可以在智力发展中取得非凡的成功。此外，智力因素在很大程度上又由遗传决定，而非智力因素则主要是后天习得的，所以优化非智力因素主要在于后天的培养。大学生要想使自己成为具有创造精神的优秀人才，就要努力培养自己良好的非智力因素。

第二节　大学生学习与心理健康

一、大学生学习的特点

俗话说："活到老，学到老"，学习贯穿于人的一生。而对大学生来说，学习更是第一位的任务，是大学活动的主要形式。大学生的学习与中学生的学习相比较，有着明显不同的特点，大学生的学习特点主要体现在以下五个方面。

（一）学习的专业性

大学属于专业教育阶段，学习的内容围绕专业方向和需要展开。由于大学学习的这种特点，大学生对专业是否有兴趣会直接影响大学生的学习兴趣，进而影响他们的学业状况乃至整个生活。大学学习需要思考知识之间的联系，使用有效的学习策略。

（二）学习的计划性

大学生自由支配的时间比较多，因而需要具备较强的学习计划能力，能合理安排学习内容、学习形式，需要有较强的自学能力和自觉性、自主性及自制能力，否则，或是忙乱不堪，不得要领，或是浪费时间，事倍功半。

（三）学习过程的探索性

大学学习具有研究和探索的性质，参与研究成了大学生的必修课，大学的学习不仅要求理解、巩固知识，还要在学习中培养独立思考、探索创新的精神。而死记硬背、墨守成规、缺乏灵活性和探索性的大学生将会较多地感受到挫折。

（四）学习目标的多元性

学习目标可以大致上划分为认知领域学习目标（包括知识掌握、智力技能与认知策略学习的目标）、情感领域学习目标（包括情感、态度、价值观方面的学习目标）与运动技能领域学习目标（包括理解、外显行为、适应、创新的学习目标）。进入大学后，大学生普遍感到知识浩瀚如海洋、各类活动繁多，大学为每个人的发展提供了一个广阔的天地。大学的学习主要涉及以学科为中心的学习活动，即认知领域的学习。对于大学生而言，如何正确处理好课本知识与课外知识、专业学习与能力培养诸方面的关系，是许多大学生深感矛盾、头疼的问题，常使一些大学生左右为难、焦虑不安。

（五）评价的多样性

大学生的学业成绩已经不是评价其是否成功的唯一标准。因此，学业成绩的高低并不完全决定一个人是否成功，学业成绩主要考察逻辑思维能力和语言能力，而人际沟通能力、领导管理能力、艺术创作能力、动手能力等却很难在考试中体现出来，这些能力对一个人的成功也非常重要。

二、学习与大学生心理健康

学习是大学生主要的任务和活动方式，它对大学生的心理健康与发展有很大的影响。

（一）学习动机对心理健康的影响

大学生的学习比中学生更复杂，同时也更为自觉、独立。学习动机是学生学习活动的主观意图，是推进学生进行学习的内在力量。适当的学习动机是大学生学习取得良好效果的重要保证。学习动机过强或学习动力缺乏对大学生正常的学习生活都不利。

支配大学生学习的动机主要有以下几类。

1. 学习目的动机

学习的目的性是学习动机的重要组成部分，当学生能清楚地意识到自己的学习活动所要达到的目标及意义时，才能用这个目的去推动自己的学习。目标明确转化为一种有利的学习动机，推动主体把个人的目标与周围群体的目标和社会目标进行比较，从而对自己的目标内容做分析调整和修改。大学生如果能把学习的个人意义和社会意义很好地结合起来，把同学、社会、集体的要求转化为个人需要，让学习这一公众活动所带有的社会责任感来推动自己主动地学习，这样的学习目的既有社会意义，也有个体意义。大学生的学习如果有了明确的、自觉的、高尚的目的，就会产生学习的自觉性，激发起强烈的求知欲、稳定的学习兴趣和高度的社会责任感，从而专心致志、勤奋学习、刻苦钻研。相反，如果没有明确的学习目的或目的不正确的学生，学习就会像断线的风筝，形不成动机；形不成动机，学习便没有动力；没有动力，学习便没有兴趣，很难长久坚持下去。

2. 成就动机

成就动机是个体在先天创造力的驱动下，最大限度地获取成功体验的动机。这是一种能够带来成就感、后天获得的动机。从社会意义上看，成就动机对于人类的进步及科学的发展，有着不可估量的作用。一个人希望获得比以前更好的成绩，将来能干一番事业等愿望，都是在成就动机驱使下所产生的效应。成就动机与一个人的志向水平或抱负水平有关，志向远大的人，成就动机强，反之，成就动机就弱。成就动机的强弱，对心理健康会有很大的影响。古今中外对于成就动机具有共同的看法，即对成功和失败的归因不同会导致个体的心理倾向不同。一般来说，成就动机高的个体会把自己的成功或失败归因于能力与努力等主观因素。因此，对于这些个体而言，即使失败了，也会认为是自身的努力还不够，这样会促进自身继续努力，以致最后取得成功。而成就动机低的个体，会把自己成功或失败的原因归咎于外在的因素，像天时、地利、人和、运气或任务难度等，因此，一旦失败则会怨天尤人，从而丧失追求成功的愿望，安于现状、不求进取。

3. 学习兴趣

兴趣是积极探究某种事物或进行某种活动的心理倾向。学习兴趣指的是学生对某一种知识和技能，力求更深层次地去认识和掌握的内在要求和心理倾向。这种心理倾向和一定的情感相联系。

浓厚而稳定的学习兴趣，变为个体强烈的求知欲。兴趣浓厚而稳定的人，会凝聚自身精力积极努力为实现目标而奋斗，一步一步迈向成功；兴趣杂乱或淡化的人，在学习生活中造成自我失衡，导致自我与环境的关系失调，不利于自身心理健康发展。一个学习兴趣浓厚的大学生，会对学习上遇到的各种现象和问题产生惊异感。在学习过程中，会全身心投入、废寝忘食、津津有味，甚至会对所学知识达到痴迷不舍的地步；在学会后，他会产生强烈的满足感，觉得书本是他的良师益友，自己从中受到了启迪，并由此产生欢悦、惬意的情感体验。学习兴趣是学习积极性中最现实、最活跃的心理成分，学生学习的积极性往往以自己的学习兴趣为转移。当一个学生对某一学科、某一知识产生兴趣时，他总能发挥自身主动性，心情愉快地去学习，而不会把学习当做一种沉重的负担，我国名句“知之者不如好之者，好之者不如乐之者”，讲述的就是这个道理。因此，学习的最佳动力是对所学材料感兴趣并从中得到乐趣。

大学生学习动机的不同类型，实际上体现的是大学生在学习中所追求的不同层次和水平。在同一个大学生身上，其学习动机也是多种多样的，而不是受其中单一的动机所支配的，它们有主有从。研究表明，大学生主导性的学习动机主要是：求知探索的动机、友情交往的动机、成就建树的动机、自尊自主的动机。这说明大学生是以求知、求学需要为主要的、基本的学习需要，同时具有珍视友谊、重视自尊和荣誉、追求成功的特点，其主流动机是健康的、积极向上的。

（二）学习压力对心理健康的影响

当前，我国的高等教育仍然承袭着应试教育的一些特点。老式的学科体制及结构仍然存在，面对知识更新速度的加快，学科体制建设呈现落后的态势。学科体制存在的这个现状导致大学内学科学习两种乱象并存：大学生专业基础学科的教材、学习材料老化，赶不上知识内容更新的时代要求，由于多重原因的影响，教材、学习材料的更换也只是做做表面文章，或者是更换不到位，没有做到本质上的革新；新的学科内容在冲击着旧的学科知识，“装扮”后的种种新课程纷纷登场，在一些专业领域中出现了课程门次增多、学习内容重复的现象，无形中增加了学生的学习负担。学习负担过重，进而对学生的学习产生压力，导致学生精神高度紧张；课程重复率增加，使得学生对专业学习丧失信心；学习难度过大，使学生对学习产生畏难情绪，甚至失去信心。由此形成恶性循环，对学生的心理健康产生影响。

当然，如果大学生能够正确对待压力，压力也可以转变为学习的动力。知识经济发展的21世纪，给社会主体提出了新的挑战，在校大学生面临的第一个问题就是应对压力问题。大学生如果做不到努力学习，就不能很好地掌握学科知识，提升个人能力更无从谈起，面对生活学习中的压力，就显得无所适从。大学生只有当面对压力时勇敢地迎上去，在压力的历练下，自己的人格、修养和学识才会有新的突破。这对于大学生形成良好的个性品质、健全的人格素质以及心理健康都意义重大，勇于面对压力是人生成功的首要条件。

（三）学习方法对心理健康的影响

《论语》中有句话说得好：工欲善其事，必先利其器。学习者进行学习活动往往关注的是学习内容，其实对于大学生而言更重要的是学习方法，即大学生是如何学习的。对于每一个学习主体而言，学习方法是必不可少的，它来源于学生对学习的正确认识。

随着社会生活节奏的加快，社会竞争的加剧，人们面临的学习任务日益增加，因此采用高效率的学习方法是人们学习中所追求的目的。针对学习内容，如果学习方法得当，学生的学习就会显得轻松而富有成效；如果方法不得当，往往是浪费精力，事倍功半。学习方法不当，导致学习主体掌握知识难度加大，学习成绩长期得不到提高，导致个体学习方面产生自卑心理，严重者则会自暴自弃。科学的、合适的学习方法能够培养学生的学习兴趣，提高其学习积极性，有助于促进学生心理健康。科学研究表明，人体大脑细胞的95%处于闲置状态，这对于提高学习效率至关重要，而科学的学习方法可以帮助主体有效地开发大脑智能。每个人都有与生俱来的潜能，这些潜能还处于待开发状态中，通过科学有效的学习可以开发这种潜能，进而提高个体心理健康水平。

第三节　大学生常见的学习心理问题与调适

一、大学生常见的学习心理问题

一般来说，绝大多数学生都是围绕学习这个主导活动来安排自己的大学生活的，通过努力，顺利完成学业。但在校园中存在种种的学习困难，甚至难以继续学习的大学生也不在少数，集中表现为学习心理问题。学习心理问题表现程度的轻重不同、时间长短各异，形成的原因也多种多样。

当前大学生常见的学习心理问题包括缺乏学习动力、学习焦虑、学习疲劳、注意力不集中、考试焦虑等。

（一）缺乏学习动力

缺乏学习动力的学生往往会表现出许多消极行为，如听课不专心、无精打采、被动应付、缺乏上进心、有厌学情绪等。造成大学生学习动力缺乏的原因是多方面的，其中最主要的是动机不明确，对所学专业不感兴趣。除此以外，不善于分析遭受挫折的原因、来自社会或家庭的消极影响等，也是不容忽视的影响因素。显然，缺乏学习动力的学生难以圆满完成学习任务，要增强他们的学习动力必须激发他们积极的学习动机。

当前，大学生学习目的不明确，从而造成无所适从、浑浑噩噩的学习现象在大学中屡见不鲜。

大学是自由、幸福的开始，进入了大学就像进入了保险箱，学生学习不需要再努力，考试及格就好，家长的要求降低，自由的空间变大。

上课心不在焉，效率低下；作业拖到上交的最后期限匆匆完成；考试时匆忙上阵或是过于在意成绩，紧张焦虑；学习到底为了什么，让人觉得模糊不清；等到多门成绩亮了红灯后，才后悔莫及。

“学不在深，抄上则灵，分不在高，及格就行。斯是教室，唯有闲情；小说读得勤，手机刷得快；无书声之忧耳，无思考之苦心。寻思上网吧，打牌下象棋，心里曰：‘混文凭！’”

“上课？现在兄弟是选修课必逃，必修课选逃。今天不去了，点名了就说兄弟我病了啊！”

不愿上课、上课无精打采、不愿学习，课余的精力也主要放在打扑克、上网及无关的活动上，这都是学生缺乏动机与目的的表现。

现实生活中，大学生的学习动机是具体而又多样的。根据有关调查，大学生的学习动机大体可以概括为以下 13 种：①为了祖国建设，为了振兴中华；②为了人类的进步；③为了当一名科学家；④为了实现自我价值；⑤渴望得到更丰富的知识；⑥不甘落人之后；⑦为了谋求职业；⑧为了获得一张大学文凭；⑨为了走出农村，过优越一些的生活；⑩为了出人头地，光宗耀祖；⑪为了不辜负父母的希望；⑫为了适应社会的形势；⑬听从亲朋好友的劝说。根据这些学习动机的内容指向可将它们分为直接性学习动机和间接性学习动机；根据其在学习中所起的作用可将它们分为主导性学习动机和非主导性学习动机；根据来源又可将它们分为内部动机和外部动机。其中积极的学习动机有助于大学生明确学习的方向和目的，自觉保持学习进程的稳定性和持久性，处于主动积极的学习活动状态，获得良好的学习效果。

增强大学生学习动力的对策包括社会、学校和大学生个人两方面。社会、学校可改进大学生择业机制，做到优才优用，创造良好的学习气氛和竞争环境，严格学习纪律和奖惩条例，完善专业设置和课程设置，提高教学质量，改进知识体系，采取灵活的适合学生的管理体例，等等。从大学生个人角度来讲，可以进一步了解专业特点及在社会发展中的作用，提高对学习意义的认识、培养学习兴趣，增强学习的自觉性和主动性；端正学习动机，通过参与社会实践、了解国情来增强社会责任感；设置适当的学习目标，短期、中期和长期目标相结合，使学习具有明确的努力目标，并据此制订具体的学习计划；在学习实践中体验获得知识的乐趣，尤其在创造性的劳动中感受喜悦，在战胜困难中增强勇气和自信。

具体就大学生个人而言，主要是就自身缺乏动力的原因做针对性的调整。

（二）学习焦虑

【案例】

某男，某高校大学三年级学生。

该同学说到，自己学习很努力，每个学期自始至终都在踏踏实实学习，但是每次考试成绩总不理想。和同宿舍考高分的同学相比较，别人经过考前突击就能轻而易举地取得高分，自己在学习上就是典型的“高付出低回报”，为此无法找到一个平衡点。久而久之开始怀疑自己的学习能力，怀疑自己在所喜欢的专业上的学习潜力。到了大学三年级，面临就业与考取研究生的选择，自己更是难以做出选择。进入三年级以来，失眠的问题愈演愈烈，整晚只能睡着3个小时左右，自己也很着急，就是不知道该怎么办。

该同学的问题就是典型的由学习焦虑所引发的失眠问题。

学习焦虑是指学生不能达到预期目标或不能克服障碍的威胁，致使其自尊心、自信心受挫，或失败感、内疚感增加而形成的一种紧张不安、带有恐惧的情绪状态。有些学生在家长、亲友、教师等各方面因素的影响下，为自己确定了过高的学习目标或抱负，虽竭尽努力仍和目标相差甚远，造成心理压力很大，这时就会出现严重的学习焦虑。

现代心理学把焦虑分为三种情况：低、中、高焦虑，适当水平的焦虑可以增强学习的效果，但是若焦虑过度会降低学习效果。

关于焦虑的研究证明，高焦虑只有同高能力相结合才能促进学习；高焦虑若与一般能力或低能力相结合则会抑制学习；把焦虑控制在中等程度才有利于一般能力和水平者的学习。通常，焦虑程度与学习效率之间的关系可以用一条倒U形曲线来描绘，如图6-3所示。

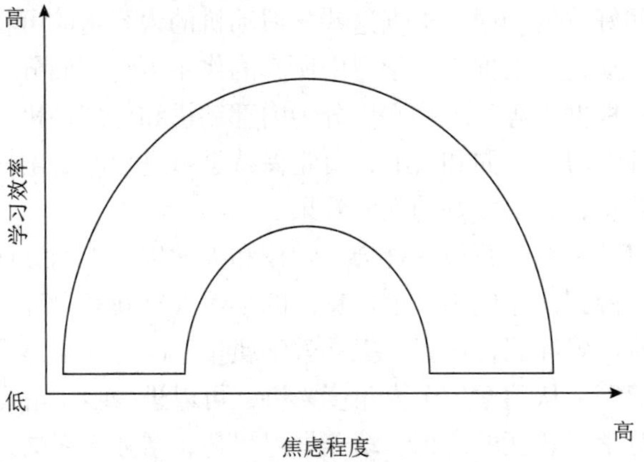

图6-3　焦虑程度与学习效率的关系

从图6-3中可以看出，过高或者过低的焦虑水平都会降低学习效率，要获得最佳的学习效率，必须将焦虑水平保持在中等程度上。

但是，假如已经出现严重的学习焦虑又该怎么办呢？首先，要充分发挥自我调节的能力，控制焦虑的程度。其次，要努力创造一个班级、宿舍同学间关系和谐的集体和轻松愉快的学习气氛。师生之间情感的交流，同学之间互助友爱的关系，都有助于学生心理趋于平衡，形成正常焦虑。再次，激发和保护学生的好奇心是控制正常焦虑的良策。精神病学家布盖尔斯基认为，控制恰当的焦虑水平的方法就是要引起学生的好奇心，因为好奇心就是焦虑的一种隐蔽方式。有了好奇心，相应地会出现一定的紧张，这种紧张饱含着愉快色彩，活动效率因此而大大提高。最后，学生要正确认识和评价自己的能力，确立切合自身实际的学习目标；增强自信和毅力，不怕困难和失败；保持适度的自尊心，行之有效地降低对胜败的敏感度；保持情绪的稳定；探索总结一套适合自己的学习方法，等等，都有助于克服严重的学习焦虑。

（三）学习疲劳

学习疲劳是指因一定的紧张程度或连续学习而引起学生生理和心理方面产生变化，使学习效率下降，甚至处于不能学习的状态。学习本身就是一种极其繁重的脑力劳动，其剧烈程度丝毫不弱于体力劳动。如果不合理地安排学习，长期学习负担过重，用脑过度，可使疲劳积累成为过度疲劳，并会造成大脑的机能损伤。

1. 学习疲劳的分类

学习疲劳一般分为生理疲劳和心理疲劳两大类。生理疲劳主要指因学习活动而引起人的能量消耗，表现为肌肉酸痛、疲倦、无力等，心理疲劳是学习活动的紧张程度较大或学习活动过程简单重复而造成的心理不安和疲乏感。心理疲劳与生理疲劳不一样，它不是由能量的消耗引起的，而是由心理的原因引起的。它主要表现为对学习感到怠倦、情绪不安、精神涣散、厌恶、反应迟钝、注意力不集中等，随之而来的是学习积极性及效率下降，严重者可表现为学习困难、学习无兴趣。

学习既包括体力的活动，也包括脑力的活动，因此学习既受生理疲劳的影响，也受心理疲劳的影响，但主要是受心理疲劳的影响。造成学生的学习疲劳的原因可以是生理性的，也可以是心理性的，还有可能同时包含这两种成分。

2. 防止和消除学习疲劳的方法

（1）端正学习目的，培养学习兴趣

人有了明确的学习目的，学习就有了动力。人在做自己愿意做、喜欢做的事情时，疲劳通常会来得晚一些、更轻微一些，并且能够保持较高的活动效率。人在从事他们喜欢的活动（如看电视里的文艺节目或下棋）时，能连续集中注意力四五个小时而毫无倦意；而如果他们做的是自己不愿意做的事，则很快就会感到疲劳、厌烦。我们学习效果的好坏，很重要的衡量标准之一是能否使大脑细胞处于兴奋状态。如果对学习不感兴趣，进行强迫性的学习，大脑皮层的有关区域往往会呈现出抑制状态，出现视而不见、听而不闻或像和尚念经，有口无心的情况，这是不会取得好的学习效果的。只有激发自己的求知欲，对探求学习内容的本质和规律有强烈的兴趣，才能使大脑功能处于最佳状态。

（2）建立合理的作息制度，保证充足的睡眠

充足的睡眠可以使疲劳得到消除，这是因为身体活动所消耗的物质可以在休息过程

中由平缓的呼吸和营养物质的运输得到补充。一般认为，大学生每天的睡眠时间不应少于7～8小时。防止大脑疲劳，应该保证有足够的睡眠时间。这是因为睡眠是休息最重要、最基本的形式，是保护脑的重要条件。

除保证睡眠时间充足之外，还要保证睡眠质量，即要睡好、睡熟。生理学研究表明，熟睡6小时比浅睡8小时要好得多。保证睡眠质量，要做到：①临睡前要保证轻松愉快的心情，要善于抑制兴奋和抵制刺激，其中重要的是不要胡思乱想。②临睡前，不要吃刺激性的食物，如咖啡、油茶等；也不要读过于紧张的文艺作品，不要看刺激性太强的影视节目，以免引起大脑过度兴奋。③要按时就寝，按时起床。

从保障身体健康和提高学习效率来看，以早睡早起为好，不提倡晚睡晚起，这是因为早醒者学习时来自他人的干扰较少；晚醒者容易在上课时间打盹而影响听课；考试大多都在白天进行，对晚醒者不利，因为晚醒者在白天参加考试时状态不佳，对学习来说也是不利的。

另外应当注意掌握好休息时间的长短。休息时间太短，疲劳不能得到彻底的消除；休息的时间太长也有副作用，它不仅会造成时间的浪费，还会使注意力减退而影响学习效率。睡眠是一种良好的休息方式，它可以消除疲劳，恢复肌肉、神经系统的功能，因此是消除疲劳的主要手段。只有保证充足的睡眠时间，才能使头脑清醒、精神振奋、疲劳消解。

（3）注意休息，劳逸结合

大学生在学习过程中要注意保护大脑，按照大脑活动的规律合理运用脑力，注意休息，劳逸结合，使大脑处于最佳的工作状态，最大限度地发挥大脑的功能。学习与休息交替进行，劳逸结合符合大脑活动的兴奋与抑制规律。学习一段时间后应休息片刻，这不是在浪费时间，而是在补充精力。大学学习中，学校安排了休息的时间，一般学习50分钟，休息10分钟。平时阅读或自学40～50分钟，同样要注意安排10～15分钟的休息，这符合大脑皮层活动的规律，有利于提高人的理解力和记忆力。

（4）坚持体育锻炼，预防脑衰老

体育锻炼可使心脏活动量增加，血液循环加快，使大脑得到更多的氧气和营养，有利于脑的新陈代谢，使大脑的机能保持旺盛，从而提高大脑的活动。锻炼不仅可以使大脑在紧张工作时得到积极的休息，还可丰富生活内容，使人精神愉快、脑力充沛，提高学习效率。

（5）要注意大脑的营养

生理学研究表明，大脑所消耗的能量几乎占全身能量的20%，所以大脑能量的消耗需要大量的营养来补充，方能保证脑的灵敏度和持续能力。丰富的蛋白质、脂类、钙以及足够的维生素及磷、锌等一些微量元素，是使大脑得以健康发育，充分发挥其功能的物质基础。因此，大学生一日三餐既要吃饱又要吃好，合理搭配食物，注意膳食平衡，不偏食、挑食和吃零食，使其吸收的营养全面充足。有的学生习惯于不吃早餐，这是很不好的习惯，会导致头晕目眩甚至昏迷。有的学生有吸烟、饮酒的癖好，这也会影响大脑皮层的健康，因为脑细胞对尼古丁和酒精很敏感，吸烟会使思维活动减缓，饮酒会使精力分散。

（6）要创设良好的学习环境

整洁的学习环境，清新的空气，适宜的温度、湿度和光线可以使人心情舒畅，提高学习效率，而且不易疲劳。如学习环境要保持安静，防止噪声及其他影响学习效率的声音干扰；学习时应保证足够的光线，避免光线过暗或过亮，使人头晕目眩，出现视觉疲劳；保证学习环境的舒适感，不在空气污浊的环境中学习，以免使人出现胸闷或呼吸困难等症状。

（四）注意力不集中

【案例】

课堂上，我希望努力做到全神贯注地听讲、做笔记，但是我总是不由自主。我会不由自主地查看周围的同学在怎么听讲、怎么做笔记；不由自主地留意自己学习上崇拜的对象在做什么；不由自主地留意自己有好感的异性在做什么……等我回过神来的时候，我就会发现老师已经讲了很多内容，自己已经错过了很多精彩内容。为此我常常懊悔不已，我也曾努力控制自己，尽力做到专心听讲，但是我就是控制不住自己。我该怎么办？

心理学研究表明，学生在学习中的个别差异，并不完全由个体的天赋不同所导致，更主要的是他们在学习时注意力集中的程度不同。可见，人适度集中注意力是保证自身高效率学习的必要条件。

注意是心理活动对一定对象的指向和集中。注意分为无意注意和有意注意。无意注意指事先没有预定的目标，无需作意志努力的注意；有意注意是一种主动、自觉、有目的、需要意识作出一定努力的注意。注意力不集中或注意力分散，是指在需要注意稳定的情况下受到干扰，使注意离开了需要注意的对象。大学生注意力不集中，实际上是无意注意增加，而有意注意减弱的结果。无意注意增加意味着注意保持时间短，外界稍有一点刺激就分心，使主观上想把注意力集中在学习上也做不到。有意注意减弱意味着注意力分散且不能持久，不能将注意力集中于一定的对象上，对已开始的学习活动常半途而废，难以坚持始终。学习时注意力不集中是导致学习效率下降的重要原因之一，是大学生学习的大敌。

一些学生常常为自己不能有效地集中注意力或学习及复习时分心走神而苦恼。那么，如何才能集中注意力呢？

1. 明确目标

学习时应时刻坚持明确的学习目标，即为自己学习设定一个具体的、明确的、能很快实现的目标进行引导。例如，今天课堂要掌握哪些知识，这次考试要取得什么样的成绩，打算怎样安排复习等。只要自己心中有目标，当你转移注意力时，一想到这些即将实现的目标，你就会为之产生意志力，克服分心。

2. 转移调节

学习过程本身是艰苦的，学习知识又是十分抽象和枯燥的，对这些内容的学习往往易分散注意力。因此，在学习过程中，应当把感兴趣或不感兴趣的内容穿插开来学。当你感到厌烦或疲劳时，可暂时放弃当前的学习内容，把感兴趣的学科内容作为坚持学习、集中注意力的转移调节对象。

3. 锻炼意志

注意力说到底是一个人意志的一种体现。学习中的挫折往往是集中注意力的劲敌。因此，大学生在日常生活中要注意培养集中注意力学习的良好行为习惯，培养克服困难及挫折的毅力，逐步增强自我控制的能力，培养自律性人格，增强集中注意力的自觉性。

4. 劳逸结合

大学生要保持身心健康，精神愉快，精力充沛，注意充分休息，做到劳逸结合，防止因过度疲劳而导致的注意力不集中；同时，学生应适当参加文体活动，这样一方面使自己得以充分休息，另一方面也使过剩的精力得以宣泄，从而保持个体体内能量平衡。学习要有劳有逸、有张有弛，才能保证把注意力集中在学习上。

（五）考试焦虑

【案例】

我必须一笔一画、一字一句地看，以防止自己看错或看漏题；解完题后，必须将计算结果算一遍又一遍，有时甚至为一道题反复检查将近 40 分钟，否则就放心不下，以致无法及时完成后面的题目。这样长时间地反复检查同一道题，使我头晕、胸闷。这难道是考试吗？这简直就是一种折磨。

1. 考试焦虑及其危害

焦虑是由个体当前活动或对未来活动的预想而引起的不安、忧虑、紧张甚至恐惧的情绪状态。考试焦虑则是个体在一定的应试情绪激发下，受自身认知评价能力、已有的经验、人格倾向及其他身心因素所影响和制约，以担忧、恐惧为基本特征，以防御或逃避为行为方式，通过不同程度的情绪性反应所表现出来的一种心理状态。

焦虑对考试的影响受多方面因素的制约，如学习者原有焦虑水平的差异、学习材料的难易程度以及学习者本身的能力水平等。一般来讲，考试过程中有适度的焦虑会对个体产生一定的激励作用，使其较好地发挥自己的水平，获得较为满意的成绩。个体要想在考试中取得满意的成绩，就要使自己对考试的焦虑水平保持在中等程度，过强或过弱的考试焦虑都不利于考试水平的正常发挥。

过度的考试焦虑对学习有着极大的危害，甚至会对人的身心健康造成潜在威胁。过度的考试焦虑有以下几方面的危害。

1）过度的考试焦虑影响人的认知过程。在考试过程中，考生必须使注意力高度集中，才能按要求完成答题。而过度的考试焦虑会使考生注意力分散，从而影响考试状态。他们担心若考不好，父母、教师和同学会怎样评价自己，对考场上的偶然刺激特别敏感，东张西望，随之身体产生紧张反应，使得注意过程几乎趋于阻断状态，这样势必扰乱他们应试过程中的心理状态。

2）过度的考试焦虑会干扰回忆过程。回忆是指提取大脑中保存的内容。考试中要求考生能准确迅速地回忆起学习过的内容，以完成考试题目。过度考试焦虑者恐惧和担忧过多，使得头脑中的信息储存混乱，检索、提取信息的装置几乎失灵，因而出现该记住的没记住，该想起的想不起来，于是造成错答、漏答和不知如何应答等现象，严重影响了考试成绩。

3）过度的考试焦虑对思维过程有瓦解作用。思维是认知过程的核心，清晰灵活的思维过程有利于考试中的顺利作答。但过度的考试焦虑会使考生的思维陷入混乱甚至停滞，同样不利于考生考试水平的正常发挥。

4）过度的考试焦虑会危害考生的心理健康。过度的考试焦虑还会危害考生的身体健康，甚至在考后仍继续危害考生的心理，使他们终日处于烦恼不安之中，为自己的考试成绩担忧，时时感到胆怯自卑。考试焦虑所伴随的生理反应会有害于机体健康，例如会使考生神经衰弱、胃肠功能紊乱等。考试所引起的生理变化，对机体的天然防御机制有破坏作用，使人对疾病的抵抗力降低。长期的、过度的考试焦虑既不利于考生在考试中的正常发挥，又会危及考生的身心健康，应该尽力避免。

2. 考试焦虑的预防和克服

出现过度的考试焦虑的主要原因有两个方面：有些学生心理负担过重，总期望自己处于领先的地位，害怕失败和落后，结果造成焦虑；还有些学生考试准备不足，平时不认真学习，考试靠突击，没有真正掌握知识，遇到问题就容易产生焦虑。因此，预防和克服过度的考试焦虑可以从以下几个方面入手。

（1）增强对考试的自信心

许多考生产生焦虑的原因不是知识经验不足而是自信心不足，对自己的估计低于自己的实际水平。所以，要消除考试焦虑，考生就必须学会树立起自信心，相信以自己的知识水平能够自如地应付将要到来的考试，并能在考试中取得令人满意的成绩。当然，这种自信心应当建立在一定的知识基础之上，没有知识准备的盲目自信，不仅不利于焦虑的消除，反而会使考生在失败后陷入更大的失望和焦虑之中。

（2）形成对考试的正确认知评价

一个人对考试的认知评价正确与否也影响其考试焦虑的程度。要想消除不必要的考试焦虑，一个很重要的方面就在于要力求形成对考试的正确认知。正确认识考试的重要性是指既不夸大也不低估其重要性，特别是不要夸大考试的重要性。许多考生之所以产生过度的焦虑，主要在于过分夸大了考试的重要性。另外，学生还要学会正确评价自身的能力水平。只有充分了解自身，才会做到心中有数，镇定地迎接考试。否则，便会在惶惑不安中产生过多的焦虑。

（3）认真复习，充分备考

前面已提到，知识、经验是否充分，是影响学生考试焦虑的重要因素之一。所以，学生想要降低考试焦虑，就要认真复习功课，真正灵活掌握要测验的内容，只有这样，在考场上才不至于因为不会做题而惊慌，引起焦虑。从这个意义上讲，考试没有捷径可走，唯一可行的方法是认真复习功课，为考试做尽可能充分的知识上的准备。

（4）学会自我放松

考生在考场中出现过于焦虑的情况，应立即停止答卷，轻闭双眼，做深呼吸，有意识地按从上到下的顺序使身体各部位的肌肉放松，逐步达到平心静气，在练习松弛时要反复地自我暗示“不要着急”“我很放松”等，并与深呼吸协调进行。待情绪平稳时，再审题答题。考试结束后，要努力使自己的注意力从对考试情境及结果的担忧上转移开来，欣赏音乐、跳跳舞、散散步、参加一些娱乐活动，紧张情绪自然会缓解许多。

二、培养积极健康的学习心理

帮助大学生树立终身学习观，掌握科学的学习方法，了解规律，正确用脑，提高记忆的策略，对于提高学生学习成效、培养学生积极健康的学习心理具有重要意义。这里所说的潜能，是指个体在学习活动之前，对于学习某领域的知识技能所具有的潜在能力，包括智力和特殊能力倾向。

（一）树立终身学习观

面对一个瞬息万变的社会，一个人原有的知识结构随时都可能面临新的知识的挑战。人要跟上时代发展的步伐，必须学会用发展的眼光看问题，把学习当做一辈子的事，不能一劳永逸、故步自封。学习知识一方面是为自己的学习、工作奠定一个坚实的基础，另一方面是要培养自己的终身学习能力。

个体应培养强烈的学习责任感，要认识到学习不仅是一项个人权利，更是一份个人责任。终身学习依赖的是个人的主动性和自觉性，需要个体对自己的学习行为负责，能够独立地按照自己的意愿从事学习。同时，学习不仅仅是为了提升个人的素质，获得一个好的工作岗位，还应该意识到自己肩负着国家建设的重任，要胸怀大志，培养一种社会责任感，只有“活到老，学到老”，才能成为博学之士和国家的有用之材。

个体要保持学习的热情和持续学习的动力，一个很重要的途径就是学以致用。也就是说学习不能仅停留在认知的层面，还要勇于实践，学会做事。要做成事、做好事，就要在学习中注意能力的培养。能力是一种综合性的素质，包括专业技能，也包括与人沟通的能力、与人共事的能力、管理和解决冲突的能力等。人只有在具体的需求中，才会知道哪些知识、能力是有用的，哪些知识、能力是自己所缺乏的，才会促使自己不断地学习，在学习、实践的过程中，创新能力的培养也是极为重要的。创新能力的培养需要我们充分发挥自己的想象力和创造力。正如爱因斯坦所说，想象力比知识更重要，因为知识是有限的，而想象力概括着世界上的一切，推动着前进，而且是知识进化的源泉。所以，我们学习时要善于思考，从多方面、多角度、多领域获得知识，并重新组合，创造新的知识。

（二）掌握科学的学习方法

大学生要想建立良好的知识结构，唯一的途径还是学习。学习的效果主要取决于主体如何学习，即是否掌握了科学的学习方法，为了帮助大学生更快更好地找到适合自己的学习方法，这里介绍几种行之有效的方法，这些方法都是根据心理学原理得出并在实践中反复被证明确实能提高学习效率的。但有一点要特别指出：由于人与人之间存在着个体差异，一种方法可能适用于某一个人，而不适用于另一个人。大学生需要根据自己的学习特点选定一种或几种学习方法，或者根据自己的特点对学习方法做一些修改，以便使之更适合自己，从而达到提高学习效率的目的。

1. 整体学习法与部分学习法

整体学习法是指将学习材料作为一个整体来学习，学生在学习过程中，将材料从头至尾反复学习，以获得对材料的总体印象和了解，并进而了解一些较为具体的内容。部分学习法则是指将学习材料分成几个部分或几个具体的概念，学生每次集中学习其中一部分或一个具体概念。对每个具体的部分或概念要根据其难易程度的不同，合理安排学习时间或次数。

这两种学习方法使用起来各有利弊。整体学习法能使人轻易把握学习材料的全貌，但对具体的材料内容就可能掌握不好；而部分学习法则能使学习者较好地掌握学习材料每一个具体部分，但却难以对材料形成一个总体印象，从而使具体学习的各部分内容不能很好地融会贯通起来。

要使这两种方法更好地发挥作用，建议可以将二者结合起来使用，采取整体—部分—整体的方法。具体方法是：首先，采用整体学习法，对所学材料有一个大概的了解，在头脑中形成一个较为清晰的轮廓；其次，采用部分学习法，对学习材料实行“各个击破”，并重点学习那些较难或较重要的问题；最后，采用整体学习法，将已仔细学习过的材料作为一个整体重新复习一遍，让各部分的具体内容前后衔接起来，在头脑中形成一个更为清晰全面的印象。实践证明，二者相互结合的方法比单独采用某一种方法更有效。

2. 集中学习法与分散学习法

集中学习法是指学习者较长时间地进行学习活动，学习的次数相对少一些，一次学习时间的长短取决于所学习材料的性质及其他因素。一般来讲，比较复杂难懂的材料，用集中学习法较为合适，这样可以保证学习者在一定时间内集中注意力，有利于理解并掌握那些抽象难懂的材料。但集中学习的时间不宜过长，否则容易引起学习者的疲劳，使学习效率下降。分散学习法与集中学习法不同，它是指将学习者的学习时间分成几个阶段，每学习一段时间就稍作休息。实验证明，假如分散学习的时间不是太短，这种方法是较为有效的。

无论是集中学习法还是分散学习法，每次学习时间长短，都要视学习材料的性质、个人的体力与脑力情况而定。

3. 过度学习

所谓过度学习，是指学习者对知识达到勉强可以回忆的地步后，继续进行学习。也就是说，在对知识技能全部学会以后再继续学习一段时间，以达到巩固学习成果的目的。美国心理学家克鲁格做过一项实验，他让被测试者记一组序列词汇。第一组学习到全部能回答时就停止学习，第二组则继续学习，进行120%的过度学习，第三组则进行150%的过度学习。实验结果表明：过度学习对材料的保持率起着很重要的作用。过度学习越多，保持率越高。但有一点也要注意，过度学习超过50%之后，对内容的记忆效果有下降的趋势。因此，并非过度学习越多，学习效果就越好，它有一个限度，在这个限度之内，过度学习的学习效果较好。一般来讲，中等程度的过度学习效果较佳。

（三）了解规律，正确用脑

人的大脑分为左、右两个半球，大脑的左半球主要功能是语言、数学、逻辑分析等抽象思维，在阅读、写作、数学计算方面起决定性作用；右半球具有高度的图形感知能力，在音乐、美术、空间和形状的识别、短暂的视觉记忆方面起决定性作用。一般人左脑功能发挥较多，而右脑功能利用较少，降低了学习效率，阻碍了创造力的发挥。因此，我们应该遵循大脑的活动规律，科学用脑。

大脑皮层功能定位学说告诉我们，要使大脑皮层各个区域交替工作，以防止某一区域的大脑细胞过于疲劳。大脑皮层在做某一工作时，相应的脑细胞就处于兴奋状态，其他部分的脑细胞则处于抑制状态，在大脑皮层上形成兴奋区和抑制区，使二者随着工作性质的改变交替地活动，从而达到所从事的工作交互促进的功效。因此，不同性质的学习内容互相轮换，动静结合，可使大脑皮层保持较长时间的工作能力。学习高等数学后听听音乐，看看报纸、小说；记忆外语单词后，看看电视或画册，都可使大脑左、右两半球工作起来效率更高。

大学生在学习时应根据大脑的活动规律选择最佳学习时间。人的大脑活动有波浪式的运动规律，如大脑的功能性在一昼夜之间也呈现出波浪式的变化。科学家发现，17%的人早晨大脑的能动性较高；33%的人大脑能动性的高潮时间则是在夜间。于是，前一种人被叫做“百灵鸟”型，后一种则被称为“猫头鹰”型。其余50%称为“混合型”，没有明显的能动性的高涨特点。“百灵鸟”型和“猫头鹰”型的人，均属于兴奋性较高的人。

掌握自己大脑活动的规律，把最重要、最需要脑力的学习内容安排在这一时间来完成，有利于提高学习效率。

人类的身体往往遵循着固定的周期规律，因此其可以决定一个人的智能和体能何时处于最佳状态。下面列出了多数人的周期性，你的周期可能有所不同，试结合下面内容思考你的活动高潮期。

1）上午9点至中午12点：心智表现的巅峰期，适于做复杂的思考、决定。

2）中午12点至下午1点：思考力降低。此时，一顿高蛋白、低脂、低热量的午餐有助于提升你的精神。

3）下午1点至2点：午后身体最适宜活动。不妨做做气功、伸展操、体操。

4）下午3点至5点：对多数人而言，这是读书、学习或上课的好时机。

5）下午 4 点左右：对多数人而言，这是以双手做事的适当时间，如做手工艺、打字或学弹钢琴。

6）下午 5 点左右：感觉最敏锐，可以听莫扎特的音乐，闻玫瑰花香或尝尝鱼子酱。

7）下午 6 点至晚上 10 点：身体处于运动高峰。反应时间和协调性达到最高水准。

8）晚上 11 点至凌晨 4 点：睡眠时间。当夜幕低垂时，多数人可以安然入睡。

9）凌晨 4 点至早上 6 点：心智作用最迟缓，最好别开车。

10）早上 7 点至 8 点：性荷尔蒙通常达到巅峰。

每位大学生都应该掌握自己的大脑活动特点，并遵循自己的生物节律，才能更好地完成学习任务。

（四）提高记忆的策略

记忆是通过识记、保持、再现（再认、回忆）等方式，在人们的头脑中积累和保存个体经验的心理过程。记忆可以将人们感知过的事物、体验过的情绪或从事过的活动保存在人们的头脑中，并在一定条件下被回忆起来。记忆与学习密不可分。人们学习的过程实际上就是获得经验和积累经验的过程，而在这个过程中，记忆作为保存这些经验的重要手段之一，对学习起着十分重要的作用。可以说，记忆过程中的识记、保持与再现，实际上就是学习的不同阶段或不同方面。作为以学习前人的间接知识为主的大学生，更应了解一下有关记忆的知识，学习使用科学的记忆方法，以达到牢固掌握所学知识的目的，为进一步应用这些知识打下良好的基础。

1. 遗忘的规律

这一规律首先是由德国心理学家艾宾浩斯发现的，故称之为“艾宾浩斯遗忘曲线”，如图 6-4 示。

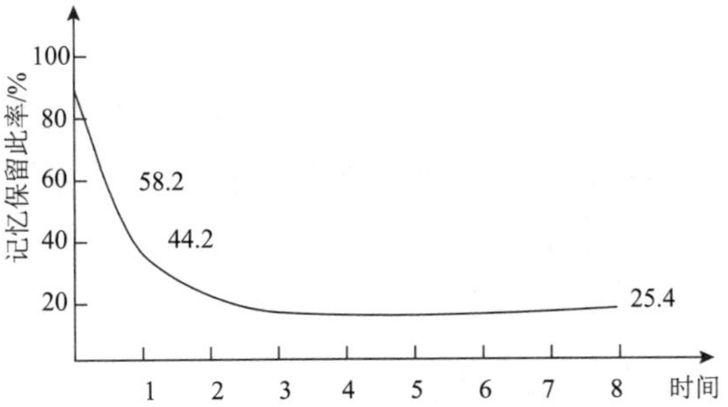

图 6-4　艾宾浩斯遗忘曲线图

艾宾浩斯遗忘曲线表明：遗忘在学习之后立即开始，而且遗忘的进程最初很快，以后逐渐减慢。遗忘不仅受时间因素的影响，还受许多其他因素的影响。识记材料的性质与数量、学习的程度、识记材料的系列位置以及识记者的态度等都影响遗忘的进程，特别是识记材料的系列位置对其的影响较大。实验研究表明：对于回忆的正确率来说，最后呈现的材料遗忘最少，其次是最先呈现的材料，遗忘最多的是中间部分。这种现象被称为系列位置效应，这一效应受前摄抑制和后摄抑制的影响。

前摄抑制是指个体先学习的材料对识记和回忆后学习的材料的干扰作用，它随先前学习材料数量的增加而增加，也随保持时间的增加而增加。后摄抑制则是指个体后学习的材料对保持和回忆先学习的材料的干扰作用，它受前后两种学习材料的类似程度、难度、时间安排以及识记的巩固程度等条件的影响。

2. 提高记忆效果的对策

根据遗忘的规律，我们可以采用以下对策来提高记忆的效果。

1）学习之后立即进行复习，加强记忆，并且以后还要再复习几次，但复习的时间间隔可以逐渐增加。比如在学习的第一天后进行第一次复习，三天后再复习一次，再下一次的复习则可安排在一周之后。

2）进行适当的过度学习，以加强对所识记材料的记忆。

3）根据学习材料的性质安排适量的学习时间，同时要使前后两段时间中学习的材料尽量不一样，以避免它们之间的相互干扰。

4）对学习始终保持浓厚的兴趣，这也可以提高记忆的效果，避免过多的遗忘。

5）利用外部记忆手段，如记笔记、编提纲等，保持记忆的内容。

6）利用联想帮助记忆。时间或空间接近的事物、事物间相反或相似的特征以及因果关系都能引起人的联想。同时，个人的思维定式与兴趣也影响联想，从而影响回忆的方向与效果。

7）采用双重提取帮助回忆，借助表象和词语的双重线索，提高回忆的完整性与准确性。

8）学会排除干扰。经常有这样一种现象，话在嘴边却说不出来，这就是回忆过程中发生的提取困难。在考场上常常会出现这种情况，让人非常焦急，却又束手无策。克服这种现象的简便方法是当时停止回忆，过一段时间再进行回忆。

同时，还要注意用脑卫生，这对增强记忆力也是有益的。

思考题

1. 在你的大学学习过程中，你遇到的对学习效率制约性最大的学习心理问题是什么？根据本章学习内容，你找到解决的方法了吗？

2. 你认为调节自身学习心理问题的有效方法是什么？

参考文献

陈国鹏，2005. 心理测验与常用量表[M]. 上海：上海科学普及出版社.
耿俊生，张存库，2001. 大学生心理健康[M]. 西安：陕西人民出版社.
刘华山，2005. 学校心理辅导[M]. 合肥：安徽人民出版社.
马建青，2006. 大学生心理卫生[M]. 杭州：浙江大学出版社.
聂振伟，2009. 大学心理[M]. 北京：中国人民大学出版社.
宋宝萍，2007. 大学生心理健康教育[M]. 西安：西安电子科技大学出版社.
王传旭，姚本先，2005. 大学生心理健康教育概论[M]. 合肥：安徽大学出版社.

第七章　大学生的人际交往心理

晓军，大三学生，性格直率、孤僻、不善言辞。一直以来，他觉得周围的人，比如同学、亲戚都不喜欢他，都对他有意见。入学三年来，几乎没有朋友，和同学很少有来往，常常感到孤独，但从内心来讲却很想交朋友。刚进入大学的时候，晓军和同学们还是有来往的。一次同宿舍的一个同学过生日，同学们商量着凑点钱请过生日的同学吃顿饭，每人出 50 元，顺便大家也改善改善生活，邀请晓军一起去聚餐。晓军想了想，觉得出的钱有点多，超出了自己的预想范围，假如二三十块钱还可以接受，因此借故拒绝了邀请，没去参加聚餐。晓军后来发现这次以后，同学们再也没有人邀请晓军参加聚餐了。还有一次，一个同学因为晓军给他提供了很大的帮助，要请晓军吃饭，晓军推辞不过就答应了，并早早地赶到吃饭的地方等，免得失礼。在等同学的时候，晓军觉得很饿就自己先点了一份面条垫垫肚子。不巧的是正在吃的过程中同学到饭店了，看到晓军在吃面非常生气，责问晓军是不是觉得请不起他吃饭，吃不饱吃不好？但晓军觉得饿了先垫一点很正常，结果两人不欢而散。大二的时候，晓军忍受不了同寝室三人的吵闹，到校外租房子住。虽然自己住很清净，但是与同学的来往越来越少，同学们也都不理他了。

晓军同学忍受着因为自己缺乏交往技巧而带来的孤独与痛苦，他何尝不想与他人和睦相处？但事实是他不懂得如何与人相处。大学生中有着与晓军类似烦恼的人不在少数，我们称之为社交不良者。人类，属群居性生物，从城市里鳞次栉比的高楼大厦和农村里比邻而居的村庄就可以看出。我们如果长期独自一人生活，就会产生强烈的孤独感和与人交往的愿望。我们每天从睁开眼那一刻起就开始了与不同的人打交道，或点头示意、一笑而过，或冷眼以对、面红耳赤，或寥寥数语、几句寒暄，或谈笑风生、相见恨晚……这些现象和活动被我们称为人际交往。日益频繁的人际交往是现代社会的主要标志之一，人们发明了电话、电视、互联网、智能手机等通信工具，还有被人们大量使用的 QQ、博客、微博、微信等交流方式，就是要拓宽交往途径，拉近人与人之间的距离，使得人与人之间的沟通交流变得便捷。

大学被人们形象地称为“小社会”。与中学时代相比，大学生的人际交往方式更加复杂，人际交往范围更加广泛，交往中的独立性、控制力更强。交往能力越来越成为大学生衡量个人能力的一项重要标准。案例中的晓军因为没有掌握恰当处理人际关系的方法和技巧，使自己陷入了孤独无助、郁闷伤心的境地。因此，了解人际关系的内涵，掌握建立良好人际关系的方法和技巧，是当代大学生亟待解决的问题之一。

第一节　人际交往概述

能独自生活的人，不是野兽，就是上帝。

——亚里士多德

最难忍受的孤独莫过于缺少真正的友谊。

——弗朗西斯·培根

1812 年，德国当时巴登大公国的王子——卡斯巴·豪瑟在出生时被争夺王位的阴谋家同普通婴儿进行调换并被当做人质扣押了起来，三四岁时就被关入了地牢，不能与任何人接触，不准做任何活动，直到 17 岁才放了出来。此时，他身高只有 144 厘米，智齿还未长出来，目光呆滞，表情如同幼儿，膝盖变形，双腿孱弱，走路摇晃如同刚学步的婴儿，智力如同幼儿，照镜子时以为镜子后面还有一个人；不能区别生物和非生物、自然的东西和人造的东西；只能讲 6 个词和几句简单的拉丁语，并只能使用第三人称。他放出来后过正常人的生活并经过学习，才逐渐恢复普通人的智力水平。但他最后还是遭到暗杀，死时年仅 22 岁。死后对他进行尸检，发现他的脑袋比一般人的要小，脑的沟回呈萎缩状态，但大脑皮层的视觉区发展得比较充分。

人之所以称之为人，其与动物的根本区别在于人除了具有自然属性之外，还具有社会属性，是社会关系的总和。这位王子的故事告诉我们，人如果失去了正常的交往，将会失去正常人的属性。人的整个一生，从呱呱落地直到驾鹤西去都生活在人与人的关系中。除了睡觉，我们每天都需要与人交往，无论什么年龄、性别、民族、种族、身份、地位、宗教信仰的人，均是如此。下面，就让我们共同打开一扇大门，去了解什么是人际交往。

一、人际交往的内涵

（一）人际交往的概念

人际交往也称人际沟通，是人与人之间沟通信息的过程，是指个体运用语言文字或肢体动作、表情等非语言符号交换意见、传达思想、表达感情和需要的交流过程。人际交往是人类特定的社会现象，人们通过信息传递互动建立起某种联系，我们把这种联系称为人际关系。某种程度上讲，人际关系与人际交往二者可以相互替换使用。从广义上来看，人际关系是指人与人之间的关系，包括社会中所有的人与人之间的关系，以及人与人之间关系的一切方面。从狭义上来看，人际关系是人与人通过交往与相互作用而形成的直接的心理关系。

（二）人际交往的特点

人际交往以需要为基础。人际交往过程中产生的人际关系主要反映了人们在相互交往中物质需要或精神需要能否得到满足的心理状态。如果交往双方的需要能够得到一定程度的满足，双方就会产生喜欢、亲近的情绪反应；反之，就会产生厌恶、憎恨等情绪反应。如果我们感到孤独无助或遇到困难麻烦，就会产生交往倾诉的需求，希望通过交往消除自己的不良情绪或者解决遇到的问题。如果我们在交往中感到压抑、受挫，就会觉得这份关系不值得自己珍惜，也就会出现立即中断联系、马上逃离的想法。

人际交往以交往为核心。交往是人们交流信息、消除生疏、加深了解的有效途径，人们借助于交往消除陌生感、建立信任感、缩短心理距离。不仅如此，交往的频率还是人际关系亲疏的调节器。一般说来，交往的频率越高，人际关系越密切；交往的频率越低，人际关系越趋于淡化；当交往完全不存在的时候，原有的人际关系也会名存实亡。

人际交往以感情为纽带。人际交往总是带有鲜明的情绪与情感色彩。人们相处中呈现出来的喜欢、亲近或疏远、冷漠的情绪状态是人际交往好坏的基本评价指标。面对自己喜欢、亲近的人，总是期望走得更近一些、相处得更久一些，正所谓“一日不见，如隔三秋”。碰到自己不喜欢的人、厌恶的人，就会产生“话不投机半句多”的结果。因此，通过日常生活中两人的情绪表现和亲昵程度就可以基本判断彼此之间的关系亲疏程度。

自我暴露是人际交往深度的标志。所谓自我暴露是指人们自愿地、有意地把自己真实的、隐秘的情况暴露给别人的行为。人际关系正是在人们逐渐自我暴露的过程中发展起来的。随着彼此间接纳程度和信任感的增强，自我暴露也会越来越多，彼此之间了解到的个人信息越来越丰富，交流越来越深入。人们通过对方自我暴露的程度，可以很好地了解别人对我们的信任和接纳的程度。因此，要想加深彼此间的了解，形成更进一步的关系，必须主动透露给对方一些“小秘密”，增加信任感。

（三）人际交往的功能

对于人际交往的功能，不同的学者具有不同的看法。美国学者费斯廷格认为，人际交往有两种功能：传递信息和满足个人心理需要。苏联心理学家洛莫夫认为，交往的功能有三种：信息沟通、思想沟通、情感沟通。我们认为人际关系的功能可以归纳为以下三个方面：信息沟通功能、心理保健功能和相互激励功能。

人际交往的信息沟通功能。人们通过相互交往和交流，传递信息，了解对方的观点和立场，获得更多的新思想、新信息，碰撞出思维的火花，在更高层次上充实和提高自己。这就是日常生活中聚会聊天活动的功能。在交往、交流的过程中，个体间因为文化背景、思维方式、行为方式的差异，难免会出现矛盾和冲突。为了形成和谐融洽的交流氛围，在双向的交际活动中，个体间会自觉调节各自的行为，将“我”融入“我们”之中，协调成员间的情感、心理距离，求同存异，从而达到顺利传递信息的目的。

人际交往的心理保健功能。古语有云，“人生不如意之事十之八九”。随着社会发展和生活节奏的加快，人们每天承受的心理压力逐渐增大，严重者会出现心理障碍，如失眠、自卑、易激惹、抑郁、狂躁等。而通过人际交往，人们能够获得良好的社会支持，宣泄不良情绪，消除个体的孤独和无助感，健全个体的人格，在彼此的互动中获得愉悦和满足。生活中，当我们感到最近比较烦的时候，如果能有人邀请你去唱唱歌、打打球、聊聊天，那你的消极情绪会大大减少甚至消失殆尽，重新回到精神抖擞、踌躇满志的状态。

人际交往的相互激励功能。在进行交往的过程中，人们会形成自然的群体，对于群体中的个体来讲，成员间通过相互激励，能够创造活力。比如，在同学聚会中，若是一两个同学的言论或者话题能够引起大家的共鸣或者思考的话，会把整个活动的气氛推向高潮，引发大家的共同讨论，甚至会将每个个体的情绪推向顶点。宿舍、班级、社团等集体和组织可以通过举办文艺晚会、文体比赛等活动，来促进成员间的交流，从而促进团体和组织的发展和进步。

二、人际交往的原则

我们每个人都希望与周围的人友好相处，得到别人的认可与接纳，能够友谊地久天长、爱情地老天荒。但是在现实生活中，个人想要实现这样的愿望并不容易。很多时候美好的主观愿望并不能由个人所决定，需要个人按照一定的规则，采用健康的社会交往态度和行为方式，才有可能实现。人际交往中也有它的原则，这些原则是人们通过长期的社会实践总结出来的，已被大多数人所普遍认可。只有掌握了这些原则，才能做到有章可循，“从心所欲而不逾矩”。

（一）诚信原则

交往离不开诚信二字。诚信指待人处事真诚、老实、讲信誉，端庄而不过于矜持，谦虚而不矫饰诈伪。子曰：人而无信，不知其可。美国心理学家安德森（N. Anderson）一项关于个性品质喜爱程度的研究表明，人们最受欢迎的个性品质中，排在最前面的六项品质是真诚、诚实、理解、忠诚、真实、可信，排在最后的、最不受欢迎的品质包括说谎、虚伪、不诚实、不真实等。没有人喜欢与阴险狡诈、虚伪欺骗、言不由衷的人交朋友。

（二）平等、尊重原则

在社会生活中，个人可能在家庭出身、教育经历、外在容貌、才能智力等内部和外部条件上存在一定的差异，但在人格上是绝对平等的，没有高低贵贱之分。因此人与人之间交往要平等相待，相互尊重。交往中要想尊重别人，一定要学会从别人的角度考虑问题，寻找恰当的沟通途径和方式，还要学会给别人留足面子，维护别人的尊严。除此之外，在不损害自己的利益和尊严的情况下，要配合对方的话题、兴趣和观点，肯定别人的成绩，真诚地赞美对方，这样才能建立稳固的人际关系。

（三）互利原则

互利原则就是要求人们在人际交往中考虑双方的共同价值和利益，满足共同的心理需要，让双方在交往中都能得到实惠。功利性是人际交往的基本动力。主要有三种互利模式：物质互利、精神互利和物质—精神互利。物质互利就是既要为自己带来经济效益，又要给对方带来方便与实惠。精神互利就是在交往时相互关心、相互尊重、相互安慰，使双方得到精神满足。物质—精神互利就是在交往过程中实现物质、精神、文化三丰收。交往中，只有让双方都能够得到预期的回报和好处，才能收到沟通的效果，实现人际关系的和谐。

（四）宽容原则

大度、宽容、谦让、讲原则是维护良好人际关系的法宝。无论我们多么严谨、多么注意、多么熟悉交往之道，在实际生活中，人际摩擦和冲突也是在所难免的。当意见相左、出现分歧的时候，交往双方需要秉持宽容原则，包容差异，寻求和谐。当我们有意或无意伤害别人的时候，要勇于承担错误与责任，切不可固执己见、咄咄逼人、激怒对方。当别人无意间伤害自己的时候，我们要做到心胸开阔，得饶人处且饶人，容得下别人的缺点和不足，才能获得长久的友谊。正像雨果在《悲惨世界》中所说的："世界上最宽阔的是海洋，比海洋更宽阔的是天空，比天空更宽阔的是人的心灵。"

三、人际交往的形成过程及人际吸引

（一）人际交往的形成过程

人从出生那一刻起就与他人建立起了人际关系，从陌生的恐惧到相识的亲切，再到熟知的亲密，遵循着事物发展的规律。那么，人与人之间是如何从不认识到认识，从认识到熟悉，再到建立朋友关系的呢？这要经过一系列的心理变化过程。图 7-1 能够很好地说明这个问题。

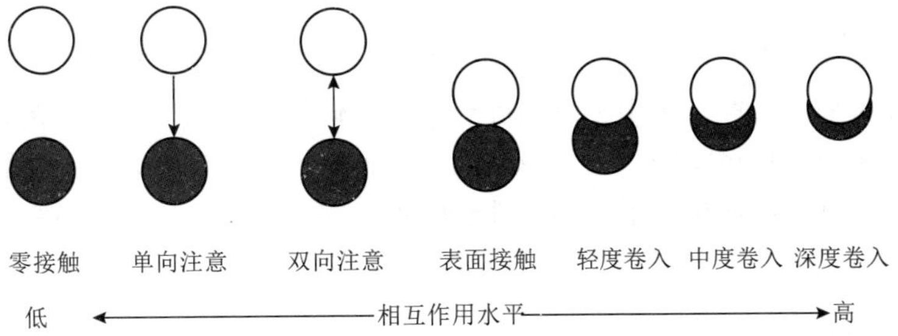

图 7-1 人际关系状态及其相互作用水平图解

从图 7-1 中我们可以看出，人与人之间的关系都是从彼此独立、相互陌生的状态，到通过某种途径的联系引起注意，进而开展因工作、生活、学习之间的接触，随着接触频次的增加，彼此间的交流越来越多，信息传递越来越频繁、越来越深入，思想、情感、心理层面的融合程度加深，逐渐形成稳定的人际关系。

阿特曼（I. Altman）等提出了社会渗透理论（social penetration theory）来解释关系发展的过程。良好的人际关系的发展，一般经过四个阶段：定向阶段、情感探索阶段、情感交流阶段、稳定交往阶段。

定向阶段。在人际交往中，人们对交往的对象具有一定的选择性。进入一个交往场合时，人们往往会选择性地注意某些人。对于注意到的对象，人们会进行初步的沟通，谈谈无关紧要的话题。在这个阶段，人们只有很表层的自我表露。

情感探索阶段。双方如果在定向阶段有好感，产生了继续交往的兴趣，那么就可能进一步地自我表露，并开始探索在哪些方面双方可以进行更深的交往。这时，双方有一定程度的情感卷入，但是还不会涉及私密性的领域。

情感交流阶段。双方如果在情感探索阶段能够谈得来，建立了基本的信任感，就可能发展到情感交流的阶段，彼此有比较深的情感卷入，谈论一些相对私人性的问题。这时，双方的关系已经超越了正式规范的限制，比较放松，比较自由自在，没有多少拘束。

稳定交往阶段。情感交流如果能够在一段时间内顺利进行，人们就有可能进入更加密切的阶段，双方成为亲密朋友，可以分享各自的生活空间、情感、财物等。一般来说，能够达到这种境界的关系相当少，这也就是人们常说的“人生难得一知己，千古知音最难觅”。

从中我们可以看出，人际交往的发展伴随着一个重要的因素，那就是人际吸引。人际吸引力越大，交往的想法越强烈，交流频次越多，交流越深入，人际关系越稳固。

（二）人际吸引

茫茫人海中，我们会发现有的人仅仅一面之缘就觉得让人难以忘怀，有的人天天见面却不屑一顾；有的人彼此一见如故，有的人虽相识多年却形同陌路；有的人是人见人爱，有的人却让人退避三舍，唯恐避之不及。这究竟是怎么回事呢？其实这些现象都涉及人际吸引的问题。人际吸引，又称人际魅力，是指人与人之间在相互交往过程中所产生的情感方面相互亲近的心理倾向。人际吸引是人际交往的前提，只有彼此相互吸引才有可能交往。

产生人际吸引有两方面的动力，一是个人吸引力，二是相互吸引力。个人吸引力是指个人所具有的对别人产生吸引力的条件和素质，包括外表和容貌、内在风度、个性品质、才华和能力等，这也是影响人际吸引的内在条件。相互吸引力是指人们在相互交往的过程中，使彼此之间产生吸引力的条件和因素。

1. 个人吸引力

（1）外表和容貌

虽然我们常说“人不可貌相，海水不可斗量”，但不可否认的是，我们同别人第一次见面时，往往会通过对方的长相做出初步的判断，特别是在和异性交往的过程中表现得尤为突出，这也是人际交往中的“首因效应”。长相美丽、外表出众的人，能够刺激人的视觉器官并通过神经系统反映到大脑中，从而引起心理上的愉悦，产生吸引力。人们通常会有一种刻板印象：容貌出众的人其他方面也都是好的。

沃尔斯特（E. Walster）等让男女大学生各 332 名（每两个成一对）进行了两个半小时的舞会，在此之前，大家对各自的学历、性格、态度都已有所了解。舞会结束时，询问双方是否希望再次同对方进行约会。结果表明，希望再次约会的只有英俊的男生和漂亮的女生。容貌成为人际吸引的重要因素。无独有偶，戴恩（K. Dion）和她的同事给大学生看三个大学生的照片：第一个外貌漂亮，姿色超群；第二个相貌平平；第三个相貌丑陋。然后请参与测试的人根据 27 种人格特质做出评价，并要求被试预计这三个人未来是否幸福。结果显示，几乎所有的被试都把最美好的评价和预言都给了外貌漂亮的人。这就是心理学上的“晕轮效应”，对好的品质不断夸大，对缺点和不足视而不见。可见第一印象是多么重要。

要想给人留下美好的“第一印象”，初次见面的着装打扮非常重要。着装不见得非要穿名牌，也不见得一定要着正装，但服装一定要干净、整洁、得体，要符合你的身份、气质以及场合。出席正式活动一定要着正装，不可着装随意，也不可不分场合全部着正装，以免因此产生距离感。外表的吸引力可能在交往初期有较大作用，随着交往的深入，外貌的作用会逐渐减小。

（2）内在风度

风度是指一个人内在素质的外在表现，主要表现为着装修饰、仪表仪态、举止谈吐等。如果一个人具有美丽的外貌，又具有良好的风度，无疑会具有相当强的人际吸引力。若是人长相一般或者不容乐观，但是风度翩翩、谈吐不凡，仍然能具有很强的人际吸引力。例如，著名的相声表演艺术家马三立、著名的企业家马云等。但是若有人空有一副好皮囊，却表现出一些令人厌恶的恶习，只会在人们最初的接触中留下美好的印象，而经不起时间的检验，不久就会黯淡无光，丧失人际吸引的魅力。

大学生要掌握基本的礼貌礼仪知识，因为礼貌礼节是打开交际之门的钥匙。没有良好的礼仪，其余的一切就会被人看成骄傲、自负、无用和愚蠢。在交往中，大学生应该注意礼貌、礼节上的问题。比如，路上遇见认识的人，要主动打招呼，寒暄问候几句。虽然是非正式交谈，但它可以展示问候方的人际魅力，可以使认识但不熟悉的人通过多次的问候变得熟悉。想要获得对方的好感，最简单的方法是见面的时候主动打招呼并且叫出对方的名字，记住对方的名字非常重要。

（3）个性品质

人际交往是个发展变化的动态过程，一般来讲，交往初期的“首因效应”随着人们交往的逐步深入，被掌握的越来越多个性品质方面的信息所掩盖，不断刷新交往双方的看法和认识，在内心深处形成越来越丰富、立体的印象。所以说最终决定交往持久度和深度的因素是双方的个性品质。江山易改，禀性难移，个性品质以其稳定性、独特性带来无与伦比的吸引力，并且这种吸引力持久、稳定、深刻。在其他方面都一样的情况下，这个人如果诚实守信、正直勇敢、热情大方、友好和善，那么我们就会对他（她）产生好感。通常情况下，男人吸引人的个性品质是敢于担当、勇往直前、宽容大度、踏实进取、忠于信念、百折不挠等，女人吸引人的个性品质是温柔体贴、善解人意、通情达理、随和谦让、真诚热情、宽容大度、细致认真等。这正是我们常说的“外表美美一时，心灵美美一世”。

大学生在掌握交往技巧的同时，最关键的是要广泛吸纳各方面的知识，提高自己的思想认识和道德修养，增强分析判断能力，完善人格，展现独特的人格魅力，这样才能获得良好的人际关系。

（4）才华和能力

才华和能力体现一个人的内在品质和综合素质。我们总是不约而同地去赞美聪明、能干、有才华的人，也愿意与这样的人共事。当一个人因自己的才华而出名时，便会散发出无比强大的魅力，这就是我们平时所说的“明星”。“追星族”最能说明名人人际吸引的魅力所在。除了明星之外，著名的政治家、教育家、企业家、文学家、艺术家等，也都具有相当强的人际吸引力。因此，增强自己的才华和能力，是提高自身人际魅力的非常重要的途径。

正常交往中绝大多数是通过语言进行沟通交流，因此一个人的谈吐最能展现此人的才华与能力。与容貌姣好的人交往时，往往会有较高的期待，认为他（她）应该比较有内涵，但如果交谈起来发现他（她）谈吐平淡，甚至浅薄、粗俗，交往兴趣就会大打折扣。个体要做到谈吐高雅并不容易，也伪装不来，故意卖弄华丽的辞藻只能让自己显得浅薄，也会让人觉得酸味十足。为了培养良好的谈吐，平时要加强语言修养，多阅读，多思考，收集一些有用的词语和精辟言论，然后在交往中加以运用，在实践中提高自己。

2. 相互吸引力

（1）相近性产生的吸引力

中国有句古话“远亲不如近邻”，说明空间距离的相近性对人际交往的吸引力有影响。人们习惯于把情感和信任感投向周围熟悉的人，如邻居、老乡、同学、同事等。空间距离上的接近为人们的交往提供了便利条件，客观上增加了交往的频次，彼此比较熟悉和了解，也更容易进行深层次的交往，形成亲密关系。社会交换理论指出，人们在进行交往的时候总期待获得对方的“回报”，而空间的相近性为实施交换提供了便利，使得双方在长期的交往中建立稳定的互助关系。

但是空间距离的接近一定会促使双方建立良好的关系吗？答案是否定的。大学生活中经常会出现一种情况，那就是双方因为某种原因发生矛盾，也会因为空间距离的相近使矛盾冲突加深，给双方生活带来非常不利的影响。因此，在空间距离相近的基础上，人们沟通交往次数和深度也会直接影响个体间的心理距离。人们往往对于不了解、不熟悉的事物本能地产生防御心理，同时伴随一定程度的恐惧和焦虑，需要通过进一步的了解来消除紧张焦虑情绪。交往次数越多，越能增进相互了解，情感上产生共鸣，观点上达成共识，彼此的信任度也会随之加深，从而形成较为稳固的交往关系。案例中的晓军因为厌倦了宿舍同学的争吵选择了逃离，也因此忍受了孤独和无助。

（2）相似性产生的吸引力

人们通常愿意同哪些人交往呢？根据我们的生活经验可以看出，人们更愿意与那些同自己有某些相似特点的人交往，正所谓“物以类聚，人以群分”。相似性使得交往双方能容易相互理解，更容易产生共同体验和共鸣。比如，大学新生入校后，最先寻找的是自己的老乡；来自农村的同学遇到一起也会因为生活背景的相似而多了一些共同语言；与共同拥有唱歌、舞蹈、书法或足球等爱好的同学更容易打成一片，成为好朋友。这是因为相似的人能够给我们的观点和态度提供支持，让自己感觉不是孤立无援的，至少有人跟我有相似的爱好或者想法，如果我的想法有错误，为什么有人支持我呢？因此，具有某种相似性的人之间容易产生吸引力。我们时常感到的孤独就是因为缺少“知音人”，很多想法、理念没人能产生共鸣。

（3）互补性产生的吸引力

在现实生活中，我们同样也会发现，两个性格类型截然不同的人也会成为很好的朋友；一对性格完全相反的夫妻可以和睦恩爱到白头。这是怎么回事呢？怎么跟上面讲的相似性产生吸引力有冲突呢？其实，并不冲突。双方如果在某种特质上存在互补性也可以产生吸引力，这也就是“异性相吸”的道理。白天因为黑夜而朝气蓬勃，黑夜因为白天而宁静深沉。双方拥有相似性可以很快形成一定的人际关系，但是具有互补性对于形成长期稳定的人际关系来说也是一个非常重要的因素。

值得注意的是，人际吸引是交往双方心理互动的基础，个体魅力是产生人际吸引的根本，这种互动的深入程度和持续时间决定着人际交往的深浅。综合看来，导致关系逐渐生疏的原因主要有以下十个方面：①空间上的分离；②新朋友代替了老朋友；③逐渐不喜欢对方行为上或人格上的某些特点；④交换回报水平的变化，即一方没有按照另一方所期望的水平给予回报；⑤妒忌或批评；⑥有第三者出现；⑦泄漏彼此的秘密；⑧对方需要时不主动帮忙；⑨没表现出信任、积极肯定、情感支持等行为；⑩一方的“喜好标准”发生了改变。

【知识窗】

握手的注意事项

1. 同别人握手时，主人、女士、长辈、上级先伸手，不可抢先，但也不能等对方的手已经伸出来了，自己还没有反应。

2. 握手一般用右手，戴手套时要取下手套，握手时目视对方眼睛，握力不宜太轻，显得不重视对方，也不宜太重，有藐视对方和有敌意的嫌疑。

3. 男性同女性握手，通常是轻握对方手指部分，并且不宜握得太久。

4. 同别人握手的时候不可东张西望、目光游走，不可握住对方的手不放，不可动作慢慢腾腾该伸手时不伸手，也不可在同别人握手后当着他的面用手绢或毛巾擦手。

资料来源：王国卿，竭红云，2012. 实用社交礼仪教程[M]. 北京：中国人民大学出版社.

第二节　大学生人际关系的类型与特点

一个人事业的成功，只有15%是由于他的专业技术，另外85%要靠人际关系和处世的技巧。

——卡耐基

世间最好的东西，莫过于有几个头脑和心地都很正直的严正的朋友。

——爱因斯坦

大学是个浓缩的“小社会”，是大学生走出校园步入社会最后的“实习场”，存在着各种各样的人际关系。相比小学生、中学生来讲，大学生的人际关系类型更加丰富，关系更加复杂。大学生逐步走向成熟，具有较为敏锐的观察力和判断力，能够深切地感受到人际交往的重要性，他们渴望爱与被爱，渴望得到别人的认可和尊重，渴望有归属感，会有意地扩大交往范围，丰富交往经历。因此，大学生的人际关系有其独特性。

一、大学生人际关系的类型

（一）人际关系的类型

根据不同的分类标准和方法，人际关系的类型可以有不同的划分。根据人际交往的内容，可分为：物质交往、精神交往和信息交往。根据其形成的基础，可以分为三类：一是血缘人际关系，也就是我们平常所讲的亲人和亲戚关系，如夫妻、亲子、祖孙、叔侄、舅甥等；二是地缘人际关系，以地理位置为联结纽带，由于在一定的地理范围内共同生活、活动而交往产生的人际关系，如邻里、同乡等；三是业缘人际关系，指人们由职业或行业的活动需要而结成的人际关系，如师徒（生）关系、领导与被领导关系、上下级关系、同事关系、合作关系、伙伴关系、竞争关系等。业缘人际关系打破了血缘人际关系和地缘人际关系的界限，以事业和志趣为纽带，在人际关系中所占的比例最大，对社会最有影响。

美国社会心理学家舒兹根据对他人需求的内容和方式的不同，把人际关系需求分为三类：一是包容的需求。具有包容需求的人愿意与他人交往，希望与他人建立并维持和谐关系。基于这种愿望所产生的行为特征是容纳、沟通、参与、归属、随同等，与之相反则表现为退缩、排斥、对立、疏远等。二是控制的需求。具有控制需求的人企图运用权力、权威或其他可以控制别人的因素来与他人建立和维持良好的人际关系，其行为特质是领导、支配、控制，与此相反的人际关系特质是受人支配、追随他人或者反抗权力、藐视权威等。三是情感的需求。具有情感需求的人希望在情感方面与他人建立并维持良好的关系，其行为反应特质是热情、理解、友善、照顾等，与此相反的人际特质是冷淡、疏远、憎恶等。

（二）大学生常见的人际关系类型

大学生的人际关系是指大学生在校期间和周围与之有关的个体或群体的相处与交往的关系，是大学生在校期间顺利开展学习、生活的基本条件。根据不同的标准，可以将大学生人际关系划分为多种类型。从人际关系的对象看，可以将大学生人际关系分为同学关系与师生关系两类。从人际关系的密切程度看，可以分为融洽关系、冷淡关系、冲突关系三类。从人际关系的效应看，可以分为有益的人际关系、有害的人际关系、中性的人际关系三类。从人际关系的利益看，可以分为利益相关的人际关系、利益无关的人际关系两类。从人际关系的情感看，可以分为公事性人际关系、私人性人际关系两类。无论什么样的划分方式，对于大学生来讲，最主要的人际关系是师生关系和同学关系，还有因为参与校园管理和社会实践形成的工作关系。

1. 师生关系

教师与学生是大学校园里两大基本群体，教师与学生之间形成了教与学的特定关系。师生关系如何会直接影响到学生能否健康地学习和成长，并在很大程度上决定了学校能否对学生的身心施加符合社会要求的影响。教师是知识的传授者，是大学生人格模仿的对象，教师与学生的平等交往是师生共同成长的前提。同时师生关系也是一种业缘关系，是一种纯洁而无私的人际关系。有的学生承认，自己某门课程学得好是因为喜欢任课教师，如果自己讨厌一位教师，也就不想学他（她）教的课。但是大学的教学和学习方式同中学差别较大，一般情况下大学教师在上完课后会匆匆离开。这也就意味着大学生要主动抓住任何一个与任课教师交流的机会，比如课间和答疑时间，弄清楚自己的疑问，否则只能自己想办法解决问题。大学生与辅导员、导师的关系也会影响学生的心理发展。辅导员、导师是专职做学生的教育管理工作的，具有较为丰富的生活和工作经验，对于解决大学生学习生活中遇到的问题具有较强的专业能力。能够主动与辅导员、导师联系的学生获得的指导更多、更直接，因而大学学习生活的效率和质量更高。而师生关系较为紧张的学生往往不能顺利得到成长所需要的有效信息，错失面对面获得指导和帮助的机会，将会在某些特殊情况下陷入孤立无援的境遇。因此，保持良好的师生关系对大学生来讲至关重要。

2. 同学关系

同学是大学生交往的基本对象，也是大学生人际交往的主要对象。大学生之间的交往是最普遍，也是最微妙和复杂的。一方面，大学生年龄相仿，经历相似，兴趣爱好相近，沟通与交往容易；另一方面，大学生来自不同的地域，有不同的家庭背景，生活习惯、个性气质也存在较大差异，再加上大学生空间距离小，交往密度高而且自我空间狭

小，而大学生普遍对人际交往的期望较高，一旦发生人际冲突，容易采取消极退避或极端冲动的态度。因此，同是大学四年的同学，会表现出截然不同的结果。比如，有些同学虽朝夕相处，同窗数载，但彼此之间处于一种冷漠状态，突出表现为习惯于一个人独往独来，缺少知心朋友，很少与其他同学交流，内心之处却深感孤独，渴望朋友的关心与支持。少数大学生个体之间处于相互排斥状态，彼此心存怨恨、敌视对立、关系紧张，火药味儿十足。在这种状态下，学生之间为了小事、为自尊心受损或为恋爱纠葛而互相攻击、争吵，个别严重的甚至大动干戈，发生暴力冲突，致人死伤。大学生人际关系中的冷漠关系和冲突关系不但有害自身的身心健康，而且影响自身的学习、生活和健康成长。

3. 工作关系

大学生活中，大学生在学习相关文化知识的同时，一项很重要的任务就是加强与社会的接触，提高自己的多方面能力，为将来走向社会积累经验。这个过程中，很多学生会选择加入学生会或者学生社团，与其他学院、专业的学生因为工作关系建立起交往的关系，与学生干部之间在某种意义上形成了“上下级关系”。另外，还有一部分学生利用闲暇时间参与一些社会实践活动，例如从事家教、促销等勤工俭学活动，这个过程中会和一些同样从事这些工作的陌生人建立临时的工作关系，也会同服务对象建立工作关系。

除此之外，大学生人际交往现状中还有一个现象是不容忽视的，即大学生的网络人际交往。网络人际交往给大学生的生活方式、价值观念带来的挑战和改变是前所未有的，他们可以通过互联网进行聊天、交友、游戏、娱乐。现在，随着移动手机业务的发展，智能手机在大学生中的普及率越来越高，大学生热衷于通过智能手机中的即时通信软件随时随地进行交流互动，大大增加了学生之间交往的频次和扩大了交往的空间范围。在这个过程中表现出不同于普通人际交往的特点，即交往角色的虚拟性、交往主体的平等性、交往心理的隐秘性、交往过程的弱社会性和弱规范性、交往动机的多样性等。这种交往方式可以大大拓宽大学生的人际交往范围，让大学生结识更多的朋友，但也使大学生在交往中摆脱现实交往中的道德约束和行为规范，放纵自己的行为，产生诸多网络道德问题，甚至因言行不当触犯法律。在现实生活中，也经常发生大学生因为网络交友不慎，遭到诈骗、绑架、侮辱，甚至失去生命的案例，应该引起广大大学生的警惕。

二、大学生人际关系的特点

大学生的人际关系具有人际关系的一般共性，即社会性、历史性、客观性、动态性等一般属性，但大学生的自身条件和校园的特殊环境，决定了大学生文化层次较高、生理心理日趋成熟、校园环境较单纯，因而大学生人际关系又具有与其他社会成员人际关系不同的特点。这些特点主要有以下几方面。

第一，讲求平等，又心存戒备。大学生随着自我意识的发展，独立和自尊的要求日益增强，有强烈的"成人感"，对交往的平等性要求越来越高。所以大学生更多地选择与同辈交往而远离父母、长辈。同学之间、师生之间都渴望互相理解、互相尊重、平等相处，而那些傲慢无礼、不尊重他人及操纵欲、报复心强的人常常不受欢迎。在大学生人际交往中，学生之间经常会听到这样的抱怨："怎么能这样呢？他需要帮忙的时候我不管自己多忙都会帮他，而且是尽全力帮他。可我需要帮助的时候，他总是找各种各样的借口推脱，朋友之间不是应该相互帮助吗？他怎么能这么自私？"从这抱怨中我们可以看出，大学生对交往中的平等非常关注。但是因为大学生生活阅历简单，缺乏人际交往的方法和技巧，担心在交往中受到伤害，往往戒备心较强，担心别人窥探到自己的隐私，因此主动性不足，总希望别人能打开心扉与自己交流，而将自己包裹得严严实实，让其他学生无法靠近或者是不愿靠近。

第二，富于理想，但交往方式欠佳。大学生因为年龄尚小、阅历较浅、社会交往面窄，对社会中人际交往的复杂性认识不够，具有浓厚的理想色彩，比较讲义气，注重精神领域的交流，功利意识弱，对友谊对象的选择要求较高。与此同时，大学生不太讲究交往的方式、方法，往往不拘小节，忽略了说者无心、听者有意的道理，容易产生误解。例如本章开始的案例中，晓军就是因为在人际关系交往上以自我为中心来思考和看待问题，明显缺乏换位思考的意识，不能从他人的角度去反思其行为的不合理性而导致交往障碍。与其他人群相比，大学生人际交往的挫折感较强，致使大学生中出现渴求交往和自我封闭的双重性的问题。

第三，情感色彩浓，但不够稳定。大学生普遍希望通过交往获得友谊。因为受到较好环境的熏陶，青年人情感丰富的心理特点的影响，以及对友谊的珍惜与渴求，大学生在人际交往中十分注重感情的交流，讲求情投意合和心灵深处的共鸣。他们渴望真诚，珍视友谊，交往较少功利性而注重情感的投入度。女学生往往更加注重感情，男学生则更注重兴趣一致、价值观趋同。因此，大学期间结下的友谊也更为牢固长久。但是大学生由于一定程度上缺乏交往技巧，重感性而轻理性，时常会以感觉代替理智，且情绪起伏比较大，表现为时而欢欣鼓舞，时而焦虑悲观，影响了思想交流的深入性和稳定性。

第四，独立性较强，交往的深度不足。大学生之间由于个性差异很大，从而使交往活动呈现出多样的个性色彩，往往表现为从自己的价值判断出发，"我认为、我觉得"出现的比较多，更想突出自己的个性特点，在心理上存在着较强的独立性。另外，大学生间的交往大多是兴趣所致、意愿所使，符合个人的兴奋点、兴趣点就可以，表现出强烈的独特性。正因为彼此之间较强的独立性，大多数大学生在交往中具有较强的戒备心理，双方很难进入对方的心理深处，无法进行深度的交流和沟通，也就很难形成亲密无间的知己关系。

第五，交往具有开放趋势，交往对象易变。当代大学生的交往意识强，希望通过广泛的人际交往开拓自己的视野，因此交往范围较大，无论班级、专业、家庭背景还是民族、性别、兴趣爱好等，都不会成为大学生交往的障碍。而且，大学生正努力地把自己的交往领域扩大到校外乃至社会，期望掌握更多的信息，以便促进自己的成长与发展。与大学生交往需求的多层次、多侧面相对应的，是他们交往方式的丰富多彩，各种社团以及网络交往方式的兴起也体现了当代大学生交往的开放趋势。但是由于大学生情绪容易激动，自尊心过于强大，相对来讲自制力不足，再加上人生观、世界观、价值观尚处于发展变化过程中，交往中带有一定的盲目性，对交往对象的甄别判断能力有限，因此大学生的交往对象呈现出易变性。

三、大学生人际关系的影响因素

（一）认知因素

大学生对自己、他人和人际交往过程本身的认知偏差，是影响他们人际交往，造成交往障碍的关键原因。常见的认知偏差有晕轮效应、刻板印象、投射效应。

1. 晕轮效应

晕轮效应是指仅仅依据某人身上一种或者几种特征来判断一个人，而忽略了其他一些尚未了解到的人格特征。能看到的特征仿佛耀眼夺目的光环一样，吸引了人们的注意力，而光环背后的特征则被屏蔽或者忽略，容易以偏概全、以点带面，导致错误的判断，破坏正常的交往，如以貌取人、明星效应等。

2. 刻板印象

刻板印象指的是把交往对象机械地归入某一类群体中，并把自己对该群体的习惯化印象强加到交往对象身上。比如，北方人常被认为性情豪爽、胆大正直；南方人常被认为精明算计、随机应变；商人常被认为奸诈，所谓“无商不奸”；教授常常被认为是白发苍苍、文质彬彬的老人；体育系的学生四肢发达、头脑简单，工科类专业的学生死气沉沉，文科类的学生活泼浪漫，等等。刻板印象夸大了群体的共性而忽略了个体的差异，个人根据自己有限的经验进行归纳判断，很有可能形成偏差。

3. 投射效应

投射效应是指把自己所具有的某种特质加到别人身上。典型的投射效应就是人们常说的“以小人之心，度君子之腹”，认为别人和自己一样有着相同的好恶、相似的观点。这种情况在人际交往中表现形式是多种多样的。如有的人对别人有成见，总以为别人对自己怀有敌意，甚至觉得对方的一举一动都带有挑衅色彩；自己感兴趣的东西，也以为别人同样感兴趣，便高谈阔论地讲个没完；自己喜欢议论别人，就总认为别人也在背后议论他。投射效应是一种自我防御的反应，有时会有利于人们相互理解，有利于进行自我心理调节，但在人际交往中主观猜测，也常常会造成误会和矛盾。

大学生由于社会阅历有限，心理上也不成熟，人际交往中常常会产生理想的模型，然后据此在现实生活中寻找知己，一旦理想与现实不符就会产生交往障碍。

（二）个性因素

个性因素是影响大学生能否成功地进行交往的重要因素。有些大学生的人际交往障碍来源于其不良的个性品质 ，如自卑、怯懦、鲁莽、冷漠与孤僻、偏执等。

1. 自卑

自卑有很多种表现方式，最明显的表现是退缩或过分地争强好胜，消极地评价别人或自己。在与人交往中，自卑的人往往会想：“别人会怎么看我？”容易从别人的言行中关注对自己不利的评价，因此缺乏安全感，他们可能会因为一句话被激怒。自卑的人大多数时间会刻意降低自己的需求，压抑自己的情绪，换来一团和气，但实际上内心汹涌澎湃，一旦情绪积压到一定程度，就会像火药桶一样极易爆发。自卑者的另一种表现则是盛气凌人、唯我独尊，不允许别人对自己有任何不同意见和指责，借此掩饰自己的脆弱。

2. 怯懦

怯懦的人在生活中常常以“老好人”的形象出现，害怕冲突，害怕引起别人不高兴，担心丢面子，等等，习惯于用委曲求全、忍气吞声来求得相安无事。实际上原本平等的交往变得不平等，有了主从之分、高下之分，从长远来看不利于人际交往的顺利发展。

3. 鲁莽

鲁莽的人言行举止具有冲动性、冲击性，不理智，不收敛，只顾发泄自己的情绪，为所欲为，不计后果，往往不能把握言行的分寸，容易中伤他人而招致不满和冲突，甚至造成严重恶劣的后果。

4. 冷漠与孤僻

冷漠与孤僻的人缺乏爱和被爱的感受，往往认为世界是灰色的，人们是自私的、可怕的、不能信赖的，因此他们刻意与别人保持一定的距离，封闭自己心灵的大门，让别人无法靠近，从而让自己获得安全感。其实这部分学生绝大多数是因为从小缺少关爱和爱护，或者情感上遭受过重大打击，需要我们给予更多的理解、包容、温暖和保护。

5. 偏执

性格中有偏执倾向的人非常固执，喜欢争论，爱钻牛角尖，看待问题偏激且不轻易改变。他们缺乏幽默感，容易被激惹，对别人的玩笑话异常敏感和排斥，容易产生对立情绪。交往过程中需要我们注意沟通方式，不要争论，不要激惹，一旦形成对立立即停止，主动退出，以免引发更大的冲突。

人格或者个性是在遗传因素基础上通过长期的生活经历和教育经历逐步形成的，具有相对的稳定性。因此，人格塑造需要一个长期的过程。而大学生的人格尚未定型，具有较大的可塑空间，在大学生活中只要不懈努力，改变人格中道德低下、自私自利、不懂得尊重别人、缺乏责任感、喜怒无常、肆意妄为、过分苛求他人、行为怪异、虚伪、冷淡等这些缺陷部分，就一定能有所收获，进而建立良好的人际关系。

（三）交往能力和技巧不足

人际交往是一门学问，其中有许多知识和技巧需要学习掌握，掌握的深浅反映在实际生活中就是人际交往能力的高低。有些大学生不能与人成功交往，往往与其交往能力不足有很大关系。这些学生中有相当一部分是“读死书，死读书”，不大懂得如何获取人际交往的知识和技巧。比如，第一次见面该如何打招呼？别人开自己玩笑的时候意味着什么？该怎样应对？怎么夸别人？怎么拒绝别人？等等。他们一贯的作风是只顾埋头读书，很少注意与他人的沟通和交往。但是大学生活的多样化又迫使他们不得不和他人交往，他们也能意识到加强人际交往的重要性，内心渴望交往，但又因为以前没有类似的经历，又不知从何做起，缺乏正确的交往技能，导致他们在交往中屡次碰壁，消磨了自信心，产生“我本将心向明月，奈何明月照沟渠”的慨叹和无奈，从而形成恶性循环，越来越不懂得如何与人交往。人际交往中特别重要的一点就是要学会观察、思考和总结，多看看别人是怎么做的，多想想“我哪些地方做得有问题”“如果我是对方我会怎么做”等。要懂得如何对待别人，别人也会以相应的方式对待自己，因此学会换位思考至关重要。要想改变人际关系的困境，先要学会改变自己。

（四）社会环境的影响

价值多元化对正在形成自己人生观和价值观的大学生带来了巨大冲击，许多大学生在交往中带有很强的功利性。其中，拜金主义和价值主义让大学生之间的交往不再单纯，不少大学生为了当选班干部、学生会干部，花钱请客吃饭买人情，用利益交换代替情感交流，虽然可能会博得别人一时的开心，却无法获得长久的友谊；一部分学生有游戏人生的思想，信奉“不求天长地久，只求一朝拥有”的错误观念，在玩乐中追求过程的新鲜刺激，而不在乎有没有美好的结果，这在异性交往中尤为突出，表现为频繁地交往和分手；互联网和移动终端的普及让一些大学生过度沉迷于网络交往，容易患上网络综合征，从而引发各种心理障碍，意志品质削弱，缺乏恒心，产生惰性，引起情感上自我的迷失，集体与社会归属感消失，不喜欢与身边的人交往，不参加集体活动，心理幸福感降低，孤独感与抑郁感增加，在现实世界交往中产生人际关系障碍。社会上的这些负面因素正在侵蚀着大学生的正常交往。

（五）家庭环境的影响

家庭经济状况的好坏也是影响当代大学生人际交往的一个重要因素。有些经济状况好的大学生不太愿意和经济状况差的学生交往，表现出高高在上的优越感，有意或无意地显示自己的经济实力，言语行动中传递出讽刺挖苦的信息，伤害对方的自尊心。经济状况差一些的大学生往往羞于交往，用逃避、沉默和封闭自己的方式面对现实生活，更多关注自己的前途，而对如何提高人际交往能力关注不多。特别是对于一些家庭经济困难的大学生而言，他们认为自己的条件不如别人，从而很容易带着自卑的情绪与人交往，这些学生在人际交往中也比较敏感。另外，部分成长于单亲家庭或者家庭教育简单粗暴、父母关系不和谐的学生，家庭结构不完整或者缺少必要的家庭温暖，导致自己的人际支持系统不够健全，在处理人际关系的时候往往比较容易敏感，容易陷入“自己以为的状况中”，比较容易钻牛角尖，往往会因为别人无意的话而有过度的或者过激的反应。

【知识窗】

如何以动作习惯洞察人心

人的习惯性动作往往带有浓厚的个性色彩，这为我们了解他人、客观评价他人提供了重要的参考。

1. 双手插兜者。习惯于双手插在裤兜里，反复取出来又插进去，这种人的性格往往比较谨小慎微，凡事三思而后行，缺乏灵活性，习惯于用笨办法解决问题，抗打击能力较差，逆境中往往垂头丧气、怨天尤人。

2. 双手后背者。大多比较急躁，但人际关系比较融洽，不会轻易说“不”，往往默默承担困难。

3. 经常摇头或点头表示肯定或者否定者。往往在社交场合很会表现自己，自我意识强烈，工作积极努力，看准的事情不达目的不罢休。

4. 说话时手部有动作，比如拍打掌心、摊开双手、摆弄手指者。做事果断，雷厉风行，自信心强，性格多为外向型。

5. 解开外衣纽扣者。内心真诚友善，为人坦诚。但是一会儿解开纽扣、一会儿又扣上纽扣的人，往往优柔寡断，犹豫不决。

资料来源：何国松，2010. 人际关系心理学全集[M]. 长春：吉林大学出版社.

第三节　保持良好的人际关系

和太强的人在一起，我会感觉不到自己的存在。交朋友不是让我们用眼睛去挑选那十全十美的，而是让我们用心去吸引那些志同道合的。

——罗曼·罗兰

友谊是天地间最可宝贵的东西，深挚的友谊是人生最大的一种安慰。

——邹韬奋

每个人都希望生活能充满阳光，都希望友谊能天长地久，都希望人情能温馨美好，但生活总是现实的，人与人之间发生冲突是在所难免的，我们总会发现曾经多么亲密的朋友、多么幸福的伴侣最终却分道扬镳、形同陌路。如何才能避免人际冲突，保持良好的人际关系是困扰着每一个大学生的现实问题。

一、良好人际关系的重要性

（一）良好的人际关系是人的本能的需要

远古时代的人类自我保护能力很差，没有强有力的爪子和锋利的牙齿作为武器保护自己，也没有飞快的奔跑速度来躲避危险。因此，人类要想生存繁衍，必须依靠数量、形成群体、壮大力量来弥补个体力量的不足，从而抵御自然灾害和野兽的攻击，获得种族的生存与延续。人类为了获得安全感，经过长期的进化形成了群居的习性，天生就有与他人交往的本能需求。比如，大学新生入校后，热衷于加入学生会或者社团组织，从而结识新朋友、学习新技能、增长新知识、锻炼新能力。他们也会常常发出一声呐喊："终于找到组织啦！"走向社会后，他们会寻找一个适合自己的单位或者公司，借助群体的力量实现自我的价值。即便自己创业，也会寻找一定数量的帮手，来分担风险，壮大力量，以便在残酷的社会竞争中抵御冲击，增加成功概率。

（二）良好的人际关系是维护心理健康的需要

与人交往是人类社会本质的特征。婴儿出生后通过与父母、亲属之间的交往，逐渐学会了语言、坐爬走等基本生活技能，也学会了基本的社会规则。儿童通过与人交往，树立了自我意识，了解到自己的优点和缺点。成年人通过人际交往发展了自己的能力，获得了正面或负面的客观社会评价。总之，人类个体的成长、幸福、痛苦、快乐、悲伤等体验都与他人的交往和关系息息相关。我们的生活实践和大量的研究都表明，正常的人际交往和良好的人际关系是人们心理正常发展的必要前提。如果生活在相对孤立的环境中，缺少与他人的有效沟通与交往，缺乏稳定良好的人际关系，就会形成明显的性格缺陷，如孤僻、敏感、自私、自卑、胆小等。大学生中，在友好、合作、融洽的宿舍氛围中生活的大学生，因为具有良好的社会支持系统，能有效应对生活中的困难，表现出愉悦、乐于助人、热爱生活、注重成就感等特点。相反，每天生活在钩心斗角、猜疑排斥、争吵打斗宿舍环境里的大学生，往往表现出焦虑、压抑、易怒、敏感、自我防御性强等特点。

（三）良好的人际关系是社会生活的需要

保持正常的人际交往，维持良好的人际关系，对于社会中的每个人来说都至关重要。个体心理学的创始人阿德勒认为，每个人的生活都有三个最重要的内容：职业选择、爱情婚姻和社会活动。这三种活动的实施不可能由个体单独完成，都需要人际交往的介入。美国人本主义心理学家马斯洛著名的需要层次理论，将人的需要分为五个层次，从低到高依次为：生理的需要、安全的需要、归属与爱的需要、尊重的需要、自我实现的需要（叶奕乾，何存道，梁宁建，2003）。而人们要想满足自己的需要，单独通过个人的力量是无法实现的，必须学会与人相处、与人交往，建立良好而稳定的人际关系。美国卡内基梅隆大学卡内基理工学院的一项研究对 10 000 人的个人记录进行了分析，结果表明：15%的成功者是由于技术熟练、头脑聪慧和工作能力强；85%的成功者是由于个性因素，由于具有成功与人交往的能力。反之，在生活中失败的人，90%是因为不善于与人有效交往。良好的人际关系能产生合力。现代社会分工细化，竞争残酷，单凭一个人的努力根本无法获得事业上的成就，只有借助众人之力，才有可能抓牢机会，创造辉煌的人生。

二、大学生人际关系中的常见问题与调适

大学生尤其是大学新生，经历了激烈的高考竞争，走进了多年来为之奋斗、梦寐以求的大学校门，突然发现大学生活并非像中学时想象得那样轻松，接触的人越来越多，要学的东西也越来越复杂，需要自己独自决策、处理的事情接踵而至，学习、生活、交友、时间管理、生活费管理……几乎样样都要从头开始学习，比以往的生活要复杂得多。

怎么会是这样？许多大学新生都会产生这样的疑问。大学的同学怎么都是各顾各的？每个人都有自己的想法，生活习惯大相径庭，相处起来不像高中同学那样亲密无间，这可怎么是好？其实大学生活开始的时候，尤其是大学一年级时，大家都处于适应阶段，彼此都有一个了解、熟悉、磨合的过程，有点茫然和慌乱是正常的。人际关系也是一个动态的过程，如果处理得好，就能较为顺利地实现中学生到大学生的转变，如果处理不好，就会产生人际交往问题，甚至影响整个大学生活。

（一）大学生人际关系中的常见问题

1. 不敢交往

在人际交往的实践活动中，人们都存在不同程度的恐惧心理，只是每个人的反应程度不同。有一部分大学生在这方面反应特别强烈，由于害羞、自卑等心理的作用，在与人交往时表现得特别紧张，心跳气喘、面红耳赤，两眼不敢正视对方；在与人交谈时语无伦次、词不达意，尤其在人多的场合或者在集体活动中更感到恐惧，不敢和人打交道，不敢表现自己，程度严重的可导致社交恐惧症。有的大学生在通过了高考的选拔进入大学之后，发现以前一直引以为傲的出色成绩在与其他学生的成绩对比中黯然失色，发现周围高手云集，自己不如在中学时那么出类拔萃了，进而形成因嫉妒与自卑心理造成的人际交往障碍，干脆把自己封闭起来。更有甚者在自己遭遇困境需要帮助时发现身边一个朋友都没有，无处宣泄不良情绪，导致更严重的自卑心理，形成可怕的恶性循环。

2. 不愿交往

有的大学生缺乏基本的与别人合作的精神，甚至视其他学生为敌手，时时刻刻将自己与他人放在一分高下的战斗状态中，缺少必要的信任与理解，造成在大学生活中人际关系紧张；有的大学生自高自大，瞧不起别人，觉得自己很了不起，别人都不配跟自己交往，我高兴、我开心时才愿意理你，否则就拒人于千里之外；有的大学生群体意识淡薄，以自我为中心，对周围的人与事漠不关心，事不关己高高挂起，缺乏人际交往的责任意识；有的时候大学生之间缺乏必要的宽容，甚至会为一些鸡毛蒜皮的小事大打出手，造成人员伤亡的恶劣后果；有的大学生遇事总是回避退让，整日郁郁寡欢，缺乏交往的

愿望和兴趣，他们自我封闭、孤芳自赏，但又特别敏感，心理承受力差，独来独往，不愿抛头露面，不愿与人交往。

3. 不善交往

人际交往是一门学问，也是一门艺术，其中有很多的方法和技巧。有的大学生正是由于不善于了解和掌握交往的一些知识、技巧，在交往的过程中显得过于生硬、书生气太足或者木讷，不能用恰当的方式有效表达，虽非己之过，却未酿佳果，在当时不能使人理解。有的大学生则存在由认知偏见产生的理解障碍，不注意交往中的“首因效应”，不注意沟通方式，在劝说他人、批评他人、拒绝他人时不讲究艺术，横冲直撞，一针见血，让对方无法接受而造成不愉快的结果。有些大学生在与人交往的过程中，不注意交往的原则，开玩笑不注意场合，不懂得给人留面子，或出言粗鲁伤了对方的自尊心；或不懂得尊重对方的风俗习惯，或不懂装懂、夸夸其谈等，这些表现都会因为“近因效应”有损于自身形象的塑造，影响同学之间进一步的交往。

4. 不会交往

进入大学之后，大学生大都有强烈的人际交往的欲望，但又常常感到人际交往很困难，究其原因是许多大学生习惯用“我觉得”“我认为”的主观臆断方式考虑问题，而忽略现实中的真实情况，或者以理想的交往模式为标准来衡量生活中的人际关系，导致高期待与高挫折感并存，进而表现为部分大学生经常津津乐道于过去的事情，而对于当下的人际交往却表现出强烈不满。有的大学生不懂得交往在于平时的积累，总希望别人主动关心自己，主动与自己交往，而自己不愿意主动与别人接触，就连平时见面打个招呼都不愿意，总是处于被动地位，导致别人认为他不愿意交往或者看不起别人，从而敬而远之；或仅仅是自己有事求人时才去“临时抱佛脚”，使对方感到无论在物质上还是在精神上都不能使自己受益，甚至感到是累赘时交往就会终止，这种急功近利、唯利是图的交往模式往往被别人所摒弃，导致没人愿意与之交往，人际关系紧张。

有这么一个故事，讲的是一位青年人拜访年长的智者。青年问：我怎样才能成为一个自己愉快，也能使别人快乐的人呢？智者说：“我送你四句话，第一句是把自己当成别人，即当你感到痛苦、忧伤的时候，就把自己当做别人，这样痛苦自然就减轻了；当你欣喜若狂时，把自己当做别人，那些狂喜也会变得平和些。第二句话是把别人当做自己，这样就可以真正同情别人的不幸，理解别人的需要，在别人需要帮助的时候给予恰当的帮助。第三句话是把别人当成别人，要充分尊重每个人的独立性，在任何情形下都不能侵犯他人的核心领地。第四句话是把自己当做自己。”青年问道：“如何理解把自己当做自己，如何将四句话统一起来？”智者说：“用一生的时间，用心去理解。”故事中，智者的一番回答给我们指明了维护良好人际关系的方法，值得我们思考。

（二）人际交往中应该掌握的知识和技巧

1. 人际交往中的平衡术

在现实生活中，我们会发现对平衡的掌握非常重要，比如大楼如果在建造时掌握不

好平衡，就会倾斜甚至倒塌；轮船如果在航行中掌握不好平衡，就会倾覆沉没；高空表演的杂技演员如果掌握不好平衡，就会从高空坠落，造成演出失败……同样，掌握平衡对于人际关系来说也非常重要。举例说明，当你需要向一个舍友借计算器，但是他正在专心致志地看书，这个时候你需要打破他一个人独处时所保持的平衡状态，形成新的由你们二人组成的平衡状态，这个时候你对于舍友来讲是闯入者，因此你需要因为你破坏了他原有的平衡状态而心存愧疚，应该这么表达：“抱歉，打扰你看书了！你能不能把你的计算器借我用一下？”如此一来，舍友也会因为你的礼貌和尊重原谅你的闯入，而欣然接受你的请求。但是如果你硬生生闯入，突然拍他的肩膀说：“把你计算器借我用一下。”就有可能因突然打破他的入神状态而惊吓到他，导致他在心理上会产生不悦或者反感，你在他心目中的形象也会大打折扣，不利于形成亲密的朋友关系。在你因为某种需要，打断别人的交谈，形成新的三人或者多人交谈关系时，平衡理念同样适用。对于别人原有平衡状态的闯入者来说，你要心存愧疚，在获得别人原谅和同意的情况下，才可加入其中，继续谈论或者更换话题。

人际交往的平衡理念还存在于人际交换之间。美国心理学家亚当斯（J. S. Adams）于 1965 年提出了公平理论,旨在社会比较中探讨个人所做出的贡献与所得到的报酬之间是如何维持平衡的。他认为，期待公平是个人内部愿望，当个人发现自己付出的多得到的少，或者得到的多付出的少时，就会产生紧张焦虑感，从而采取措施减少或者消除不公平，以维持个体的激励状态。因此，在人际交往中，如果一方一味地付出没有回报，另一方一味地得到没有付出，那么这种交往不能获得长时间的维持，爱情也是一样。要想获得长久稳定的人际关系，必须在双方的相互调和中，相处支持，共同承担，形成人际平衡。

2. 应该掌握的人际交往技巧

我们一直在说，“第一印象”很重要，那么初次交往时，如何掀开美好的第一页呢？刚刚进入一个陌生的集体，或者想要结识新的朋友，你看着对方的身影，而不敢上前跟他（她）打一声招呼，说一声“嗨”，那么你们之间可能永远都是陌生的。通常情况下，在彼此陌生的状态下开始交往时，双方均会保持较强的戒备心理，形成较强的心理防御。那么，学会“破冰”成为最重要的一点。你需要主动上前，面带微笑，看着对方的眼睛，用最简单的也是最有效的方式——正式或者非正式地介绍自己：“你好，我是……可以认识一下吗？”或许别人会惊讶，会觉得突然，但不会因为你礼貌而友好的关注拒绝你。然后可以选择一个非常容易沟通的话题来开始你们的初次交谈，比如所处的环境、天气，或者彼此的想法和感受，或者你发现的彼此之间的共同点。需要注意的是所选的话题要以问题的形式出现，这样可以给对方做出回应的机会。如果对方欣然回答你的问题，说明他（她）愿意与你继续交往；如果对方态度冷淡或者拒绝回答，表示对方对你不感兴趣，你也就没必要再继续下去。

交往的时候要学会站在对方的角度上考虑问题，替对方的行为找出合理的理由。比如同学答应今天早上上课前要还你急需的课本和笔记，但是他爽约了，这时候要考虑是不是他昨晚熬夜复习了，实在是太忙、太累了，忘记了。这要比当面质问他“你怎么搞的？说好今天早上还我的，怎么说话不算数”要好得多。当遇到冲突的时候，要努力沉默两分钟，并且做到两人轮流发言，因为争论和辩解、抢着说话以及相互指责只能火上浇油，这个时候克制并不等同于懦弱，而是大度的表现。另外，不要吝啬自己对别人的溢美之词，客观、诚恳地称赞别人的优点或者成就往往能够满足别人对尊重的需要、对归属与爱的需要等，从而获得对方的尊重和厚爱，但是要注意赞美一定要有具体内容，不可对空放炮、曲意逢迎，还要适度，不可肆意夸张、无中生有，避免阿谀奉承之嫌。

另外，个人在交往中要学会识别对方的肢体语言。比如，捏面部的任何部位（眉毛、鼻子、耳朵或嘴唇）表示没有把握；频繁看表表示急于离开或缺乏耐心；玩弄圆珠笔、戒指或其他物品表示不感兴趣或心不在焉；对方目光聚焦在你脸上表示感兴趣、注意力集中和自信；对方目光闪烁，顾左右而言他，表示不感兴趣、想要离开或者有所隐瞒；身体正对自己表示愿意继续交谈，身体偏向一侧或者与自己身体夹角大于 30 度表示不感兴趣，希望终止交谈；双臂交叉环抱在胸前表示有戒备心、不同意，等等。

在人际交往中还有一项需要注意的就是人际距离问题。一般来讲，关系越亲密则距离越近。美国人类学家爱德华·霍尔认为“人际距离”可分为四种：一是亲密距离，通常用于父母与子女之间、恋人或夫妻之间，约 18 英寸（0.45 米）之内；二是个人距离，一般用于朋友之间或者正常交谈两者之间，是 1.5～4 英尺（0.45～1.20 米）；三是社会距离，用于具有公开关系而不是私人关系的个体之间，如上下级关系、顾客与售货员之间、医生与病人之间等，是 4～12 英尺（1.2～3.7 米）；四是公众距离，用于公众场合非正式交往个体之间，如演讲者与听众之间或陌生人之间，是 12～15 英尺（3.7～4.6 米）。

三、保持良好人际关系的途径

（一）清除人际交往心理障碍的方法

要学会与他人相处，必须清除人际交往心理障碍，调适人际关系心理。

1. 要摆脱孤独感

孤独感在大学生群体中比较常见。大学生随着心理日渐成熟，发现自我与他人有着心理上的差异，意识到自己与他人的不同，于是产生与他人交往、了解他人并被他人了解接纳的需要。如果这种需要得不到满足，学生便容易感到空虚，产生孤独感。根据心理学家鲁夫特与英格汉提出的“周哈里窗”（Johari Window）模式理论（图 7-2），每个人都存在着自己了解且他人也了解的“开放区域”、他人了解而自己并不了解的“盲目区域”、从未向他人透露过的“秘密区域”以及自己和他人都不了解的“未知区域”。在正常情况下，人与人之间要进行有效的交往，就需要尽可能扩大自我心理的“开放区域”，缩小“盲目区域”“秘密区域”“未知区域”。表现真实的自我，让他人了解你，才能在交往中与他人的心灵进行沟通，使自己被他人所理解、所悦纳，并与他人心理相容，才能摆脱孤独感。只有打开心扉，让他人走进来，才能互相了解彼此，建立稳定的人际关系。

2. 要战胜自卑和羞怯心理

自卑和羞怯常常使人不敢大方地与人平等交往。战胜自卑和羞怯，尤其是社交恐惧症，重要的在于树立起成功交往的信心，充满自信才能坦然自若而不紧张。那么，自信从何而来呢？自信来源于人内心对于成功和成就的愉悦记忆。心理学中将人在成功时刻所获得的兴奋、愉悦体验称为高峰体验，持续不断体验高峰体验是获得自信心的良好途径。其实高峰体验并不一定是成就大事业时才能得到的，它在我们的生活中无处不在，比如，有一个问题百思不得其解，但是今天突然间茅塞顿开解决了，成就感顿时爆棚，这就是高峰体验；今天自习的效果比以往都好，比预期的要好很多，自己觉得很开心，这也是高峰体验。想办法让自己经常处于一个个高峰体验中，自信心就会逐渐形成。羞怯心理是一种常见于大学生人际交往中的心理。克服这种不良情绪应从以下几方面着手：首先要清除消极的自我暗示，克服这种不良情绪，学会肯定自己，增强信心。其次不要过于看重别人对自己的看法，患得患失。最后要学习必要的交往技巧，进行实践锻炼和心理训练，提高交往能力。

图 7-2 周哈里窗

3. 要克服嫉妒和猜疑心理

大学生中较普遍地存在着不同程度的嫉妒心理，很有必要加以纠正。克服嫉妒情绪，使其从消极情绪和行为转化为积极情绪和行为，首先要认清嫉妒的危害性：既打击别人，又贻误自己。其次，应正确认识自己，摆正自己与他人的位置，应认识到任何人都有优点和缺点、长处和短处，问题是如何取长补短。猜疑心重的大学生对别人总是抱有不信任的态度，总以一种怀疑的眼光看人，对他人心存戒心，戴着假面具与人交往。消除疑心，最根本的是去掉私心，“心底无私天地宽”。要提醒自己，防止以小人之心度君子之腹，应经常让自己角色置换，即站在对方的角度思考问题。

（二）优化人际关系的艺术

1. 需要优化个人形象

一个人能否被别人接受，关键在于此人在别人心目中的形象。一个人的形象，即仪容仪表大体上受两大因素决定：一是本人的先天条件，二是本人的修饰维护，而后者起着重要作用。大学生优化个人形象，大体要注意以下四方面：一应干净整洁，不给人以一种邋遢的感觉，这是仪容的基本要求。二应发型自然，发型是构成仪容美的重要内容。人的发型要根据不同人的气质、服装、身材、脸型等选择合适的发型。要做到发型自然，以美为准则，不以追求奇异怪发为时尚。三应化妆适度，大学生处在青春年华阶段，富有清纯之美，一般情况下不需要化妆，但爱美之心人皆有之，也可根据个人的需要，适度的化妆也是无可非议的，但不可化浓妆。四应注意服饰的选择，做到三个注意，即注意协调、注意色彩、注意场合。

2. 应注意在人际交往中的身体姿态

身体姿态包括站姿、坐姿及走姿。站姿是每个人全部仪态的核心。如果站立姿态不够标准，其他姿态就根本谈不上优美而典雅。站姿的要领是：头正、颈直、肩平、挺胸、收腹、直腰、提臀、腿直、脚稳。要注意克服身躯歪斜、弯腰驼背、半坐半立、手位不当、脚位不当的不正站姿。坐姿是一种静态的人体仪态的体现，是公关活动中最重要的人体姿态。标准坐姿通常有八种：一是双腿垂直式，这适用于最正规的场合，上身和大腿、大腿和小腿，都应当形成直角，小腿垂直于地面。双膝、双脚包括两脚的跟部，都要完全并拢。二是垂直开膝式，这适用于较正式场合，多为男性使用，上身与大腿、大腿与小腿皆成直角，小腿垂直地面。双膝分开，但不得超过肩宽。三是双腿叠放式，这主要适用于穿短裙的女士，将双腿完全地一上一下交叠在一起，交叠后的两腿之间没有任何缝隙，犹如一条直线。双腿斜放于左右一侧，斜放后的腿部与地面呈 45 度夹角。四是双腿斜放式，这主要适用于穿短裙的女士在较低处就座时采用，双膝先并拢，然后双脚向左或向右斜放，力求使斜放后的腿部与地面呈 45 度角。五是前伸后屈式，它亦多为女士所用，大腿并紧之后，向前伸出一条腿，并将另一条腿屈后，两脚攀着地，双脚前后要保持在一条直线上。六是大腿叠放式，此多为男士在非正式场合，两条腿在大腿部分叠放在一起；叠放之后位于下方的一条腿的小腿垂直于地面，脚掌着地；位于上方的一条腿的小腿则向内收，同时宜以脚尖向下。七是双腿交叉式，此为男女在各种场合均可使用。八是双脚内收式，它适合男女在一般场合采用，两条大腿先并拢，双膝可以略微打开，两条小腿可以在稍许分开后向内侧屈回，双脚脚掌着地。要注意纠正错误坐姿，如双腿过度叉开，不妥的架腿姿势，脚部抖动摇晃，腿部高跷蹬踩，等等。走姿是以站姿为基础，实际上是站姿的延续。正确的走姿是方向明确、目光平视、步幅适度、步速均匀、重心放稳、身体协调。同时还要掌握不同的场合有不同的走姿。

3. 要培养良好的交往风度

良好的交往风度所包括的内容很多。首先，要保持良好的自我状态。良好的自我状态就是身心健康、自信、愉快，能够选择、控制自己的情感，保持心理平衡，心态积极。只有心态开放，才会不卑不亢。积极而开放的心态、自信而容纳的意识是培养良好的人际交往风度的根基，也是交际艺术的奥秘所在。其次，要讲究交谈艺术，谈吐高雅。交谈艺术是指人与人之间在接触和交往过程中，通过语言互相交流感情、传递信息，以增进彼此间的了解和友谊，从而达到和睦相处、合作共事的方式。大学生在人际交往中要提高交谈的能力，必须具备敏捷的思维能力、沉着的应变能力、流畅的语言表达能力。优化交谈艺术，注意交谈礼仪：一是谈吐要文雅，注意禁忌。应禁说粗话、脏话。交谈看对象，不要问不适合问的问题。二是心直不一定要口快，要看准想好了再说，并且必须注意场合和对象。三是要学会耐心倾听。认真倾听别人的叙述，这本身就是对人的一种宽慰。四是要会委婉含蓄地表示拒绝。五是关心有度，热情但不“越位”。六是不要争吵。争吵不是正常的人际交流，更不是有效交流，争吵是两败俱伤的陷阱。七是不要轻视闲谈。闲谈是一种非正式的随便交谈，是一种看似平常却又利于人与人之间心灵沟通的社交。

4. 优化人际交往艺术

要讲究互利互让，并学会适当忍让。互利互让有三种方法：第一种是合作法又叫互助法，这种方法能使合作双方都得到利益和实惠。第二种是积极竞争法，竞争给竞争者带来一定的压力或危机感，从而促使竞争者不断地努力进取。第三种是交换法，即双方通过互通有无的交换，获得利益或好处。大学生相互交流信息、思想、感情、学习体会，会使彼此都得益。适当的忍让代表着胸怀和度量，是一种大家风范，是真正强者的表现。忍让能令难免争斗的双方通过彼此相让，化干戈为玉帛，缓解紧张的人际关系。“事临头三思为妙，怒上心一忍为高”，“忍得一时之气，免却百日之忧”，实在是道出了很高明的生活智慧。当自己感觉忍无可忍要发火的时候，不妨强迫自己数对方身上有几种颜色，并告诉自己准确的数目，当自己说出数目的同时怒火已经消除了很多。

5. 要学会赞美

赞美的实质是对他人的赏识、激励。赞美别人，并不一定要概括完整全面、分析深刻入微，但一定要诚恳热情、真实自然，发现和赞美对方的“闪光点”和“兴趣点”，激发对方的兴趣和共鸣。赞美要求传达感受性的信息，不要传达评比性的信息。感受性赞美是指你感觉对方有什么优点和长处，你就赞美他的优点和长处，不要拿他的优点和长处去和另外的人作比较。评比性的赞美一方面影响激励人心的效果，另一方面会给人际关系带来新的消极影响。赞美要真实、诚挚，不要虚情假意。人们喜欢得到赞美，但只喜欢合乎事实的赞美，对不真实的赞美会产生反感的。赞美要具体、新颖。发现别人的优点，要及时地表达赞美。

6. 要养成微笑的习惯

微笑是人体肌肉群的柔软体操，它能够协调塑造整体形象美的诸多因素，并使其处于平和状态，导演出一种动态的、善意的心灵场景。微笑传达的是：我喜欢你；见到你，我很高兴。也体现着：我活得很好，对自己充满自信。微笑是冲破心理乌云的阳光，能够增添人的魅力，并且微笑能够换回微笑，从而使大家的心情变得更加明朗。人际交往中微笑的魅力不可缺少，能使接受的人获得益处，却不会让给予者受到损失。微笑和经济条件、社会阶层没有任何关系，人人都希望得到别人善意真诚的对待，希望每天都有好心情，因此没有人富到不需要它，也没有人穷到不想拥有它。养成微笑习惯，以真诚的微笑与他人沟通感情，以利于建立并保持融洽和谐的人际关系。

【知识窗】

人际交往中的首因效应和近因效应

1. 首因效应

“首因”也可以说是第一印象，一般指人们初次交往接触时各自对交往对象的直觉观察和归因判断。人际交往中，首因效应对人们交往印象的形成起着决定性作用。初次见面时，对方的表情、体态、仪表、服装、谈吐、礼节等形成了我们对对方的第一印象。现实生活中，首因效应作用下形成的第一印象常常左右着我们对他人的日后看法。因为第一印象一旦形成，就不容易改变。初次印象是长期交往的基础，是取信于人的出发点。

因此，我们在人际交往中应该注意留给他人好的第一印象。如何做呢？首先，我们应该注重仪表，比如衣着要整洁、服装搭配要和谐得体等；其次，我们要注意自己的言谈举止，为此必须提高言谈技能、掌握适当的社交礼仪。

2. 近因效应

首因效应一般在交往双方还彼此生疏的阶段特别重要，而随着双方了解的加深，近因效应就开始发挥它的作用了。近因效应是相对于首因效应而言的，是指交往过程中，我们对他人最近、最新的认识占据主体地位，掩盖了以往的评价，也称为“新颖效应”。比如，你一个平凡的老邻居突然做了官，你就会一扫其平凡的印象，对其刮目相看。再如，多年不见的老朋友，在自己的脑海中印象最深的，其实就是临别时的情景；一个朋友总让你生气，可是谈起生气的原因，大概只能说上两三条；你的一个好朋友最近做了一件对不起你的事情，你提起他来就只记得他的坏处，完全忘了他当初的好处……这一切都是近因效应的影响。

近因效应给了我们改变形象、弥补过错、重新来过的机会。例如，两个朋友因故“冷战”一段时间后，一方主动向对方表示好感或歉意，往往会出乎意料地博得对方的好感，化解恩怨。

资料来源：何国松，2010. 人际关系心理学全集[M]. 长春：吉林大学出版社.

课堂小游戏

心有千千结

游戏方法：

1. 将全班学生分成若干个小组，每组 10 人，让每组成员手拉手围站成一个圆圈，记住自己左右手各相握的人。

2. 在节奏感较强的背景音乐中，大家放开手，随意走动，音乐一停，脚步即停。找到原来左右手相握的人分别握住。

3. 小组中所有参与者的手都彼此相握，形成了一个错综复杂的“手链”。在节奏舒缓的背景音乐中，主持人要求大家在手不松开的情况下，用各种方法，如跨、钻、套、转等，将交错的“手链”解开，形成一个大圆圈。

心理测验

人际关系自我诊断问卷

请你仔细阅读下面 16 个问题。在每一个问题后面，有 A、B、C 三种答案，请你按照自己的真实情况任选其一。

1. 在人际关系中，我的信条是：

A. 大多数人是友善的，可与之为友。

B. 人群中有一半是狡诈的，一半是善良的，我选择与善良者为友。

C. 大多数人是狡诈、虚伪的，不可与之为友。

2. 最近我新交了一批朋友，这是：

A. 因为我需要他们。

B. 因为他们喜欢我。

C. 因为我发现他们很有意思，令人感兴趣。

3. 外出旅游时，我总是：

A. 很容易交上新朋友。

B. 喜欢一人独处。

C. 想交朋友，但又感到困难。

4. 我已经约定要去看望一位朋友，但因为太累而失约了。在这种情况下，我感到：

A. 这是无所谓的，对方肯定会谅解我。

B. 有些不安，但又总是在自我安慰。

C. 我很想了解对方是否对自己有不满的情绪。

5. 我结交朋友的时间通常是：

A. 数年之久。

B. 不一定，合得来的朋友能长久相处。

C. 时间不长，经常更换。

6. 一位朋友告诉我一件很有趣的个人私事，我是：
   A. 尽量为其保密。
   B. 根本没有考虑过要继续扩大宣传此事。
   C. 当朋友刚一离去，随即与他人议论此事。
7. 当我遇到困难时，我：
   A. 通常是靠朋友解决的。
   B. 找自己信赖的朋友商量此事。
   C. 不到万不得已不求人。
8. 当朋友遇到困难时，我觉得：
   A. 他们大多喜欢来找我帮忙。
   B. 只有那些与我关系密切的朋友才来找我商量。
   C. 一般都不愿意来麻烦我。
9. 我交朋友的一般途径是：
   A. 经过熟人介绍。
   B. 在各种社交场合。
   C. 必须经过相当长的时间，并且还相当困难。
10. 我认为选择朋友的最重要的品质是：
   A. 具有能吸引我的才华。
   B. 可以信赖。
   C. 对方对我感兴趣。
11. 我给人们的印象是：
   A. 经常会引人发笑。
   B. 经常会启发人们去思考。
   C. 和我相处时会感到舒服。
12. 在晚会上，如果有人提议让我表演或唱歌时，我会：
   A. 婉言谢绝。
   B. 欣然接受。
   C. 直截了当地拒绝。
13. 对于朋友的优缺点，我喜欢：
   A. 诚心诚意地当面赞扬他的优点。
   B. 会诚实地对他提出批评意见。
   C. 既不奉承也不批评。
14. 我所结交的朋友：
   A. 只能是那些与我的利益密切相关的人。
   B. 通常能和任何人相处。
   C. 有时愿与同自己趣味相投的人和睦相处。
15. 如果朋友们和我开玩笑（恶作剧），我总是：
   A. 和大家一起笑。

B. 很生气并有所表示。

C. 有时高兴，有时生气，依自己当时的情绪和情况而定。

16. 当别人信赖我的时候，我是这样想的：

A. 我不在乎，但我自己喜欢独立于朋友之中。

B. 这很好，我喜欢别人信赖于我。

C. 要小心点，我愿意对一切事物持冷静、清醒的态度。

计分方法：用表 7-1 的分数表，对照你每一题的答案，得出你的总分。

表 7-1 分数表

题号	A	B	C
1	3	2	1
2	1	2	3
3	3	2	1
4	1	3	2
5	3	2	1
6	2	3	1
7	1	2	3
8	3	2	1
9	2	3	1
10	3	2	1
11	2	1	3
12	2	3	1
13	3	1	2
14	1	3	2
15	3	1	2
16	2	3	1

评分方法：

38～48：你的人际关系是很融洽的，在广泛的交往中你很受众人的喜欢。

28～37：你的人际关系不稳定，有相当数量的人不喜欢你，如果你想受人爱戴，还得做出很大的努力。

16～27：你的人际关系是不融洽的，你的交往圈子实在太小了，很有必要扩大你的交往范围。

思考题

1. 什么是人际关系？人际关系有什么功能？
2. 哪些因素会影响人际吸引？怎样才能形成良好的人际吸引力？
3. 大学生人际交往有哪些特点？

4. 在现实的人际交往中，应该注意哪些问题?

5. 案例分析：某高校大二女生蔡某，来自重庆，性格开朗活泼，为人热情直爽，爱说爱笑，爱玩爱闹，大大咧咧，与男同学交往也毫不拘谨。若是有同学需要帮助，她总会主动伸出援助之手。但是她生活中不太注重场合，有点我行我素，不太会照顾到周围同学的感受。在宿舍里，她要是高兴了就会放声高歌一曲，无论其他同学是否在休息；要是不高兴了，也会冲着宿舍的凳子发一通脾气，甚至曲解同学的关心与别人大吵一架。宿舍其他五位室友对蔡某都有意见，大家也因为此事有过争吵。尤其是小林和小张，看不惯蔡某的行为，觉得蔡某是有意地针对她们，看不起她们。于是两人形成了小联盟，想要联合宿舍其他室友孤立蔡某。不料此举被蔡某发现，于是一场宿舍吵架大战爆发了，大家不欢而散。蔡某觉得自己受到了莫大的委屈，不理解大家为什么这么为难自己。她觉得是小林和小张性格内向，不太善于交际，嫉妒自己跟男同学建立的良好关系，因此想要孤立自己。另外，自己就是这样的性格，从不掩饰自己，真诚地对待他人，自己百思不得其解为什么宿舍关系处得这么紧张。

问题：请帮蔡某分析是什么原因导致她的人际关系紧张，如果要改善她的人际关系要从哪些方面着手?

参考文献

丁庆新，窦春玲，2008. 人际关系心理学[M]. 北京：清华大学出版社，北京交通大学出版社.

黄希庭，郑涌，2010. 大学生心理健康与咨询（第 2 版）[M]. 北京：高等教育出版社.

姜琳，2008. 交流心理学[M]. 北京：清华大学出版社.

林崇德，2006. 人际关系心理学[M]. 北京：人民教育出版社.

林崇德，申继亮，2010. 大学生心理健康读本[M]. 北京：教育科学出版社.

桑作银，汪小容，2007. 大学生人际交往心理学[M]. 成都：西南财经大学出版社.

沙莲香，2004. 社会心理学[M]. 北京：中国人民大学出版社.

时蓉华，2004. 社会心理学[M]. 上海：上海人民出版社.

谭昆志，杨力，2007. 人际关系学[M]. 北京：首都经济贸易大学出版社.

叶奕乾，何存道，梁宁建，2003. 普通心理学[M]. 上海：华东师范大学出版社.

第八章 大学生的健康爱情观

我能想到最浪漫的事
就是和你一起慢慢变老
一路上收藏点点滴滴的笑
留到以后坐着摇椅慢慢聊
我能想到最浪漫的事
就是和你一起慢慢变老
直到我们老得哪儿也去不了
你还依然把我当成手心里的宝

——《最浪漫的事》

第一节 爱情概论

一、爱情的定义

爱情，这个古老而又新鲜的话题，仿佛是一个人类永远都无法解开的谜。说到爱情几乎每一个人都有自己的看法，它是人类最高级的一种情感，也是人类精神世界不竭的动力之一。爱情中的男女，一半是海水，一半是火焰，水与火的缠绵是爱情神话的起源。神话故事中，上帝创造了亚当和夏娃，他们生活在美丽而又浪漫的伊甸园里，然而，野果的诱惑和蛇的呼唤，似乎注定了今天的男人和女人在追寻爱情这朵玫瑰的芬芳的同时承受着被刺的痛苦。

爱情的定义是时代的产物，当下这个时代，社会将爱情视为婚姻的基础。而在原始社会，所谓的婚姻关系只是一种生存所需要的“家庭”单位，那时“爱情”无足轻重。原始社会的语言中也没有“爱情”这个词，结伙同行、生儿育女通常比独居更有利于生存。公元前 5 世纪，哲学家柏拉图论述了爱情是人类最高的美德，包括精神、智慧和性。但他指出婚姻与爱情无关，只为繁殖后代。中世纪后的欧洲，贵族社会里逐渐产生一种热情，即对婚姻之外的爱的追求。当时的婚姻仍然为政治和经济的目的所安排。到了随后的几个世纪，追逐爱的理想由上层社会扩散到中下层社会。此时人们就开始期盼爱情不仅产生在追求和热恋的阶段，还能延续到婚姻里。人们开始相信由爱情发展而来的婚姻更为实际合理。美国精神分析理论家沙利文（H. S.Sullivan）认为，当人们把另一个异性的满足和安全看得和自己的满足和安全一样重要时，爱情就存在了。我们不得不承认，爱情是这个世界上最复杂的情感现象，可以体验却难以言语。

现代社会条件下，爱情至少包含以下几个方面：一是性欲，这是爱情的生理基础和自然前提；二是情感，这是爱情的中心环节；三是理想，这是爱情的社会基础，也是爱情的理性向导；四是义务，这是爱情的社会要求，表现为自觉的道德责任感。上述四要素相互联系、缺一不可，否则就是残缺的或是被扭曲的爱情。

因此可以说，所谓爱情，就是一对男女基于一定的社会关系和共同的生活理想，在各自的内心中形成的对对方最真挚的倾慕，是两颗心灵相互吸引，达到精神升华的产物，追求的是一种高尚的精神生活。

而恋爱就是指异性之间在生理、心理和环境影响交互作用下互相倾慕和培植爱情的过程。

二、爱情产生的基础

生理成熟为大学生恋爱提供了生理基础，但心理与社会性成熟是恋爱的一个必要准备。恋爱作为大学生情感发展历程中的重要体验会对大学生产生积极或消极的影响。

（一）爱情产生的生理基础

爱情产生的生理基础是生理的成熟。

青年期是童年与成年之间的一个发展过渡期。一般认为青年期处于 17～25 岁，始于青春期，个体在此期间达到性成熟并具备了生殖能力。青年期的早期征兆之一就是青年人身高与体重的急剧增加。女孩一般发生在 9.5～14.5 岁，男孩一般发生在 10.5～16 岁。

青年期的第一性征是生殖所必需的器官，这些器官的不断发育导致了性成熟。第二性征是和性器官无直接关系的性成熟征兆，包括生理变化、皮肤变化、声音的变化，以及体毛的变化。

生理的成熟常常会带来心理上的变化，其中身体的早熟与晚熟会影响青年的心理。早熟的男孩平衡、自然、放松、受同伴的欢迎，较多成为群体中的领导，但是早熟的男孩在心理上并不像成人认为的那样成熟，他们的行为和举止往往会和成人的要求有相悖的情况，由此而导致的双方矛盾、冲突也会经常发生，这样常常使早熟男孩的自尊心受到伤害；而晚熟的男孩常常觉得自己能力不足，被拒绝、被支配、有依赖心，缺乏安全感，攻击性强，反抗父母，但经过漫长的青春期调适，晚熟的男孩在认知上及适应技巧上有较强的能力，因此许多晚熟男孩成年后在求知欲、社交以及探索等方面的行为上都有比较好的表现。早熟的女孩子敏感、害羞、心理变化微妙，常常会被以大人的方式对待，在社交方面比较擅长，然而她们进入青少年时期的准备时间较短，会承受较多内在的危机及困扰。晚熟女孩同晚熟男孩一样，会感到较小的社会压力，而且有较多的机会与同龄男孩发展比较平稳的人际关系，但是她们常常会感到焦虑，缺乏自信。

（二）爱情产生的心理基础

人身体的成熟一定会带来爱情吗？答案显然是否定的。中国人经常谈到的某个孩子“懂事早”特指其心理上的成熟程度。尽管人的生理的成熟也受到社会文化与环境的影响，但心理的成熟更多受到社会文化与环境的影响。大学生的心理是社会环境综合影响的结果，从校园到校园如此简单的人生经验，使大学生的社会经历显得单薄，但大众传媒特别是网络，又使大学生与社会紧密地联系在一起，其影响是双向的：一方面，社会文化成为大学生心理成长的催化剂，太多的传媒关注大学生，使他们的心理如同雨后春笋快速成长；另一方面，社会经验的短缺使他们的成长或多或少带有不现实性，或者说，象牙塔中的心理成长还带有相当的书院气息。个体的成长永远不可能脱离社会环境而存在，只有在社会多种因素的碰撞中，积极的因素占优势，大学生才会呈现较高的心理发展水平或达到理想状态，否则就会出现迟滞、消极或扭曲的状况。这一点需要引起高度重视。

大学生的爱情心理发展主要表现在以下几方面：一是自我意识进一步加强。恋爱是大学生强烈自我意识的重要表现途径，爱情是成长中重要的自我证实与自我实现。在恋爱这个特殊时期，恋人眼中的评价占有绝对优势。在大学生自我意识逐步形成与完善的时期，个体在恋人眼中的形象成为最重要的“镜中我”，这将影响着自我意识的发展与完善。一般而言，自我意识发展水平较高的学生，有着正确的自我评价，在爱情中能够把握自己、了解自己，也容易把握爱情；而自我意识发展水平较低的学生，自我、自尊与自信的建立相当程度上依赖于恋人的评价，当拥有爱情时认为自己是世界上最幸福的人，而当爱情远去时，则容易自我怀疑、自我否定甚至自我抛弃。因此，自我意识是大学生心理发展的重要方面。二是性意识进一步强化。与中学时代的朦胧相比，大学生对异性的好感变得清晰而直接，他们会使用多种策略与异性相处，特别是对于自己钟情的异性，大学生会大胆而有策略地表达自己的爱情。值得重视的是，与大学生性意识的发展相伴随，受不良社会文化的影响，大学生在性上采取的宽容态度甚至情感消费主义将会对大学生日后的婚姻爱情生活产生消极影响。三是自我控制能力加强。自我控制能力是心理发展的重要指标。大学生抽象思维能力的空前发展与自我控制能力的提高，使他们在爱情面前能够克制自己的欲望和感情，正确分析个人的行为及其利弊，做出恰当的选择。在恋爱中，特别是当面临爱情、考研、就业等多种选择时，绝大多数学生能够根据自己的现实情况做出判断。

三、爱情的理论

（一）弗洛伊德——泛性恋爱论

弗洛伊德认为，人类的两大基本本能是：①爱及生存本能——生本能，包括性欲本能与自体生存本能；②攻击与破坏本能——死本能。弗洛伊德认为爱及生存本能和攻击与破坏本能虽然是对立的，但也可相互转化（如爱转化为恨），而且还可以结合在一起。

人都想追求爱情，尽管这并不是轻而易举的事情。为什么一般人常常面临爱情的困难呢？弗洛伊德认为，爱情困难一方面是源于人格的冲突：人们从孩童时起，爱欲就被同样强烈的人类攻击与破坏本能的力量所融化和消解，因为爱欲同攻击性倾向相混合，它就成为既是自我隔绝又是自我实现的过程。自我和他人处在恋爱之中的同时，自我也和他人处在对立力量相控制的冲突之中，因为一个人必须给予他人的爱是以牺牲自爱为代价的。这种对抗性存在于现实之中，更突出地表现在家庭生活里。但是，爱欲最终是需要完成的，否则就会有无休无止的身心矛盾，如歇斯底里症。爱情困难另一方面源于社会文明对于爱欲的限制：只要文明存在，压制就必然存在。弗洛伊德认为，虽然爱情的发生往往在青春期、青年期，但是他认为人的性欲在出生的那一刻起就存在，并提出了性欲的发展经历口唇期、肛门期、性器期、潜伏期、生殖器期五个阶段。在儿童成长的过程中，满足其性欲发展的外部环境的影响，会一直潜伏延续下来，并会影响到他以后对爱情对象和爱情方式的选择。

弗洛伊德所生活的维多利亚时代，是一个禁欲主义的时代，人们处于性压抑的环境中，因而产生了很多的精神疾病，他的爱欲理论是在这样的社会需要之下逐渐形成的。然而，他用“性动力”来解释一切，夸大了性的作用而忽视了其他社会因素对精神世界的影响，有一定的片面性。

（二）弗洛姆——艺术恋爱论

弗洛姆是美籍德裔心理学家，法兰克福学派的重要代表，是 20 世纪最有影响的思想家之一。弗洛姆深受弗洛伊德和马克思的影响，将两者的思想加以融合，在对西方资本主义社会进行批判的基础上，形成了自己独具一格的思想。弗洛姆最具有代表性、对现代社会以及教育具有很大启发意义的理论是关于爱的理论。弗洛姆认为，爱情是对人类生存问题的回答，克服人的孤寂实现人与人的结合。爱情既出于克服孤独的需要，追求与他人结合，趋向合群，又要各方维护自我，保持个性，不把自身消融于他人之中。也可以说，爱是一种活动、一种人际关系，是建立在双方平等、各自独立、相互肯定基础上的人与人的结合，以及人与他人的和谐相融。弗洛姆认为爱情是一种积极的情绪，本质上是给予而非获取。给予并不注重于物质财富，是指施爱者要把自己生命中的欢乐、兴趣、理解、知识等奉献出来，以此充实他人、丰富他人。给予并非只意味着自我舍弃、牺牲，而正是在给予中，施爱者领略到他的力量、财富、能力、生机活力，感受到他人潜能的充分实现，由此感到无限欢欣。这是因为给予比获取更愉快。既然爱的本质是给予，爱的目的是使其对象获得幸福、发展和自由，所以并非所有的人都具有爱的能力，而只有那些具备创造性人格倾向的人才有爱的能力，如果没有爱的能力，如果不能真正谦恭地、勇敢地、真诚地和有纪律地爱他人，那么人们在自己的爱情生活中也永远得不到满足。爱作为一种生命活动，是人身上最强有力的冲动，有着重要的积极作用。爱能打破把人隔离的墙，克服人的孤独感和分离感，使人与人和谐相处，乃至融为一体。正因为爱驱使人类相聚的力量能使家庭、民族、国家得以长存不衰，所以没有爱，人就会毁灭他人或毁灭自身，人类甚至不可能存在。弗洛姆（1986）认为："在给予的因素之外，爱的主动特性明显地表现在这样的事实中，即所有形式的爱常常包含着共同的基本要素：关心、责任、尊重和了解。"关心要求施爱者主动关怀所爱者的生命与成长。责任指个人对整个人类负有的职责，是绝对自由地对他人要求发出的积极的响应。尊重是指一个人对另一个人的成长和发展应该顺应其自身规律和进展，让被爱的人为他自己的目的去成长和发展，而不是为了服务于他人。爱的知识也就是对人的了解，它是爱产生的基本前提，因为"不了解一个人就不能尊重他；爱的责任若没有了解作为向导便是盲目的"（弗洛姆，1986）。

爱情是一种艺术，不仅包含了被人爱，还包含了去爱别人。弗洛姆认为，要懂得如何去爱，就得像学其他的艺术，如音乐、绘画及医疗技术一样，只有通过自己的主动行为方能获得亲身体验。学会爱的艺术首先是要掌握理论，其次是掌握实践。此外，还有四个要求：纪律、专心、耐心和全力以赴。任何一个渴望掌握爱的艺术的人，都需要在生活中实践这些要求。

弗洛姆的爱情理论中，并没有把"给"的说法贯彻到底，对爱情的相互性的认识也没能足够充分。同时，他将"给"与"得"完全对立起来，这一点也是比较片面的。

（三）斯滕伯格的爱情三元理论

当人们对爱情的主成分进行界定时，大多数人都赞同爱情是激情、亲密和承诺的混合物。斯滕伯格（Sternberg）在已有理论的基础上，提出了爱情三元理论（图 8-1），认为爱情有三种成分，不管爱情如何复杂多变，不外乎是三种内在成分的不同排列组合。这三种成分分别是亲密、激情、承诺。亲密指伴侣间心灵相近、契合、互相归属的感觉，包括对爱人的赞赏、照顾爱人的愿望、自我的展露和内心的沟通，属于爱情的情感部分；激情是一种情绪上的着迷，指个人强烈地渴望与伴侣结合，促使关系产生浪漫和外在吸引力的动机，个人外表的和内在的魅力是影响激情的重要因素，也就是与性相关的动机驱力，属于爱情的动机部分；承诺主要指个人内心或口头对爱的预期，包括短期和长期两个部分，短期的部分是指个体决定去爱一个人，长期的部分是指对两个人亲密关系所做的持久性承诺，属于爱情的认知成分。亲密是温暖的，激情是热烈的，而承诺是冷静的。这三种成分的不同组合构成了七种爱情类型。

1）喜欢的爱：只有亲密，双方在一起感觉很舒服，但是觉得缺少激情，也不一定愿意厮守终生，没有激情和承诺，如友谊。显然，友谊并不是爱情，喜欢并不等于爱情。不过，友谊有可能发展成爱情，多数人的爱情是在友谊的基础上产生的。

2）迷恋的爱：只有激情体验，认为对方有强烈的吸引力，除此之外了解不多，也没有对将来的打算，没有亲密和承诺，如初恋。

3）空洞的爱：双方只有承诺，缺乏亲密和激情，如纯粹为了结婚的爱情。

4）浪漫的爱：双方有亲密关系和激情体验，没有承诺。崇尚过程，不在乎结果。

5）同伴的爱：双方有亲密关系和承诺，缺乏激情，指的是四平八稳的婚姻，只有权利、义务，却缺少感觉。

6）愚蠢的爱：双方只有激情和承诺，没有亲密关系。没有亲密的激情只能是生理上的冲动，而没有亲密的承诺不过是空头支票。

7）完美的爱：同时具备三要素，包括激情、承诺和亲密。只有在这种爱情中才能看到爱情的真谛。

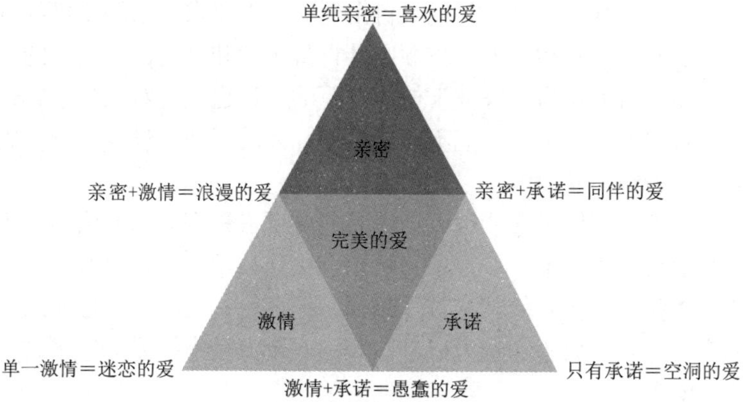

图 8-1　斯滕伯格的爱情三元理论

（四）Hazan 和 Shaver 的成人依恋理论

生活中有很多人在他们的爱情关系中觉得比较安全，而另外一些人却觉得烦恼和忧虑。Hazan 和 Shaver 认为，成人同婴儿一样，可以形成安全型、焦虑矛盾型或回避型的依恋。依恋是婴儿与抚育者（一般为母亲）之间形成的一种特殊的情感联结，对儿童的个性发展和社会性发展有着重要的影响。安全型依恋的恋人是健康和安全的，彼此之间很少互相猜疑或担心被对方抛弃；焦虑矛盾型的恋人常常对自己的恋爱关系感到焦虑不安，既想接近对方，但又担心对方会离去；而回避型依恋的恋人则总是怀疑和回避亲密的关系。

成人依恋理论认为，依恋风格在很大程度上依赖于父母的教养方式。人们在孩童时期就形成了内在关系的“工作模型”：我值得别人去爱吗？我会相信他人吗？爱人会离我而去吗？……如果父母态度冷漠和拒绝，那么孩子可能就会依次去推测和预期与他人的关系；如果父母温暖安全和积极主动，那么孩子就可能会更加相信他人，并在成年之后与朋友和爱人形成安全型的依恋关系。相关研究显示，成人间的关系类型与父母的教养方式显著相关，在美国成人中进行的一项调查结果表明，成人的三种基本依恋类型的分布情况与婴幼儿很相似：安全型约占 64%，焦虑矛盾型占 11%，回避型占 25%。那些安全型依恋的成人表示他们的父母和蔼可亲，自己与父母之间有着温暖和亲密的关系；而焦虑矛盾型的成人对父母尤其是母亲的描述则很矛盾，有时候觉得父母很粗鲁，而有时候又表示父母很和蔼；回避型依恋的成人在描述父母亲时，大多会使用否定的词语，如冷漠、粗鲁、忽视等。Hazan 和 Shaver 这一理论研究激发了以后十几年里对成人依恋的研究。依恋类型在对成人的婚姻功能、亲密关系质量及理想伴侣形象等方面都取得了丰富的成果。

课堂小测验

你属于哪一种爱情依恋类型？

在以下三种陈述中，哪一种陈述能更好地描述你在浪漫爱情关系中的典型感受？

安全型：我觉得我比较容易与他人亲近，我对彼此间相互依赖感到很舒服。我不会经常担心被抛弃或者与某人过于亲近。

回避型：与他人亲近，我有些不自在；我发现我很难完全相信他人或者让自己依赖他人。我的伴侣经常要求我表现得很亲密，这超出了我自在的限度。

焦虑矛盾型：我发现他人不愿意与我亲近。我经常担心我的伴侣不能真正地爱我或者不想和我待在一起。我想与他人完全融为一体，而这种愿望有时会把人吓跑。

如果你正处于约会关系中，大胆一点，请你的伴侣也回答一下这一问题。你们属于相同的依恋类型吗？

第二节　大学生的爱情

模 范 情 书

我是你闲坐窗前的那棵橡树
我是你初次流泪时手边的手
我是你春夜注视的那段蜡烛
我是你秋天穿上的楚楚衣服

我要你打开你挂在夏日的窗
我要你牵我的手在午后徉徜
我要你注视我注视你的目光
然后默默地告诉我初恋多忧伤

这城市已摊开他孤独的地图
我怎么能找到你等我的地方
我像每一个恋爱的孩子一样
在大街上在琴弦上寂寞成长

一、大学时期的爱情

卢梭在《忏悔录》中写道，当他还是15岁的中学生时，热恋上了德·维耳松小姐，却被无情地抛弃了，曾经十分痛苦。普希金14岁时在诗作《给娜塔利亚》里写下了自己热情的心已被迷醉，并堕入情网这样奇妙的爱情体验。这种奇妙感情的出现会让男女青年忽然听见在心底响起的一种最甜蜜、最温柔的音乐。少年的爱情是纯洁的、感性的、精神的，但又不是柏拉图式的，是在繁衍后代的本能基础之上的，会导致性的接近。

（一）爱情来临的阶段

爱情来临至少有几个阶段：一是迷醉阶段，爱情产生的第一个表现是迷醉，一个人如果没有体验到爱的迷醉，他就不会堕入情网。初恋的感情中包含着对美的感知，当对一个人着了迷时，他就是在恋爱，情人眼里看到的是心上人的秀丽、完美及无与伦比的人品。二是激情与热恋阶段。男性的激情燃烧得更加旺盛，更加明亮，因为隐约模糊的性的欲望开始被鲜明的、令人忐忑不安的情感所代替，而女性也表现出前所未见的光彩。爱情要求所爱的人品质恒久不变，同时又要求这种品质具有可塑性，不断翻新，它崇敬传统、习俗，但又渴望理想的美，渴望生活的完美。

到底是什么产生了两性的相互吸引？荣格认为，两个人把他们的女性原始意向与男性原始意向投射到恋人身上，使他们相互吸引。这种原始意向紧紧地吸引着对方走入自己的心中。

精神分析学派认为，“恋父情结”与“恋母情结”可以有效地解释人们的恋爱选择。年轻男女在选择自己的恋人时，女性倾向于选择与其理想中父亲相一致的男性，而男性倾向于选择与其理想中母亲相一致的女性，这归因于人类最初的恋父情结与恋母情结。

生物学流派认为，男性喜欢更年轻、在生理上更有吸引力的女性，因为这些女性能够引起男性的生理与心理唤醒；而女性也着重寻找能为她们的孩子提供物质来源的男性，这些男性的特征是身体强健，能引起女性的关注与关爱。

人本主义学派认为，人类的爱分D型爱与B型爱两种。D型爱以缺失为基础，我们需要这种爱去满足缺乏时产生的空虚，这是一种自私的爱，关注的是获得而不是给予，但它又是B型爱发展的基础。B型爱是一种无私的爱，以成长需要为基础，B型爱永远不可能因为有了新的爱而满足。它是一种丰富的、愉快的和其他人一起成长的爱。D型爱的特征是“我爱你，因为我需要你”，而B型爱的特征是“我需要你，因为我爱你”。

社会学习理论认为，两性吸引是社会学习的结果，是社会角色的定位与影响而形成的。社会学习包括榜样学习、替代学习与自我学习。儿童时期，父母是学习的榜样；而少年时期朋辈群体是重要的学习榜样，青少年时期积累的学习形成的经验会影响到青年时期恋爱对象的选择。比如，一个在缺乏爱的学习榜样的家庭中长大的孩子，在恋爱时往往缺乏正常的经验与引导，往往更容易较早恋爱。

可以肯定的是，心理学与社会学的发展还不能完全解释为什么一个人会爱上另一个人，爱以其特殊的魅力感染着年轻的校园学子。

（二）大学生恋爱心理的特点

1. 注重性的吸引

你会选择什么样的人谈恋爱？在不同的年龄阶段选择标准是不一样的。对于大学生来说，爱情中的承诺和责任成分是次要的，激情占了很大成分。这时候的爱情更多关注外表，而且大学生对性很好奇，特别想通过和异性的接触，体会一下和异性交往究竟是怎么样的。

2. 认识自我的一种方式

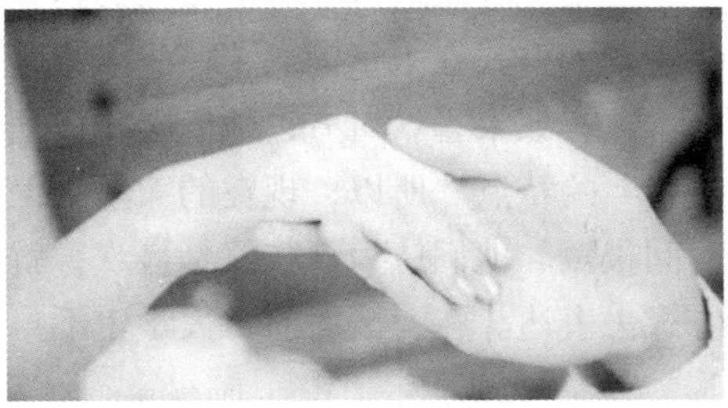

大学生正处于埃里克森所说的自我认同时期，这时候的大学生关注自己究竟是怎样的一个人，究竟有哪些优点与缺点。而在恋爱中我们可以通过异性眼中的自己来帮助实现自我认同。大学生对爱和被爱的需要非常强烈。在同异性交往的过程当中，大学生为了给对方留下好的印象，会不断地进行自我完善，从而发觉自我的潜力。

3. 追求过程，不重视结果

“爱一个人就是要和他（她）天荒地老”，这是人们经常描绘的爱情观，但是现在的大学生中只有很少的人觉得谈恋爱就是要和对方结婚，很多情况下大学生只是找一个感情的寄托，至于将来怎么样，他们不是很关心这个问题，这也导致了大学生恋爱成功的概率很低。“今朝有酒今朝醉”，享受过程，这就是现今很多大学生恋爱的真实写照。

4. 更开放，但道德意识淡薄

你已经有了恋人，会再接受别的异性的爱吗？传统的人都会说，这个还用说，当然不可以，爱情是专一的、忠贞的。可是由于现代社会的风气和大环境，以及受到第三者、婚外恋等负面报道的影响，一个人不一定固定和同一个人交往，有的人在知道自己的恋人和其他异性交往后，还表现出很大的宽容。在回答“你认可‘爱人只能一个，情人可以多个’这句话吗”，认为“有一定道理”的男生占 28. 57%，女生占 18. 37%，而认为这句话正确的男生有 12. 24%，女生则有 4. 54%，由此看来，大学生对爱情的一些基本道德的态度不太严肃。

5. 爱情中的挫折承受能力弱

虽然现在大学生谈恋爱很普遍，可是一旦遭到对方的拒绝或者失恋，很多大学生会觉得很痛苦，并不知道该怎么办。有些人想弄清楚对方究竟是怎么想的，甚至觉得这是一种耻辱，不少人不知道怎么渡过这一难关去重新开始生活。还有一些人甚至产生轻生的念头。还有不少大学生想通过结识一个新人来缓解失恋的痛苦。可是这种方式没有认清自己为什么会和对方分手，只是在生活中寻找一个和过去的恋人类似的人，那么有些错误只会继续。

6. 恋爱动机多元化

大学生根据环境的不同和自己的不同需要，有着不同的恋爱动机：有的是带着对婚姻、家庭关系的一种憧憬；有的是为了攀比，看到别人都谈恋爱，自己也不甘落后；有的是为了寻找一份感情的寄托，打发空虚无聊的时间；还有的大学生迫于毕业的压力，自己没有能力，希望通过恋爱对象实现一些现实的目的；还有的是认为大学是谈恋爱的黄金时期，没有恋爱的大学生活是苍白的，所以一定要谈场恋爱才行。

7. 爱情表达方式多样化

如果你喜欢对方，你会怎么表达自己的感情？在日本电影《情书》里，男主角用非常青涩的方式在书里面夹了一张纸条表达对女孩子的爱慕。可是，现在的大学生不再那么含蓄。如果喜欢对方，他们会积极地表达自己的情感，真正体现了新一代人“爱要说出口”的特点。所以，现在的大学生谈恋爱的进展很迅速，两个人从认识到关系亲密的时间很短。他们认为喜欢就是喜欢，就要表达，可以用短信、网络聊天、电话、逛街等方式去表达。在爱情面前，大学生不再羞涩。

（三）大学生可以恋爱吗

在课堂教学与咨询中，大学生经常问：大学生可以恋爱吗？恋爱利大于弊还是弊大于利？这既有个体差异，也有社会环境的影响，后者的影响更大。比如，在农业社会，年轻人的结婚年龄普遍偏小。而在现代社会，快速的生活节奏与自我发展的双重压力使更多的人先立业后成家。而大学生尽管生理成熟，但承担着繁重的学业任务与未来发展的任务，他们需要更多的时间发展自我。当爱情的脚步走近时，你可能无法逃避，你拥有选择的权利。但是，大学生恋爱也是一把双刃剑，因为大学的时间是一个常量，你精力的分配将影响你未来的发展。因而是否可以恋爱并非一个绝对的规定，它与个体的身心成熟与社会性成熟有关。最简单的一点是，有恋爱也许就有失恋，你对恋爱的心理预期与失恋的心理承受力是需要提前考虑的。

大学生的爱情有其独特性。这主要表现在以下六个方面：一是大学生恋爱的高纯度，纯净、美丽有时甚至显得单纯。多数学生恋爱如同小说中的男女主人公，没有现实生活的压力，男女的第一要务就是认认真真地恋爱。而爱情永远离不开坚实的大地，脱离现实生活的爱情必然是“见光死”。二是大学生恋爱的精神特质。大学生在恋人的选择上，更重视精神层面的相互认同，世俗生活中的物质交换、门当户对等不会对大学生产生影响。三是大学生恋爱的冲突性。大学生面临自身发展的压力，如考研、就业、学业、人际关系等问题，恋爱是需要大量心理能量的，学业压力、成长压力特别是性压力，对恋爱的双方都是巨大的心理与意志考验。四是大学生恋爱表达的自然与随缘。今天的大学生更多地相信缘分，当面对无法解释的情感纠葛时，学生会以缘来缘去解释情感的变化。五是大学生恋爱理性与感性并存。大学生在选择自己的恋人时，既有感性的冲动，更有理性的思考。更加考虑双方是否合适，将两人待在一起时快乐的感觉放在重要位置，而对未来生活的规划心理准备不足，特别是当面临职业选择等人生重大课题时，恋人常因不能长相厮守而劳燕分飞。六是大学生爱情的多元化。传统的爱情理念在今天的大学校园受到空前的挑战，与二十年前的大学生相比，今天的大学生更重视爱情的即刻性，将恋爱作为一项独立的人生任务而非与婚姻等长久的人生目标相连。爱情的多元化伴随着网络的发展，使大学生恋爱不再严肃与神圣。

（四）什么不是爱情

几乎所有的大学生都能背诵《大话西游》中那段经典的台词：曾经有一份真诚的爱情放在我面前，我没有珍惜，等我失去的时候，我才追悔莫及，人世间最痛苦的事莫过于此。如果上天能够给我一个再来一次的机会，我会对那个女孩子说三个字：“我爱你！”如果非要给这份“爱”加上一个期限，我希望是一万年！电影中描绘了大学生心中的理想爱情。但是，理想并不等于现实，当大学生心中的理想之爱注定最终只能是空想时，这种爱就会化作烟雨，一切都将随风而逝，留给当事人的只能是无尽的遗憾、懊恼与失落。因此，首先需要澄清的是什么不是爱情。

一是偶像化的爱情。一个没有达到高度自我知觉的人，倾向于把自己所爱的人“神化”，他把自己的力量反射到他爱的人身上，将他爱的人当作一切爱情、光明与幸福的源泉而崇拜。在这一过程中，人失去了对自己力量的觉悟，在被爱者身上迷失了自己，而不是找到自己。从长远观点看，没有一个人能符合崇拜者的心愿，当然不可避免地会出现失望，而解决这一问题的方法是寻找新偶像——这种偶像式的爱情在最初的体验中具有强烈性与突发性，恰恰是这种所谓的强烈性和突发性表现出那些恋爱者的饥渴和孤独。

二是完美的爱情。这种爱情的本质只能存在于想象之中，而不是存在于同另一个人实实在在的结合之中，这种爱情往往是用代用品使自己满足。我们常常将恋爱的对方想象得极其完美。特别是校园爱情被称为“真空爱情”或“玻璃爱情”，就是因为大学生夸大了爱情的完美性，而忽视了其现实性。当真实的生活摆在面前时，大学生的爱情显得脆弱不堪，因为完美本身拒绝缺点。

三是爱的投射。当恋爱失败或受挫后，将注意力放到所爱者的错误和缺点上，对他人的细微错误反应十分灵敏，而对自己的问题与弱点却不闻不问。他们考虑更多的是如何指责对方或者教育对方。那么，二者之间的爱情关系就成为相互投射。事实上，当恋爱受挫后，当事人需要认真反思自我，而非投射。

四是爱情的非理性观念。大学生认为爱情意味着甜蜜，意味着没有冲突。实际上恋人之间的相互冲突，那些属于人的内在现实并能在人的心灵深处体验到的冲突——决不是毁灭性的，这些冲突会净化心灵，会使心灵进行沟通与理解。关于爱情的非理性观念主要有以下十类：①没有爱情的大学生活是失败的；②爱情是靠努力可以争取到的，即付出总有回报；③爱不需要理由；④因为相爱而发生的性关系无可非议；⑤恋人是完美的，爱情是至高无上的；⑥爱是缘分也是感觉；⑦不在乎天长地久，只在乎曾经拥有；⑧爱情重在过程不在结果；⑨爱情能够改变对方；⑩失恋是人生重大的失败。由于受非理性观念的影响，部分大学生将恋爱置于其他重要人生任务如学业之上，甚至因为爱而荒废了学业。有的学生坚信爱情中付出总有回报，做爱情的守望者，耐心地等待，有的学生甚至采取极端举措。关于爱情的非理性观念影响着他们的人生选择，经常有学生讲，“我一直在努力，为什么得不到她的爱？我的爱可以感动神灵，唯独不能令她感动”。还有单相思的，如“我只是默默地爱他，我不在乎他是否在乎我”，“为什么随着交往的深入，我发现他不是我生命中等候的人”，等等，这些都是受到自己头脑中非理性观念的影响。

五是产生于个人孤独无助时的爱恋。爱情产生于何时？我们无法精确计算。但很多悲剧产生于开始，因为仓促的开始本身就意味着错误。特别是大学新生，来到陌生的城市，面对陌生的环境，显得无助与孤独。此时，可能一声问候、一束鲜花都会令孤独无助之中的他们感动至极。要记住：在孤独无助时，人更需要广泛的社会支持如友情而不一定是爱情。

二、大学生的爱与性

谈到爱情，不能不谈到性。正如瓦西列夫所说：“爱情是本能和思想，是疯狂和理性，是自发性和自觉性，是一时的激情和道德修养，是感受的充实和想象的奔放，是残忍和慈悲，是餍足和饥渴，是淡泊和欲望，是烦恼和欢乐，是痛苦和快感，是光明和黑暗，爱情把人的种种体验熔为一炉。”（瓦西列夫，2003）

（一）性心理的发展

一般认为，青春期性心理的发展大体上经历三个时期。

1. 异性疏远期

这一时期也称为性发育早期、“性紧张期”，在青春期开始时，少男少女对性的差异非常敏感。第二性征的出现，在他们内心深处产生了春情萌动的朦胧感觉，对两性关系似懂非懂，对性知识、性行为一知半解。将异性的生理差异与男女之间的关系看得很神秘，在与异性的交往中显得羞涩、忸怩和不自然，心有相互吸引之力却在表面上表现得相互疏远，有畏惧感和似曾相识感，暂时疏远。男孩会表现出潜意识的紧张心理，如口吃、挤眉弄眼；女孩则表现得情绪不稳定，我们说的少女伤春就是指这段时期的心理特点。

2. 异性接近期

青少年在完全进入青春期后，随着生理机能的进一步发展，生活阅历的增加，对异性关系有了进一步的了解和认识，对性意识的情感体验也开始有了新的变化。他们不满足于对异性的朦胧的、泛泛的好感和爱慕，而是希望通过与异性交往，有选择地寻找心中的对象。这个时期的特点是：喜欢与异性在一起活动，力求成为异性眼中有吸引力的人；两性的畏惧感、陌生感消失，强烈地相互吸引和接近，会采取接近异性的曲线方式。男生喜欢高谈阔论以引起注意；逞强、做危险动作，表现男子汉气概，甚至起哄、开玩笑、恶作剧，目的是引起女生的注意。女生则表现出单相思，用打扮、声调、细微的关心和体贴吸引对方，有的以成年人作为崇拜和模仿对象。由于青少年缺乏接近异性的经验，不知如何表现自己，往往做法不得体；两性都会表现出狂热追星的行为以释放内心对异性的渴慕之情。

3. 异性恋爱期

青少年在进入青春期后期后，性生理完全成熟，性心理在逐渐成熟，自我意识、思维和人格都在积极发展。生活领域也日渐广阔，对恋爱的理解和认识更加深刻，对恋人的寻觅更加迫切，对异性的态度也逐渐客观。此时，男女青年开始对异性展开主动积极的追求。男女青年尽量在异性面前展示自己的长处与才华，以引起对方的关注。由于受社会文化的影响，男性在恋爱的表达方面更加主动、大胆、直率且热情奔放；女性更加含蓄、深沉、妩媚略带羞涩和矜持。青春期性发育完成后，进入“两性恋爱期”。此时男女青年从泛泛的异性爱慕过渡到钟情于某个人；直接而热烈，追求技巧成熟；他们一旦碰壁，心理挫折感强烈。

（二）大学生性心理的基本特征

1. 渴望了解性知识，性意识进一步加强

进入大学，大学生更加积极主动地关注自我发展，也包括自身的生理与心理。由于受个体家庭教养方式、成长环境及个体差异的影响，他们对性意识的关注也不尽相同。有的大学新生对性知识的了解较少，渴望通过科学的途径了解自身。有的学生因性知识匮乏而带来不必要的心理焦虑。

2. 性冲动及其释放

性冲动是指人由性刺激引起大脑皮层的活动，产生性欲，再通过大脑皮层向身体组织发出指令。性冲动是一个健康、正常人自然和本能的行为表现。性冲动不一定产生性行为，人是通过意识调控的：人通过大脑，调节性行为；人有社会性，遵守社会行为准则；人有人格和尊严，尊重他人意愿和抉择；人对社会有责任和义务，受法律约束等。在心理尚未成熟前，尽量减少声、光刺激；不接触黄色、淫秽读物；锻炼理智和克制能力。

3. 性冲突和性压抑

一方面，生长趋势不断加快，性发育年龄不断提前；另一方面，由于学业需要和事业及社会环境的要求，结婚年龄不断推后，出现漫长的“性等待期”。与此同时，日益开放的社会文化既满足了大学生对性的了解与渴望，又使大学生性的冲突加剧。在繁重的学业任务与就业压力及校纪校规的约束下，大学生的性不可以也不能自由地发挥。事实上，适度性压抑也是社会文明与进步的体现。但性压抑不是一味地压制，而是通过适当的释放、转移、升华得到合理的疏导。

4. 渴望性体验

由于性激素的作用，大学生更加渴望得到恰当的性体验，如与异性交往。在男女交往过程中，由于性激素的作用，恋人中双方的亲吻和抚摸都会引起性欲望和性冲动。

（三）正确处理恋爱与性

恋爱与性的关系极其密切，没有恋爱的性和没有性的恋爱都是难以想象的。在恋爱中正确处理恋爱与性却不是一件容易的事。

1. 婚前性行为造成的心理困惑

某女大学生写给老师一封求助信：我是刚刚进入大学认识他的。他是我的老乡，在我初次离家孤独时给予我太多的安慰与帮助，不知不觉我陷入了恋爱之中。随着交往的深入，我们的恋爱也不仅限于精神层次的交往，彼此从身体上渴望接纳对方。于是在某一个晚上，我们有了第一次。虽然我们还在恋爱，可每次在一起我总会想到性，我会感到恐慌，经常觉得所有人都知道我们的事，睡眠障碍、上课注意力不集中、产生性幻想等，现在我也陷入深深担忧中，如果今后我们分手怎么办？我真不知道如何面对。

这是典型的因为婚前性行为造成的内疚与自责，女生心里无法摆脱自责的感觉。当欲望的潮水袭来时，要用理智战胜脆弱的情感。儿童心理学研究者曾做过“延迟满足”的实验，告诉被试如果选择等待，将能够获得更多的奖赏比如糖果，而即时满足只能获得极少的奖赏。随着年龄的增长，儿童会主动选择延迟满足，对爱情中的性也是适用的，只有学会延迟满足，才能为将来的生活打开一扇幸福的大门。

2. 依赖性作为维持爱情的因素

平等的恋爱关系是，双方应当相互尊重，一方不能屈服于另一方，特别是当对方提出性的要求时，如果一方因拒绝性的要求而导致恋爱的中止，这本身就不是真正意义上的爱情。有的恋人将性作为维持爱情的筹码，必然不能长久。

3. 爱情上的“杯水主义”

受社会文化的影响与大学生恋爱观的不确定，部分大学生信奉“不在乎天长地久，只在乎曾经拥有”“爱谁是谁”“爱情就是即时的快乐”等，在恋爱中表现出只顾及当时的感觉。一项调查表明：65%的大学生认为“只要有爱情，性是可以理解的”，在性方面的宽容体现出大学生更加人性，也从一个侧面反映出大学生在性行为上所持的态度。甚至有的学生不再把性行为看成一件非常严肃的事，而是顺着内心的冲动，不加以克制，引发怀孕等负性生活事件。

任何社会的主流文化都对性行为有正式与明确的标准，它代表了性行为的理想境界，即性行为应当是如何的。有的文化对性行为还有非正式标准，以性别作为参考点，如果对男女性行为的标准一致，则称为单一标准，否则是双重标准。禁止婚前性行为是严格标准，而允许则是宽松标准。

（四）大学生婚前性行为不利于自身发展

我们认为大学生婚前性行为不利于自身发展，主要有以下几方面原因。

1. 从主流文化的角度看

我们社会的主流文化并未对婚前性行为持认同态度，对大学生在大学期间性行为基本持否定性评价。翻阅各个高校的学生手册，各个学校都有相应的规定，从校规校纪规范大学生的性行为，这也是基于对大学生生理心理的健康成长而考虑的。

2. 从大学生性行为的特点看

大学生婚前性行为具有突发性、自愿性、非理性等特点。

3. 从医学角度看

和谐性行为需要安全、私密、舒适的环境，而大学生的婚前性行为多数是在隐蔽状态下进行，常常伴着内心的恐惧、紧张、害怕、担心怀孕及不洁感、不道德感、羞愧感和罪错感，容易引起性反应抑制和性焦虑的产生。

4. 从心理学角度看

婚前性行为给双方带来巨大的心理压力，如恐惧、焦虑、自卑、心理冲突加剧等，当具有性行为后，双方更容易争吵，但当事人并不知道性行为是其中的重要原因。

总之，大学生健康的爱情观是日后幸福生活的基点，与大学生共同探讨恋爱的话题，希望大学生能够从更开阔的视野思考人生、思考爱情、思考生活，更加积极、主动、自信地面对今后的人生。

第三节　爱是自我成长

一、大学生恋爱心理问题及调适

爱情的神圣与庄严、神秘与美好吸引着无数青年男女。有的学者说：“有青年人的地方就会有爱。”但是，大学校园里并非都存在着完满的恋爱，并非都是闪动着幸福光芒的恋人，并非每个爱情的渴望者都能品尝到甘甜的爱情之羹。

（一）单恋

1. 单恋的表现

单恋也是我们经常说的单相思，是指一方对另一方的以一厢情愿的倾慕与热爱为特点的畸形爱情。单恋多是一场感情误会，是“爱情错觉”的产物。“爱情错觉”是指因受对方言谈举止的迷惑，或自身的各种主观体验的影响而错误地主动涉入爱河，或因自以为某个异性对自己有意而产生的爱意绵绵的主观感受。“爱情错觉”会导致一厢情愿式的单相思。单相思有两种情况：一种是毫无理由的“单相思”，对方毫无表示，甚至对方还不认识自己，而自己执着地爱对方、追求对方，这种恋爱是纯粹的“单向”；另一种是自认为有“理由”的单相思，错认为对方对自己有情，于是“落花无意”变成“落花有意”，这是假“双向”、真“单向”。

单恋较多地表现在性格内向、敏感、富于幻想、自卑感强的人身上。他们先爱上了对方，于是也希望得到对方的爱，在这种具有弥散心理的作用下，就会把对方的亲切和蔼、热情大方当作是爱的表示并坚信不已，从而陷入单恋的深渊不能自拔。单恋者固然能体验到一种深刻的快乐，但更多体验到的是情感的压抑，因为他们无法正常地向自己所钟爱的异性倾诉柔情，更不能感受到对方爱意的温馨。

2. 单恋的解决方法

那么青年男女如何解决因为陷入了单恋而带来的苦恼呢？个体要能避免“恋爱错觉”，学会准确地观察和分析对方表情，用心明辨；要视其反复性，某种信息经常出现可能意义很深，而一两次就不足为凭了；不要强化内心形成的一见钟情式的浪漫爱情，一旦单恋已然发生，要鼓足勇气，克服羞怯的心理，大胆地表达自己的感情，如果被接纳，爱的快乐就取代了等待的痛苦；如果是“落花有意，流水无情”，则应该面对现实，勇敢地抛弃幻想，用理智主宰感情，进行合理的转移，通过思想感情的转换和升华来实现心理平衡。爱情一定是两情相悦的，这种理性、客观、冷静的考虑也是自身未来幸福快乐的源泉。

（二）失恋

1. 失恋的表现

“哪个少女不怀春，哪个男子不钟情”，尤其是青年，由于生理、心理的逐步成熟，青少年都会萌动春心、涉入爱河。浪漫热情之恋是青年男女内心的美好憧憬，它似一杯甘醇芳馨的美酒，令人如痴如醉。然而，有恋爱就有失恋，这是个辩证的自然法则。所谓失恋是指恋爱受挫。失恋引起的主要情绪反应是痛苦和烦恼。大多数失恋者能正确对待和处理好这种恋爱受挫现象，愉快地走向新生活。然而，也有一些失恋者不能及时排解这种强烈的情绪，导致心理推移、性格反常。具体到不同的个体，常常出现以下几种消极心态。

1）“从此无心爱良夜，任他明月下西楼。”失恋者羞愧难当，陷入自卑和迷惘，心灰意冷，走向怯懦封闭，甚至绝望、轻生，成为爱情的殉葬品。因为失恋而自杀的人的推理是：连我最爱的人都抛弃了我，这个世界对我还有什么意义？事实上，如果进行反向思维，既然爱情不再，感谢爱情给予你的自我成长。这正是爱情给予你的人生的启发，恋爱是双方相互了解、为将来人生做准备的过程，如果在交往过程中发现彼此不合适，恋爱中止是最明智的人生选择。

2）“不见去年人，泪湿春衫袖。”失恋者对抛弃自己的人一往情深，对爱情生活充满了美好的回忆和幻想，自欺欺人，否认失恋的存在，从而陷入单相思的泥潭。也有人会出现一个特殊的感情矛盾——既爱又恨，不能自拔。这类人首先从心理上拒绝、否认失恋，继而更加思念对方，认为失去的是最好的，陷入失恋之中难以自拔。

3）“阁道曲直，似我回肠恨怎平。”失恋者或因失恋而绝望暴怒，推动理智产生报复心理，造成毁坏性的结局；或从此嫉俗厌世，怀疑一切，看什么都不顺眼，爱发牢骚；或从此玩世不恭，得过且过，求刺激，发泄心中不满。这是一种扭曲的心理，因为个体在人生选择中，都有一个相互了解与学习的过程。

2. 失恋的解决方法

当然，如果你在交往中发现对方不适合你时，向对方提出中止恋爱关系一定要注重策略，有的人因为担心对方受伤害而忍受内心的痛苦，误使对方以为你还在爱他；有的人不告知对方为何中止恋爱关系，或者只用含糊不清的理由如性格不合，当你告诉对方不爱的理由时，一定要具体而且能令对方接受。

失恋的种种不良心态会严重影响青少年的身心健康，甚至会导致一系列社会问题。所以，正为失恋而痛苦缠身的“不幸者”必须学会自我调整、自我拯救，主要方法如下。

1）倾诉。失恋者精神遭受打击，被悔恨、遗憾、愤怒、惆怅、失望、孤独等不良情绪困扰，主动找朋友倾诉，释放心理负荷。可以用口头语言，把自己的烦恼和苦闷向知心朋友毫无保留地倾诉出来，并听听他们的劝慰和评说，这样心理会平静一些。也可以用书面文字，如写日记或书信把自己的苦闷记录下来，或给自己看，或寄给朋友看，这样便能释放自己的苦恼，并寻得心理安慰和寄托。

2）移情。及时适当地把情感转移到失恋对象以外的他人、事或物上。发展密切的朋友关系，交流思想，倾吐苦闷，陶冶性情；投身到大自然的怀抱中，从而得到抚慰。当然增加自己与其他异性的交往，也不失为一种合适的途径。

3）疏通。即指借助理智来获得解脱，由理智的“我”来提醒、暗示和战胜感性的“我”。爱情是以互爱为前提的，不可因一厢情愿而强求，应该尊重对方选择爱人的权利。也可以进行反向思维，多想对方的不足，分析自己的优势，鼓足勇气，迎接新的生活。还可以这样设想，失恋固然是失去了一次机会，然而却让你进入了另一个充满机会的世界。正如海伦凯勒所言“一扇幸福之门对你关闭的同时，另一扇幸福之门却在你面前打开了”。

4）立志。失恋者积极的态度会使“自我”得到更新和升华，全身心地投入到工作中去，许多失恋者因此而创造出了辉煌的成就。像歌德、贝多芬、罗曼·罗兰、诺贝尔、居里夫人、牛顿等历史名人都曾饱受失恋的痛苦。他们是用奋斗的办法更新“自我”，积极转移失恋痛苦的楷模。

（三）中止恋爱关系

恋爱双方在交往中，随着交往频次的增加与卷入程度的加深，如果一方发现对方不是自己心中想找的人时，能够理智地分析恋爱的走向，并提出分手，分手对双方都不是一件非常愉快的事，特别是确立恋人时间较长，具有较为稳定恋爱关系的人。提出分手的一方，要注意以下几点：一是选择恰当的时机；二是使用策略；三是艺术地说明原因；四是不逃避责任；五是不拖泥带水。被动的一方，要注意控制自己的情绪，不可自暴自弃，也不可死缠烂打，更不可意气用事，寻求报复。值得注意的是：中止恋爱关系不要给对方留有余地，如“以兄妹相称”“再相处一段时间试试看”等，特别是两性恋爱关系中止后，都需要一段时间认真冷静地面对这段感情。

某著名大学一名优秀的女硕士李某，在大学期间，与同在某城市读大学的张某确立了恋爱关系，在研究生入学考试中，恋人张某失利，而李某以专业第一的优异成绩考入某著名大学深造，此时的张某决定孤注一掷，辞职来到北京继续考研。随着阅历的增加，李某感到与张某已缘分不再，却又羞于出口，自觉对不起张某，张某的第二次考研又以失败告终。为鼓励张某继续奋斗，两人又继续交往，当张某第三次考研在即时，李某考虑应当中止恋爱关系。经历了两次考研失败打击的张某，无论如何也不能承受失恋的打击，所以当李某提出中止恋爱关系时，张某选择了杀死李某再自杀的极端行为。

从这个案例我们可以看出：如果李某注意选择时机，运用策略，悲剧也许不会发生。在张某考研焦虑、无助甚至绝望的时候提出分手，对他的打击可想而知；而张某选择了极端的手段，选择剥夺他人生命的手段是非理性和残忍的。

二、在爱中实现自我成长

爱情是人类高尚的精神体验，对于人生而言，个体心理的成熟也能够正确客观地理解爱情。爱情不同于人类其他的情感体验，它是个体独特的心灵历程。爱情不可以被抑制，不可以滥用，爱情不是存在银行中的钱，随需随取。正确地理解爱情，才可能与幸福同行。

（一）学会爱自己

一个自爱的人是自知的，一个心理成熟的人是能够自然而坦然地表达自我的。自爱是要成为你自己，而非通过爱情变成他人。世界上没有两片相同的叶子，更何况人呢？个体正因为其差异性才构成色彩缤纷的世界。

1. 爱自己首先需要正确的自我认知

特别是女性，更要积极关注恋爱中的自我，有人说“恋爱损伤女性的大脑，降低判断力”，事实上恋爱特别是热恋中的男女都会将恋人“理想化”，特别是热恋中快乐与痛苦的心理感受都是放大了的。当人处于热恋中时，认为自己是世界上最幸福的人，而失恋后便认为自己是世界上最痛苦的人。固然，恋爱双方强烈而丰富、敏感而不稳定的感情并非异常，但如果陷入情感的幻想中，自我判断、自我评价与自我意识都会发生偏差，有的人因为恋爱失去了自我，有的人因为恋爱更加成熟，其中的差异在于个体对自我的认知。

2. 爱自己要学会珍惜、尊重自己的感情

大学时期的感情纯洁、真诚，也是将来幸福生活的基础。有的大学生因为恋爱而放纵自己的感情，甚至本不是爱情，仅仅为了满足自己生理与心理甚至物质的需求，用青春与爱情赌明天，都不是珍惜感情的体现。

3. 爱自己要学会说“不”

特别是双方在热恋时，要控制爱情的温度，个人生活要更加严谨，这也是爱自己的重要方面。

4. 爱自己也要对自己负责

恋爱不是为了让我们放弃自我，而是学会更加负责地生活。这当然也包括失恋后的自爱。一个人要本着对自己高度负责的态度学习、生活，处理好恋爱中的自我与他人、现在与未来、学业与爱情等关系。爱不只是情人节的玫瑰，也不只是每日的相守，更是守望的美丽与对彼此生命负责的人生态度。

（二）学会爱他人

爱自己和爱他人是密不可分的。人们只有认识对方、了解对方，才能尊重对方。我们只有用他人的目光看待他人，而把对自己的兴趣退居二位，才能了解对方。爱他人不是无我状态，按照对方塑造自己，也不是将你爱的人塑造成你所喜欢的人。爱他人包括以下几个方面。

1. 尊重你爱的人

恋爱既是两人心灵的共鸣，又是自我成长，是使双方积极地发挥潜能而非按照某种愿望或标准塑造对方，使其成为自己希望的那样。事实上，每一份爱情中都包含着期待效应，对方都在向着彼此喜欢的方向发展。这就要求大学生尊重自己所爱的人，让对方在爱的港湾中自由发展，以其喜欢的方式发展自我。

2. 帮助对方积极发展自我

恋爱唤醒沉睡的心灵，积极的恋爱能使个体潜在的心理能量得以释放，为所爱的人努力，爱也是积极向上的精神力量，使相爱的两个人向着更好的自我发展，更加努力地完善自我、发展自我，而非束缚自我、放纵自我。重要的是将爱情引向积极的有利于人类发展的方向。

3. 共同创造美好未来

真正的爱是内在创造力的表现，包括关怀、尊重、责任心、了解等，爱不是一种消极的冲动，而是积极追求爱人的发展和幸福，这种追求的基础是爱的能力，即爱他人并与你爱的人共同创造美好生活的能力。

（三）理解爱情

1. 爱是给予

大家都熟悉“海的女儿”的故事，美人鱼为了自己心爱的人，牺牲了自己动听的歌喉，用心陪伴在自己心爱的人身边，为了救自己的心上人，最后化为泡沫。

成熟的爱情是在保持自己完整性和独立性的条件下，也就是保持自己个性的条件下与他人合二为一。人的爱情是一种积极的精神力量，这种精神力量可以推动个体创造生命的奇迹，可以推动个体找到人生的目标。爱情需要行动，运用精神的力量，这种力量只有在自由中才能得以发挥，而且永远不会是强制的产物。恋人将自己的生命给予对方，同对方分享快乐、兴趣、理解力、知识、悲伤等，没有生命力就没有创造爱情的能力。因此，爱情是对生命以及我们所爱之物的积极的关心，爱的本质是培养与创造。

2. 爱是责任

人只有认识对方，才能尊重对方。不成熟的爱是“我爱，因为我被人爱”，成熟的爱是“我被人爱，因为我爱人”；不成熟的爱是“我爱你，因为我需要你”；成熟的爱是“我需要你，因为我爱你”。所有的爱情都包含着一份神圣的责任，这种责任不是义务，不是外界强加的，而是内心的自觉，即为自己所爱的人承担风霜雨雪，而不仅是感官上的愉悦与寂寞时的陪伴。

3. 爱是尊重

真诚的爱是建立在双方平等与理解的基础之上的。爱一个人也是爱一份生活，仅仅因为某种需要产生的爱未必能承担爱的责任。因为大学生活的孤单与寂寞，需要异性的呵护，需要被关爱，也需要消磨业余时间，这些都不会是真正的爱情。恋爱中不在乎明天，只关注此刻的感受对爱情本身的伤害是严重的。一个从不考虑未来生活的恋爱注定没有结果；同样，缺乏责任感的爱情没有坚实的土壤不可能枝繁叶茂。尊重就是努力使对方成长和发展自己，而非剥夺，是让自己爱的人以他自己的方式和为了自己而成长，而不是服务于我。如果爱他人，就应该接受他本来的面目，而不是要求他成为我们希望的那样。只有当我们自己独立，在没有外援的情况下也能独立地走自己的路时，才能得到尊重。

4. 爱是能力

对自己的生活、幸福、成长以及自由的肯定是以爱的能力为基础的，看你有没有能力关怀人、尊重人，有无责任心了解人，利己者没有爱别人的能力。爱的能力不是与生俱来的，也不是随着生理成熟自然形成的，而是在社会生活中逐渐发展起来的。这种能力包括施爱的能力、接受爱的能力与自我成长的能力。有人说："好男人是一所好学校，好女人也是一所好学校，由两性构成的学校促使男人与女人共同学习，共同进步。"爱的能力要求恋爱的人始终保持高度理性而非随着感觉走。

5. 爱是创造

有人说，爱情具有的魔力能够使人开创一个新的自我。爱情是神奇的，爱情不仅能够创造新的生命，而且真正的爱情对恋爱双方都是一个新的创造，它净化我们的灵魂，鼓舞着我们为挚爱的人奋斗进取，也创造着两人美好的明天。

【知识窗】

恋爱中男女的差异如表 8-1 所示。

表 8-1 恋爱中男女差异的表现

表现	女性	男性
在感情上的需求	关心，照顾，了解 尊重，专一，肯定，保证	信任，接纳，欣赏， 羡慕，认可，鼓励
在爱的关系中	需要感到是真爱，而不仅仅是得到生活的照顾、物质的满足	需要感到他的能力被肯定，而不是接到不请自来的忠告
在情绪低落时	需要别人聆听她的感受， 而不是替她分析和建议	需要安静独处， 而不是勉强他细说因由
在寻找自己的价值时	从人际关系中肯定自己	从成就中建立自我
在增进爱情时	需要感到被对方了解和重视	需要感到被对方欣赏和感激
在相互沟通时	总是以为男人的沉默 代表对她的不满和疏离	总是以女人的宣泄代表 向他寻求解决问题的方法

课堂小游戏

谁是你的意中人？

目的：了解自己的择偶标准，看看谁是你的意中人？

操作：拿出一张白纸，把左手画在纸上，在 5 个手指处写出你对恋人的 5 个期待。然后小组讨论。看看你们的标准有哪些相同，哪些不同（如外表、性格、人品、才华、社会地位、发展潜力等）。

心理测验

友谊还是爱情

测试 1：下面有 13 个句子，在符合你的句子前面打钩。

1. 当我和他在一起时，我发现两个人好像都有相同的心情。
2. 我认为他非常好。
3. 我愿意推荐他去做被人尊敬的事。
4. 依我看，他特别成熟。
5. 我对他有高度的信心。
6. 我觉得大部分人和他相处，都会对他有很好的印象。
7. 我觉得自己和他很相似。
8. 在班上或团体投票时，我愿意投他一票。
9. 我觉得他是许多人中容易让别人尊敬的一个。
10. 我认为他是十分聪明的。
11. 我觉得他是我认识的所有人中非常讨人喜欢的。
12. 他是我想学习的那种人。
13. 我觉得他非常容易赢得别人的好感。

测试 2：下面有 13 个句子，在符合你的句子前面打钩。

1. 他情绪低落的时候，我觉得很重要的职责就是使他快乐起来。
2. 在所有的事件上我都可以信赖他。
3. 我觉得要忽略他的过失是一件容易的事情。
4. 我愿意为他做所有的事。
5. 我对他有一种想占为己有的想法。
6. 若不能和他在一起，我觉得非常不幸。
7. 假使我孤寂时，首先想到的就是去找他。
8. 在世界上也许我关心的有很多事，但最重要的事情就是他幸福不幸福。
9. 他不管做什么，我都愿意宽恕他。
10. 我觉得他的幸福就是我的责任。
11. 当我和他在一起时，我发现自己什么事都不想做，只想用眼睛看着他。
12. 若我也能让他百分之百地信赖，我觉得十分快乐。
13. 没有他，我觉得难以生活下去。

结果：测试 1 和测试 2 中符合你的情况的句子分别有多少，如果测试 1 中符合你的句子多于测试 2，那么你对对方喜欢的成分多于爱，你们之间是友谊非爱情，反之则是爱情非友谊。

思考题

读毕淑敏的《爱怕什么》，回答以下问题。

爱 怕 什 么

毕淑敏

爱挺娇气挺笨挺糊涂的，有很多怕的东西。

爱怕撒谎。当我们不爱的时候，假装爱，是一件痛苦而倒霉的事情。假如别人识破，我们就成了虚伪的坏蛋。你骗了别人的钱，可以退赔，你骗了别人的爱，就成了无赦的罪人。假如别人不曾识破，那就更惨。除非你已良心丧尽，否则便要承诺爱的假象，那心灵深处的绞杀，永无宁日。

爱怕沉默。太多的人，以为爱到深处是无言。其实，爱是很难描述的一种情感，需要详尽的表达和传递。爱需要行动，但爱绝不仅仅是行动，或者说语言和温情的流露，也是行动不可或缺的部分。我曾经和朋友们做过一个测验，让一个人心中充满一种独特的感觉，然后用表情和手势做出来，让其他不知底细的人猜测他的内心活动。出谜和解谜的人都欣然答应，自以为百无一失。结果，能正确解码的人少得可怜。当你自觉满脸爱意的时候，他人误读的结论千奇百怪。比如认为那是——矜持、发呆、忧郁……

一位妈妈，胸有成竹地低下头，做出一个表情。我和另一位女士愣愣地看着她，相互对视了一下，异口同声地说：你要自杀!她愤怒地瞪着我们说，岂有此理!你们怎么那么笨?!我此刻心头正充盈温情!愚笨的我俩挺惭愧的，但没等我们道歉的话出口，那妈妈恍然大悟道：原来是这样!怪不得我每次这样看着儿子的时候，他会不安地说：妈妈，我又做错了什么?你又在发什么愁?

爱是那样的需要表达，就像耗竭太快的电器，每日都得充电。重复而新鲜地描述爱意吧，它是一种勇敢和智慧的艺术。

爱怕犹豫。爱是羞怯和机灵的，一不留神它就吃了鱼饵闪去。爱的起初往往是柔弱无骨的碰撞和翩若惊鸿的引力。在爱的极早期，就敏锐地识别自己的真爱，是一种能力更是一种果敢。爱一桩事业，就奋不顾身地投入。爱一个人，就斩钉截铁地追求。爱一个民族，就挫骨扬灰地献身。爱一桩事业，就呕心沥血。爱一种信仰，就至死不悔。

爱怕模棱两可。要么爱这一个，要么爱那一个，遵循一种全或无的原则。爱，就铺天盖地，不遗下一个角落。不爱就快刀断麻，金盆洗手。迟疑延宕是对他人和自己的不负责任。

爱怕沙上建塔。那样的爱，无论多么玲珑剔透，潮起潮落，遗下的只是无珠的蚌壳和断根的水草。

爱怕无源之水。沙漠里的河啊，即便不是海市蜃楼，波光粼粼又能坚持几天？当沙暴袭来的时候，最先干涸的正是泪水积聚的咸水湖。

爱怕假冒伪劣。真的爱也许不那么外表光滑，色彩艳丽，没有精致的包装，没有夸口的广告，但它是有内在的质量保证。真爱并非不会发生短路与损伤，但是它有保修单，那是两颗心的承诺，写在天地间。

爱是一个有机整体，怕分割。好似钢化玻璃，据说坦克轧上也不会碎，可惜它的弱点是宁折不弯，脆不可裁。一旦破碎，就裂成了无数蚕豆大的渣滓，流淌一地，闪着凄楚的冷光，再也无法复原。

爱的脚力不健，怕远。距离会漂淡彼此相思的颜色，假如有可能，就靠得近一点，再近一点，直到水乳交融亲密无间。万万不要人为地以分离考验它的强度，那你也许后悔莫及。尽量地创造并肩携手天人合一的时光。

爱像仙人掌类的花朵，怕转瞬即逝，爱可以不朝朝暮暮，爱可以不卿卿我我，但爱要铁杵磨成针，恒远久长。

爱怕平分秋色，在爱的钢丝上不能学高空王子，不宜做危险动作。即使你摇摇晃晃，一时不曾跌落，也是偶然性在救你，任何一阵旋风，都可能使你飘然坠毁。最明智最保险的是赶快从高空回到平地，在泥土上留下深深脚印。

爱怕刻意求工。爱可以披头散发，爱可以荆钗布裙，爱可以粗茶淡饭，爱可以风餐露宿。只要一腔真情，爱就有了依傍。

爱的时候，眼珠近视散光，只爱看江山如画。耳是聋的，只爱听莺歌燕语。爱让人片面，爱让人轻信。爱让人智商下降，爱让人一厢情愿。爱最怕的，是腐败。爱需要天天注入激情的活力，但又如深潭，波澜不惊。

说了爱的这许多毛病，爱岂不一无是处?

爱是世上最坚固的记忆金属，高温下不融化，冰冻不脆裂。造一艘爱的航天飞机，你就可以驾驶着它，遨游九天。

爱是比天空和海洋更博大的宇宙，在那个独特的穹隆中，有着亿万颗爱的星斗，闪烁光芒。一粒小行星划下，就是爱的雨丝，缀起满天清光。

爱是神奇的化学试剂，能让苦难变得香甜，能让一分钟驻成永远。能让平凡的容颜貌若天仙，能让喃喃细语压过雷鸣电闪。

爱是孕育万物的草原。在这里，能生长出能力、勇气、智慧、才干、友谊、关怀……所有人间的美德和属于大自然的美丽天分，爱都会赠予你。

在生和死之间，是孤独的人生旅程。拥有一份真爱，就是照耀人生温暖的灯。

1. 谈一谈你对本文内容的感受。
2. 你认为大学生的恋爱怕什么?
3. 大学生该培养什么样的爱情观?

参考文献

樊富珉，费俊峰，2013. 大学生心理健康十六讲[M]. 北京：高等教育出版社.

弗洛姆，1986. 爱的艺术[M]. 孙依依译. 北京：工人出版社.

瓦西列夫，2003. 情爱论[M]. 赵永穆，范国恩译. 北京：当代世界出版社.

王淑兰，2014. 大学生心理健康教程[M]. 西安：陕西人民教育出版社.